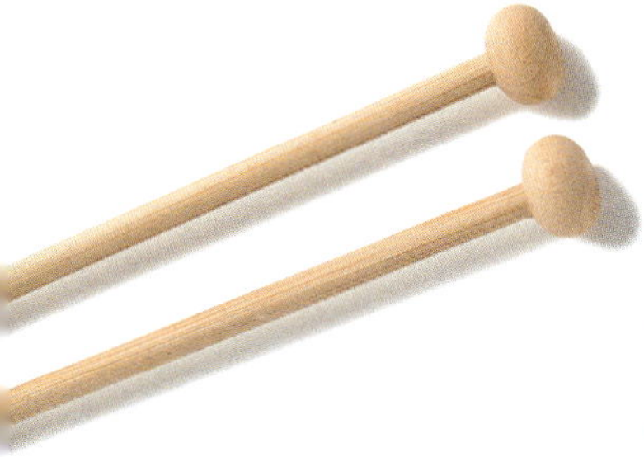

Bernd Kestlers

MUSTERSAMMLUNG

120 Strickmuster nur mit
rechten und linken Maschen

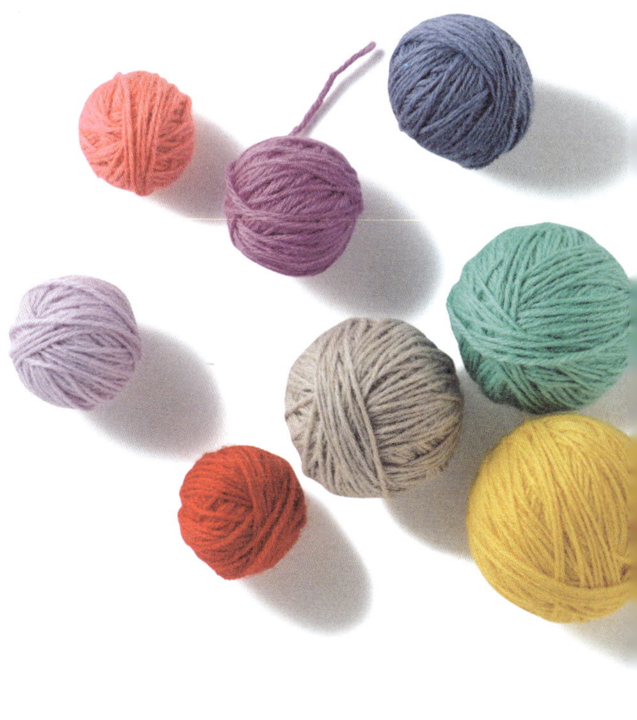

stiebner

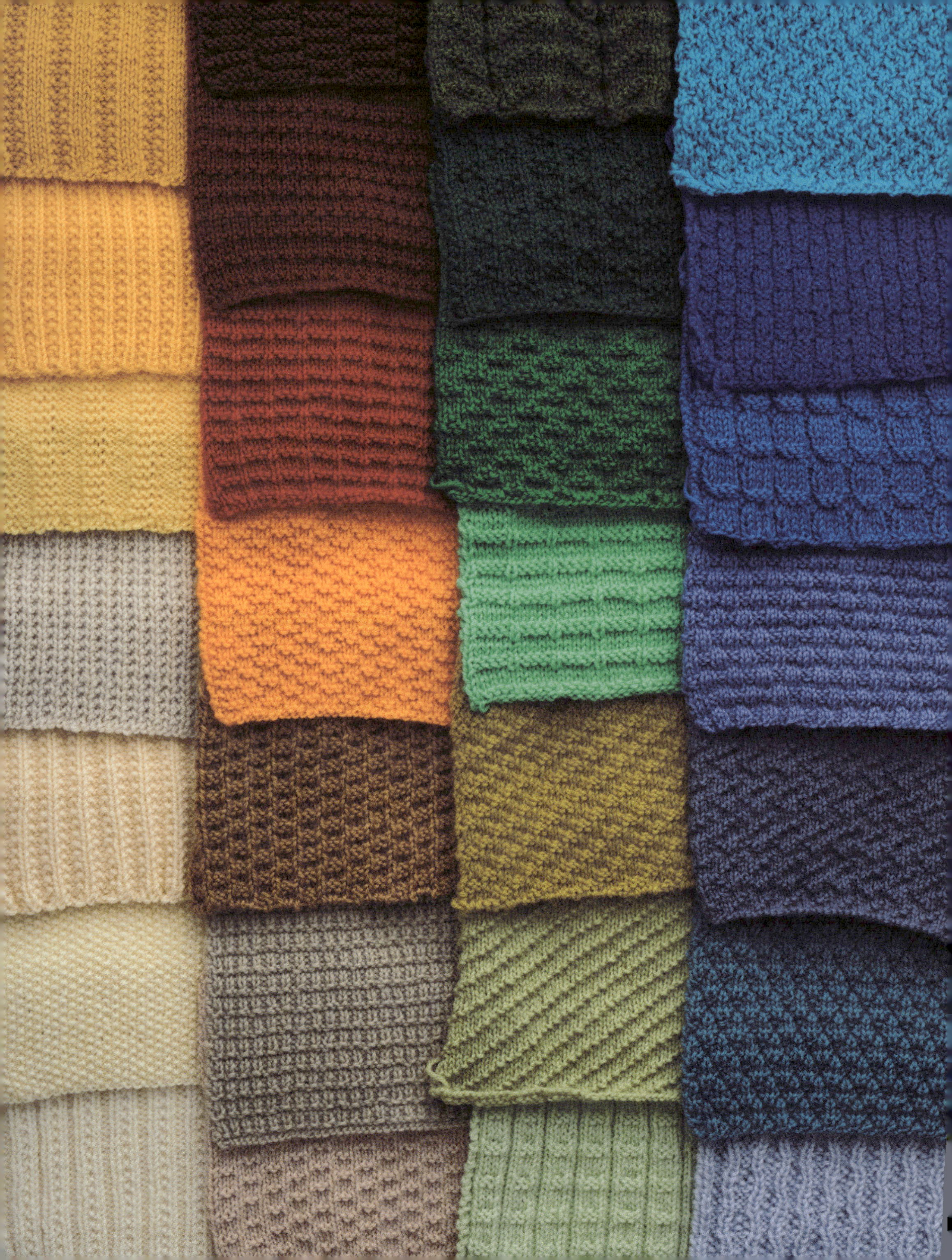

Ich stricke, seit ich ein kleiner Junge war. Nach all dieser Zeit staune ich auch heute noch jedes Mal und freue mich, wenn ich ein neues Muster entdecke. Dieses Buch ist eine Sammlung von Strickmustern, die mir besonders gut gefallen.

Stricken muss nicht kompliziert sein! Einzigartige Muster können nämlich auch einfach nur aus rechten und linken Maschen entstehen.

Dieses Buch soll ein Nachschlagewerk sein für alle, die gerade erst mit dem Stricken begonnen haben und einfache, elegante Muster kennenlernen möchten. Aber auch erfahrene Strickfans werden hier sicher Neues entdecken.

Die Muster entstehen, indem eine bestimmte Anzahl von Reihen (Rapport) stets wiederholt wird. Das Buch ist daher farblich nach der Anzahl der Rapportreihen in jedem Muster geordnet. Ich hoffe, dies hilft Ihnen bei der Auswahl des richtigen Musters für Ihr Wunschprojekt.

Einige Muster haben auch eine interessante Rückseite. Das ist nützlich, wenn Sie wendbare Sachen stricken, zum Beispiel einen kuscheligen Snood oder Schal für den Winter.

Für mich ist Stricken magisch und bietet unendlich viele Variationen. Ich hoffe, dass dieses Buch Ihnen Freude macht und Ihnen viele Inspirationen schenkt.

INHALT

MUSTER

1-2 Reihen 9

4 Reihen 17

5–6 Reihen 33

8 Reihen 41

10 Reihen 57

12 Reihen 63

14–18 Reihen 77

über 20 Reihen 91

PROJEKTE

Zickzack-Schal 102

Wellenschal 104

Haarband 106

Handwärmer 107

Decke 108

Falscher Patentloop 109

Snood 110

Poncho 112

Rechts-Links-Schal 114

Grundtechniken 5

Musterseiten richtig lesen 8

Anleitungen 116

* Bitte beachten Sie, dass die Farben durch den Druck von den tatsächlichen Farben abweichen können
* Die Muster auf S. 9 bis S. 100 wurden durch leichtes Dämpfen in Form gebracht.
* Die Muster auf S. 9 bis S. 100 wurden mit »Percent« von Rich More und Nadelstärke 3,5 mm gestrickt.
* Die für die Projekte ab S. 102 verwendeten Garne und Nadelstärken sind ab S. 116 aufgeführt.

Grundtechniken

Alle 120 in diesem Buch vorgestellten Muster bestehen nur aus rechten und linken Maschen. Auf den folgenden Seiten werden die Grundtechniken rechte Masche und linke Masche, der Maschenanschlag sowie das Abketten und Vernähen des Fadens vorgestellt.

Maschenanschlag

Der Maschenanschlag ist die Grundlage für jedes Strickprojekt. Hier stellen wir den Kreuzanschlag vor. Alle Muster und Strickstücke in diesem Buch fangen auf diese Weise an.

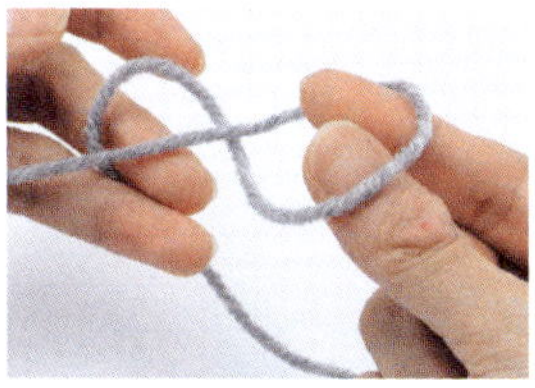

1 Faden von der dreifachen Länge der gewünschten Breite zu einer Schlaufe legen.

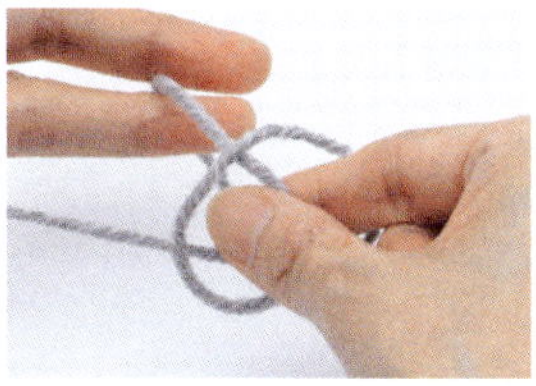

2 Durch die Schlaufe hindurch das Knäuelende des Fadens greifen.

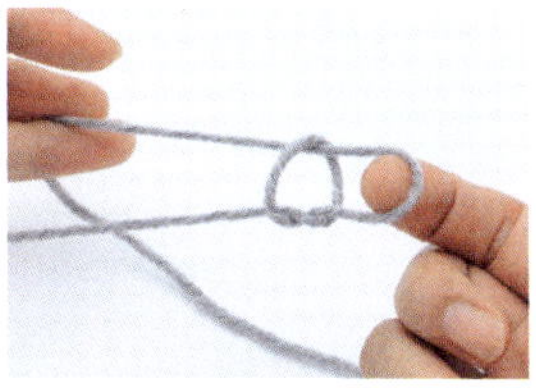

3 Den Faden durch die Schlaufe ziehen.

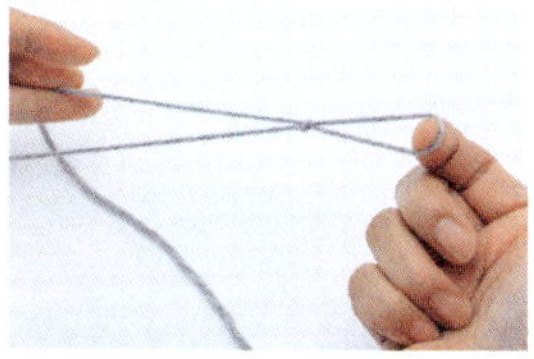

4 Schlaufe und Faden festhalten, Schlaufe festziehen.

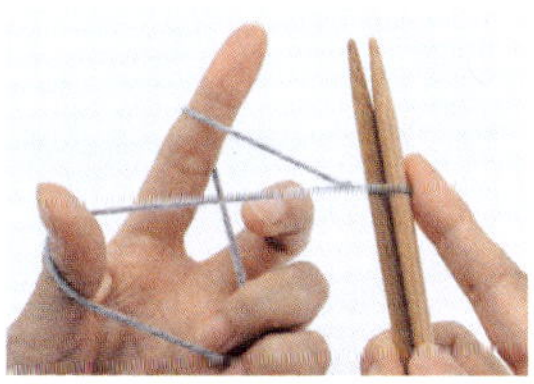

5 2 Stricknadeln durch die Schlaufe stecken und festziehen. Das ist die Anschlagmasche.

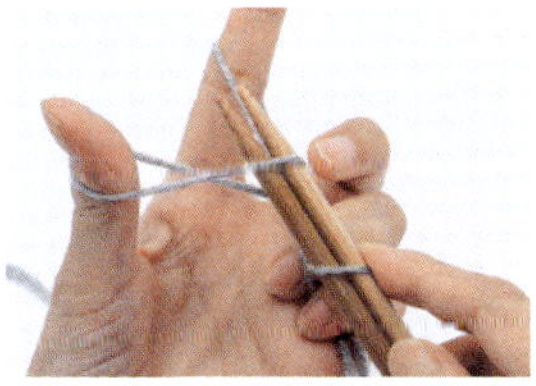

6 Die Nadeln von vorn unter den vorderen Daumenfaden schieben.

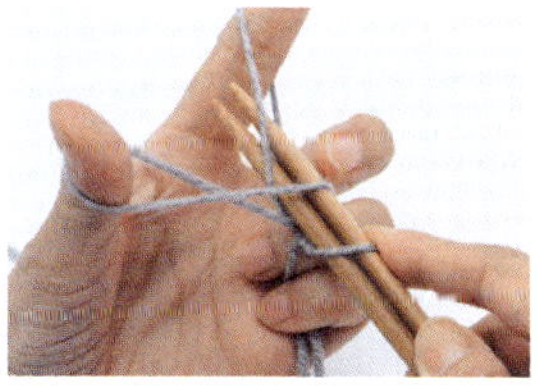

7 Nun die Nadeln von oben zwischen die beiden Zeigefingerfäden führen.

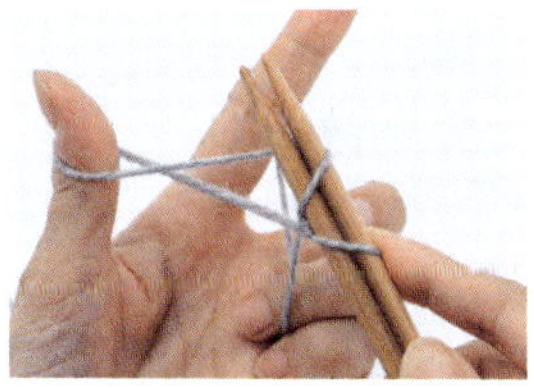

8 Von oben zwischen die beiden Daumenfäden gehen, dabei den Faden auf den Nadeln lassen.

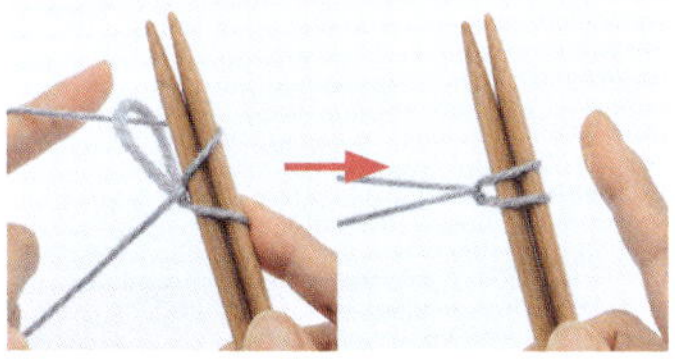

9 Den Faden vom Daumen gleiten lassen und die Schlaufe festziehen. Die 2. Masche ist nun fertig.

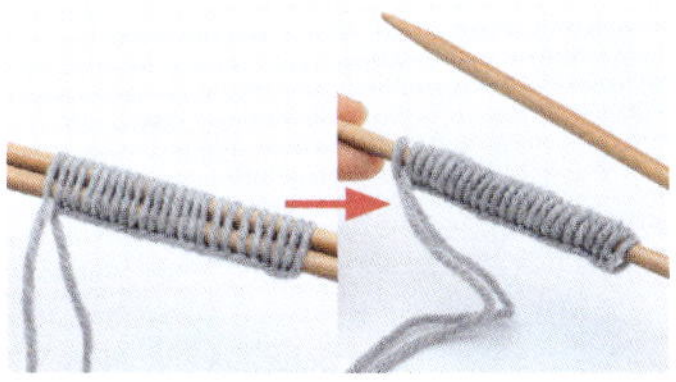

10 Schritt **6–9** wiederholen, bis die gewünschte Maschenanzahl erreicht ist. Eine Nadel herausziehen. Die Anschlagreihe ist nun fertig.

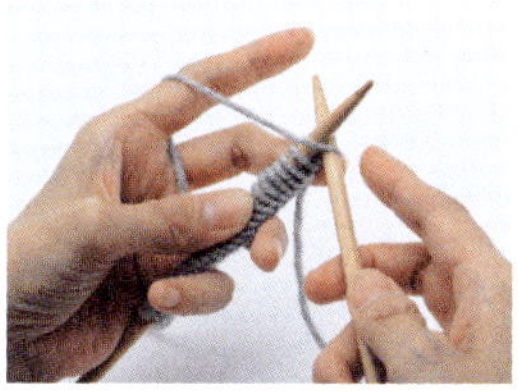

Stricknadeln und Garn richtig halten

Mit der linken Hand die Nadel zwischen Daumen und Mittelfinger halten. Den Faden mit dem ausgestreckten Zeigefinger straff halten. Rechts die Nadel locker zwischen Daumen und Zeigefinger fassen und mit dem Zeigefinger die abgestrickten Maschen festhalten.

Rechte Masche

Diese Masche lernt man beim Stricken zuerst. Sie ergibt ein schönes, kettenartiges Strickbild. Die Maschen sehen aus wie kleine Vs.

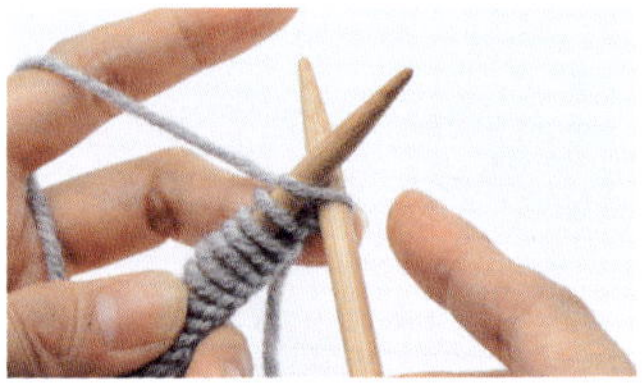

1 Faden hinter die Nadel legen. Mit der rechten Nadel von vorne links in die erste Masche der Anschlagreihe stechen.

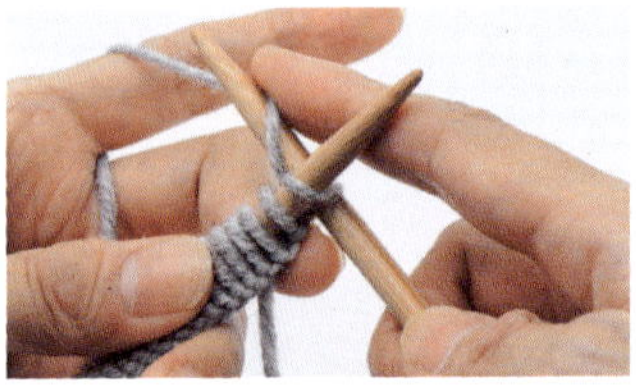

2 Den Faden von unten um die Nadel legen und mit dem Zeigefinger festhalten.

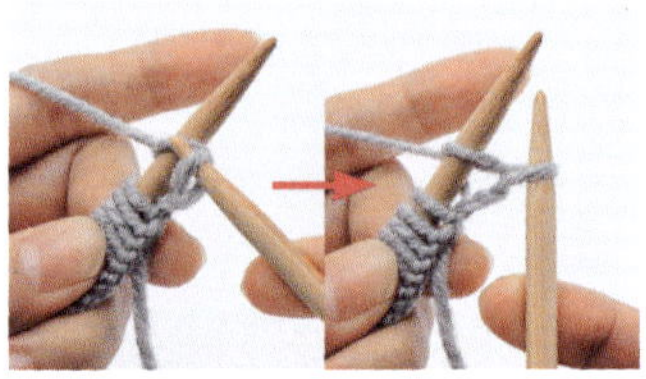

3 Die Nadel mit dem Faden durch die Masche aus Schritt **1** ziehen.

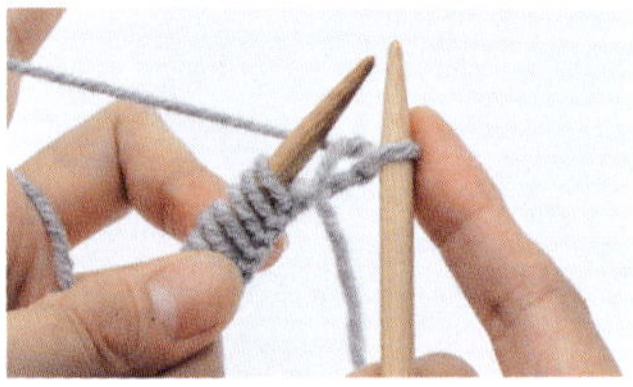

4 Die Anschlagmasche von der linken Nadel gleiten lassen. Die erste rechte Masche ist gestrickt.

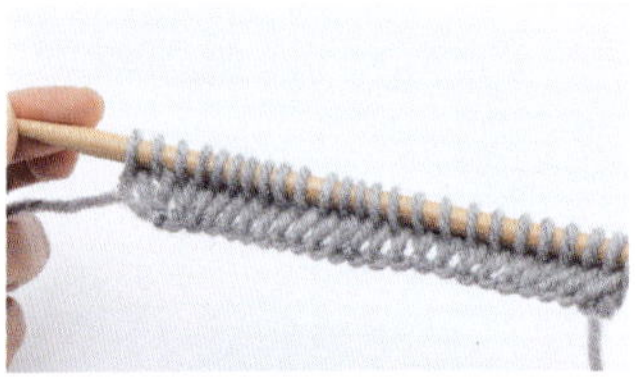

5 Schritt 1–4 stets wiederholen. So sieht die fertige 2. Reihe aus.

Linke Masche

Bei der linken Masche wird der Faden anders geholt als bei der rechten. Auch das Strickbild sieht anders aus und erinnert an kleine Wellen.

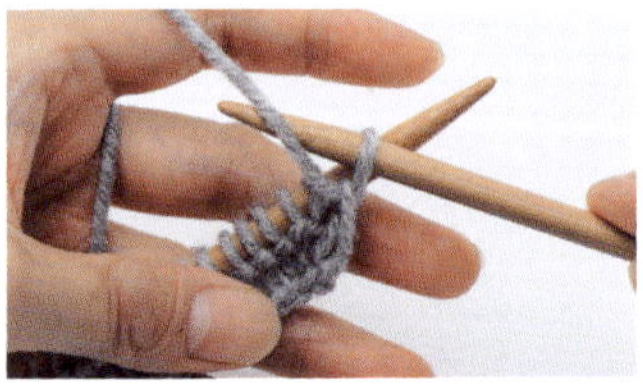

1 Faden vor die Nadel legen. Mit der rechten Nadel von vorne rechts in die erste Masche der Anschlagreihe stechen.

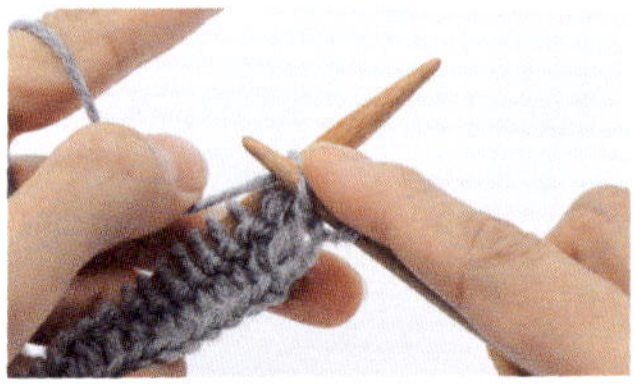

2 Den Faden von oben nach unten um die Nadel legen und mit dem Zeigefinger festhalten.

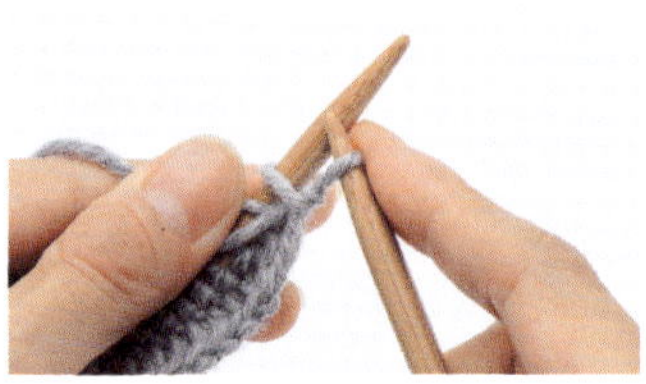

3 Die Nadel mit dem Faden durch die Masche aus Schritt **1** ziehen.

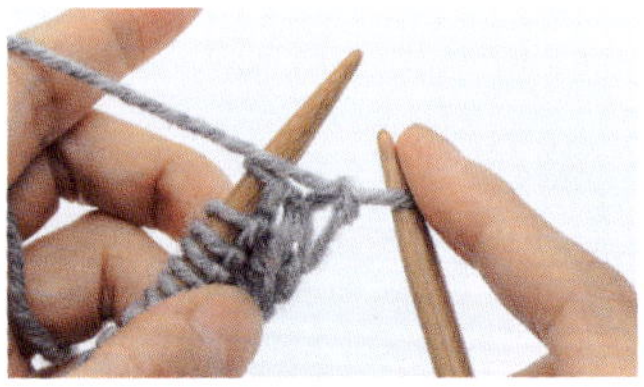

4 Die Masche von der linken Nadel gleiten lassen. Die erste linke Masche ist gestrickt.

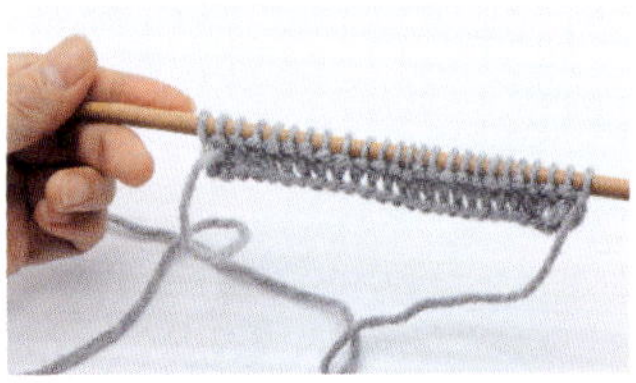

5 Schritt 1–4 stets wiederholen. So sieht die fertige 2. Reihe aus.

Rechts abketten

Mit dieser Methode werden die Maschen der letzten Reihe fixiert. Alle Strickstücke in diesem Buch werden so abgekettet.

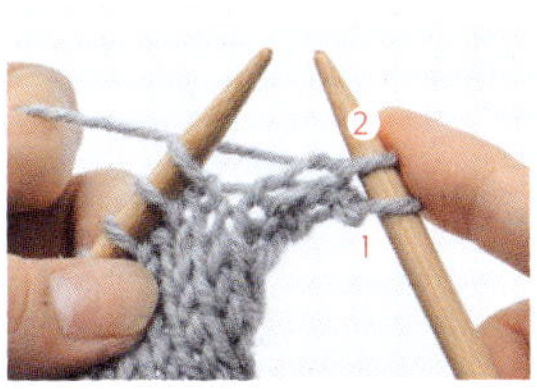

1 Die beiden ersten Maschen rechts stricken (**1, 2**).

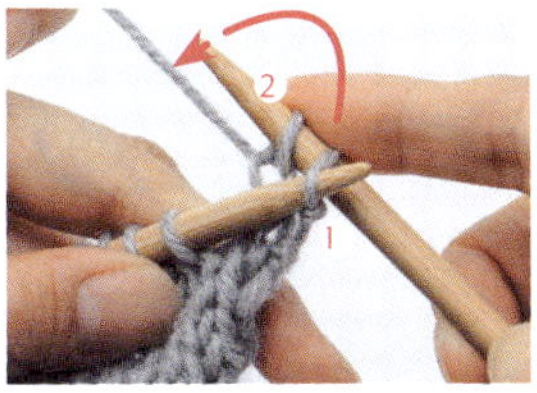

2 Mit der linken Nadel von links in Masche **1** einstechen. Masche **1** über Masche **2** ziehen.

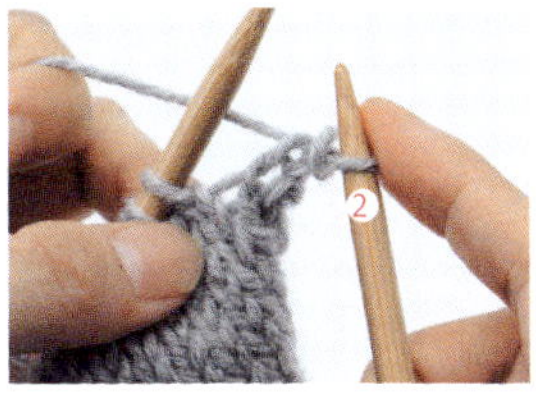

3 Damit ist die erste Masche abgekettet.

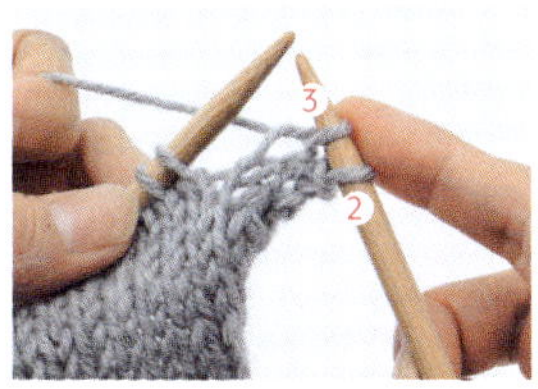

4 1 Masche rechts stricken (**3**).

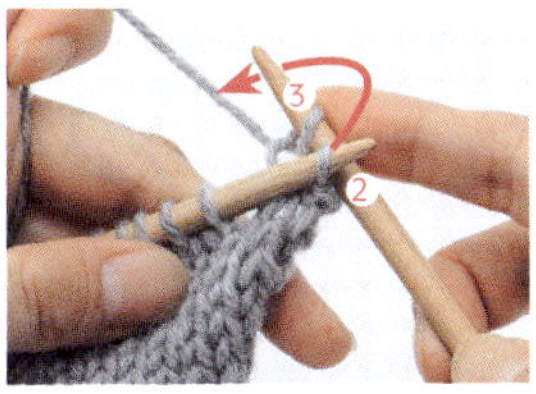

5 Mit der linken Nadel von links in Masche **2** einstechen. Masche **2** über Masche **3** ziehen.

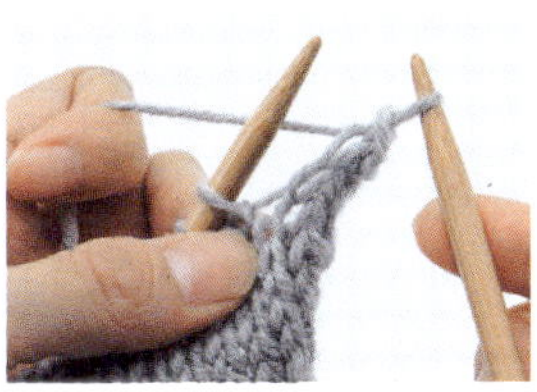

6 Damit ist die zweite Masche abgekettet.

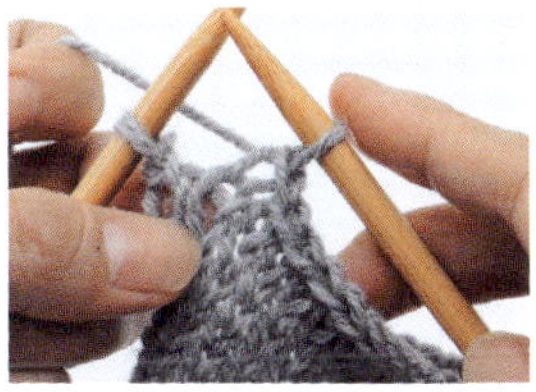

7 Schritt **4–5** stets wiederholen, sodass eine Abkettkante entsteht.

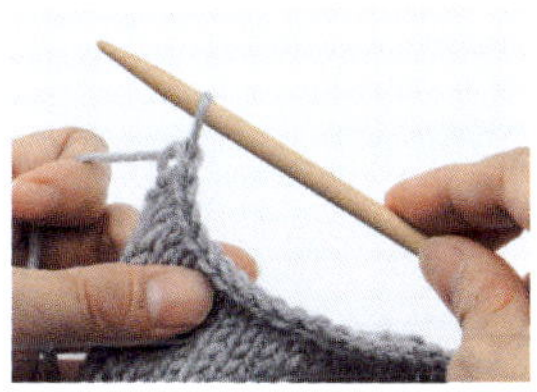

8 Wenn alle Maschen abgekettet sind, die letzte Masche auf der rechten Nadel lang ziehen.

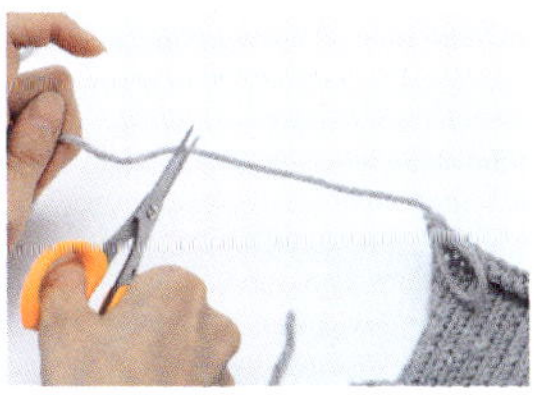

9 Nadel herausziehen und den Faden so abschneiden, dass noch etwa 10 cm übrig bleiben.

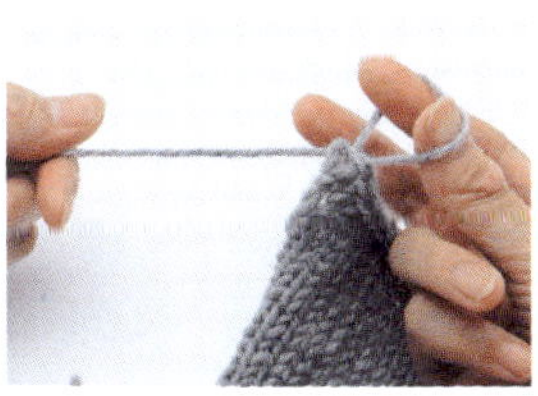

10 Den Faden aus Schritt **9** durch die Schlaufe aus Schritt **8** ziehen.

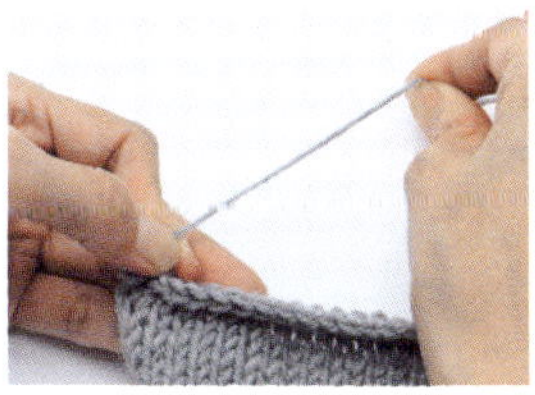

11 Arbeit mit der linken Hand festhalten und die Schlaufe festziehen.

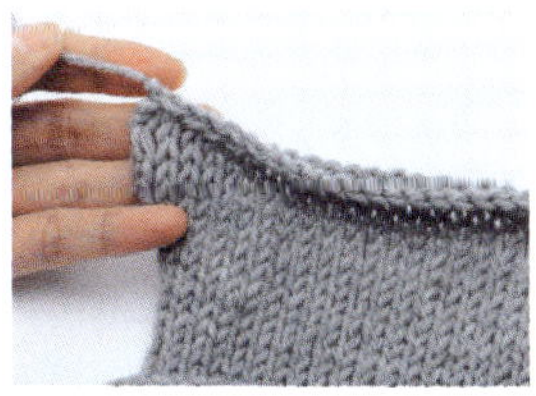

12 Damit ist das Strickstück abgekettet.

Faden vernähen

Nach dem Abketten wird der restliche Faden mit einer Stopfnadel vernäht.

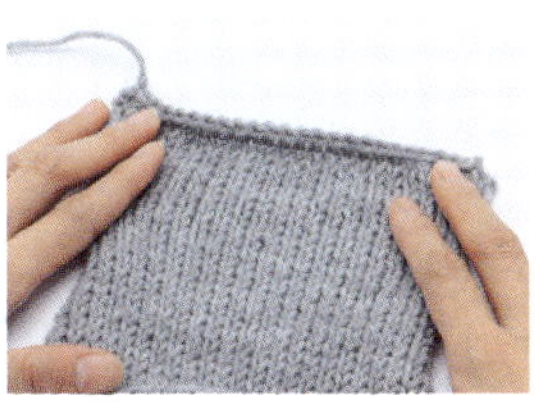

1 Wenn das Strickstück sich einrollt, mit der Hand in Form bringen oder leicht mit dem Bügeleisen dämpfen. .

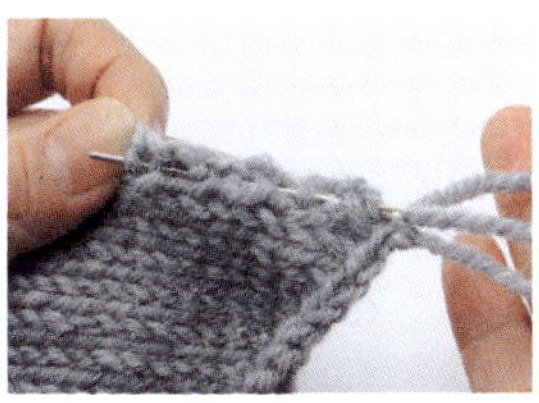

2 Faden in eine Stopfnadel fädeln und diese so durch die Maschen führen, dass sie auf der rechten Seite nicht zu sehen ist.

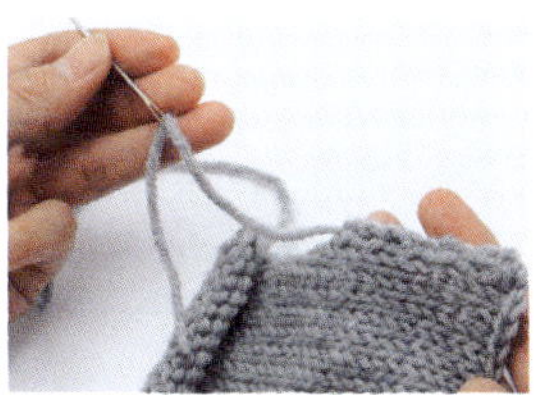

3 Stopfnadel durchziehen und den restlichen Faden abschneiden.

Musterseiten richtig lesen

Alle 120 Muster in diesem Buch bestehen nur aus rechten und linken Maschen.
Die Musterrapporte erstrecken sich über 1 bis 34 Reihen. Wenn Sie sich mit dem Aufbau des Buchs erst einmal vertraut gemacht haben, können Sie nach Herzenslust losstricken!

1 Farbnummer des Garns

Für die Maschenproben wurde »Percent« von Rich More verwendet. Die Zahl bezieht sich auf die Farbnummern dieses Garns. Gestrickt wurde mit der Nadelstärke 3,5 mm.

2 Strickdiagramm

Zu jedem Muster gehört ein Strickdiagramm. Bei diesem Muster geht der Rapport über 4 Reihen, die Reihenzahl des Strickstücks muss also durch 4 teilbar sein. Rechte Maschen sind mit □, linke mit – bezeichnet.

3 Roter Rahmen

Beim Flachstricken wird das Muster durch Anhängen der roten Maschen symmetrisch. Beim Rundstricken ist das nicht nötig.

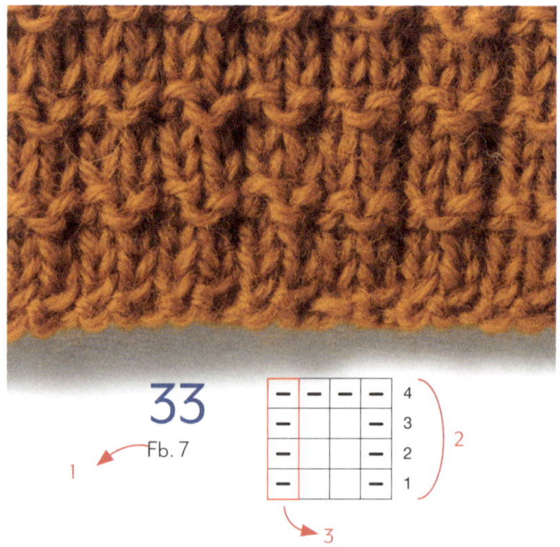

4 Ziehpfeile

Zeigen ein Kräuselmuster im gedehnten Zustand.

(Bei senkrechter Kräuselung: ↔)

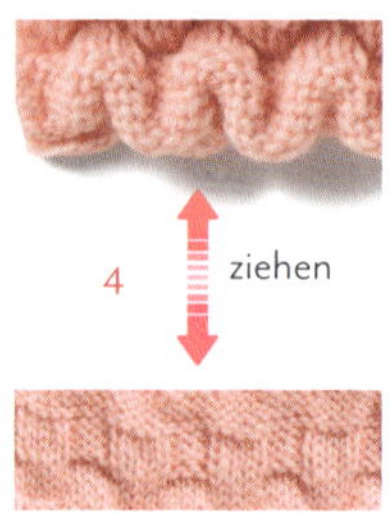

5 Wendepfeile

Hier entstehen auf Vorder- und Rückseite unterschiedliche Muster. Das Strickstück kann also beidseitig getragen werden.

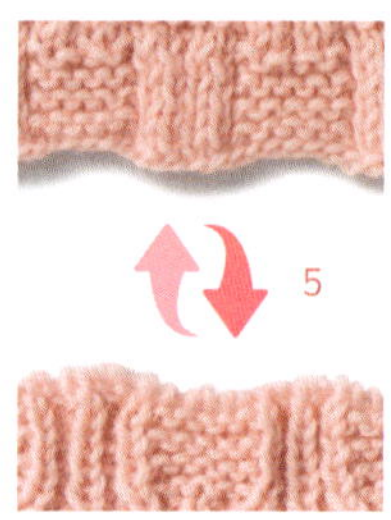

Strickdiagramme lesen: glatt rechts

Je nachdem, ob in **Runden** oder in **Hin- und Rückreihen** gestrickt werden soll, kann ein Strickdiagramm unterschiedlich zu lesen sein. Beispiel glatt rechts: Diagramm A zeigt das **Erscheinungsbild auf der Vorderseite,** also nur rechte Maschen, weil beim Rundstricken nur in eine Richtung gearbeitet wird. Beim Flachstricken jedoch müssen **abwechselnd rechte und linke Reihen** gestrickt werden wie in Diagramm B. In den Hinreihen werden die Symbole daher wie im Diagramm gestrickt, in den Rückreihen aber umgekehrt (– → I,I → –). Die Vorderseite erscheint dann glatt rechts, die Rückseite glatt links. (Muster Nr. 1)

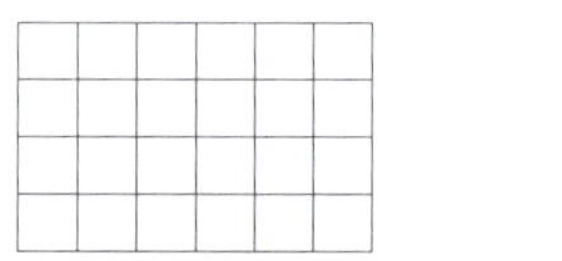

A

glatt rechts
stricken
in Runden

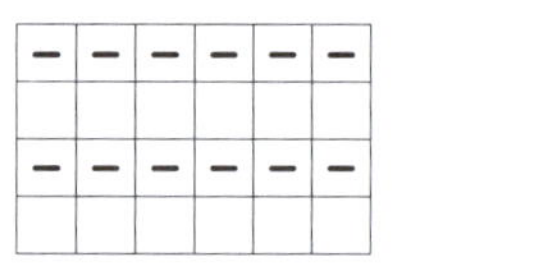

B

glatt rechts
stricken
in Reihen

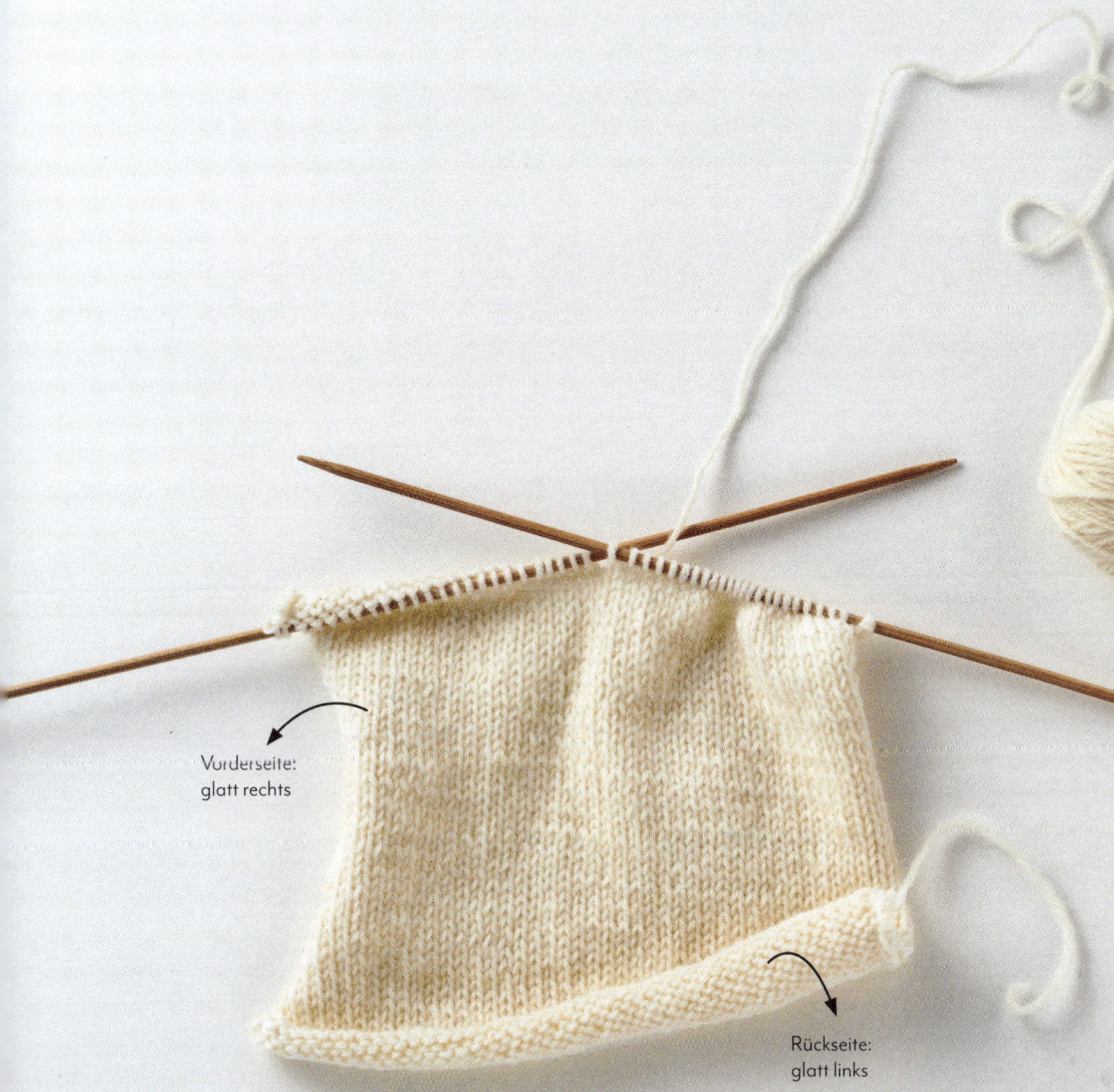

1

Fb. 1

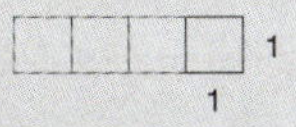

1-2 Reihen

In diesem Kapitel ergeben 1 bis 2 Reihen das Muster.
Dazu gehören auch die Grundtechniken glatt rechts und glatt links.

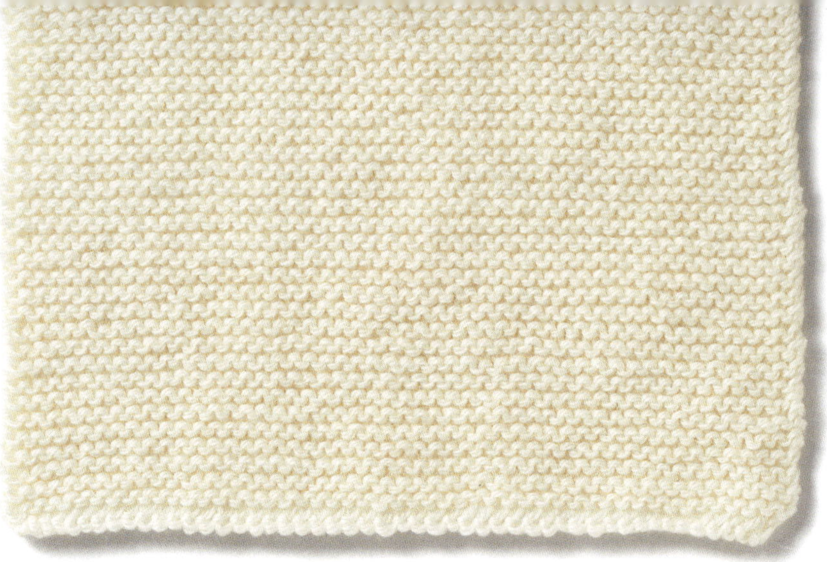

kraus rechts

2

Fb. 95

–	–	2
		1
	1	

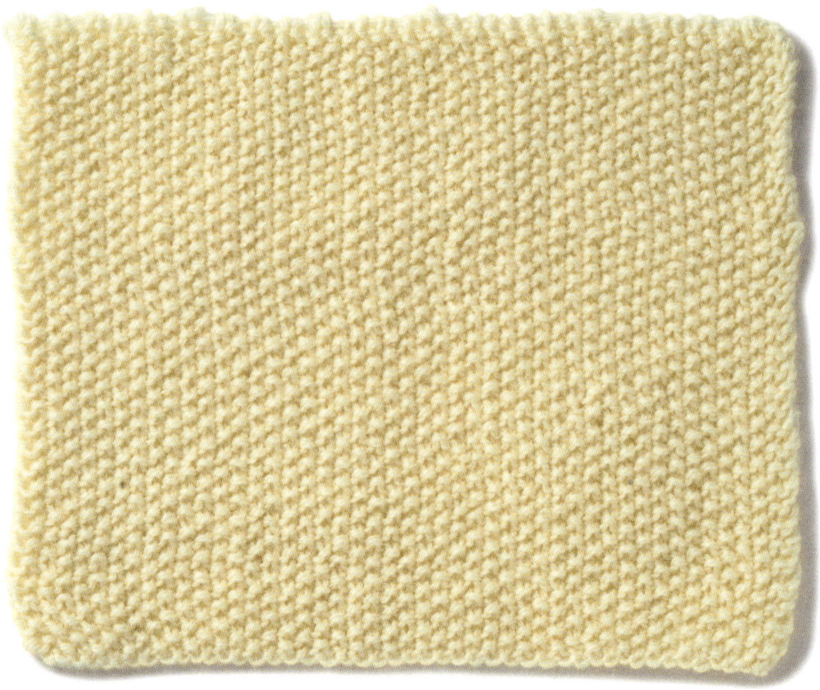

3

Fb. 2

–		–	2
	–		1
	2	1	

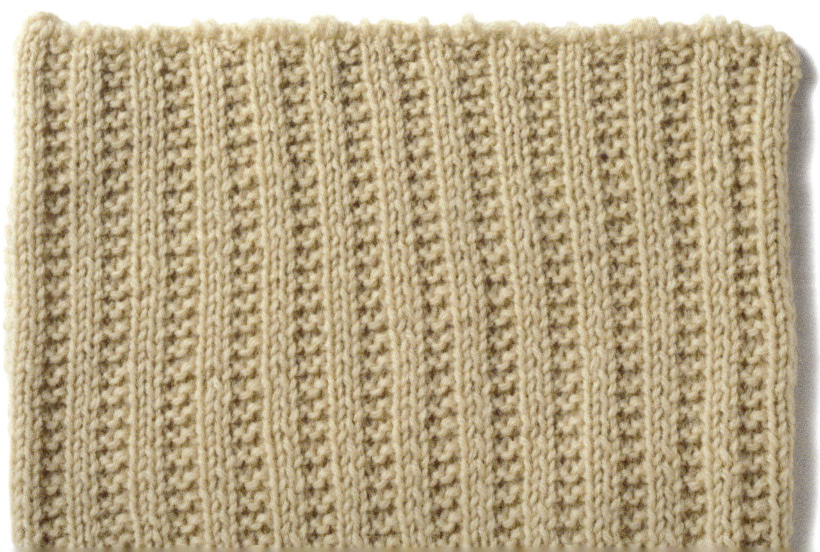

4

Fb. 20

		–	–			2
						1
		4			1	

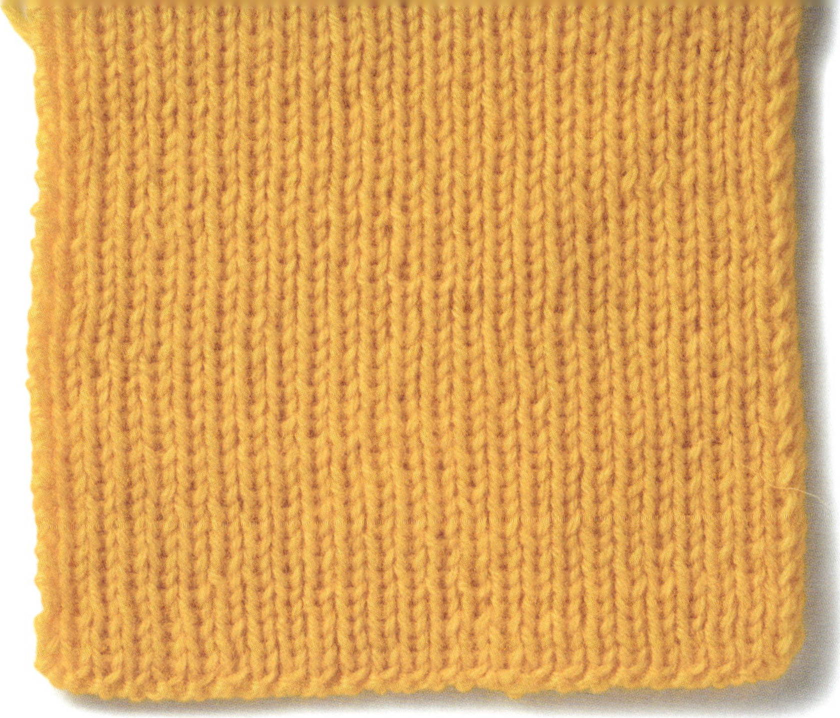

Einfaches Rippenmuster

5

Fb. 101

–		–		1
		2	1	

6

Fb. 5

		–	–			2
		–	–			1
		4			1	

Doppeltes Rippenmuster

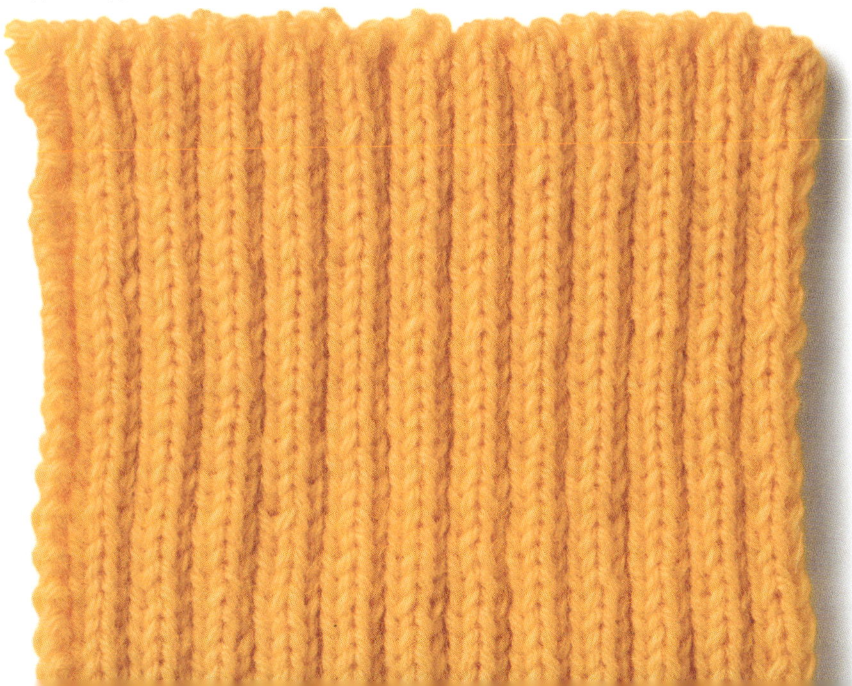

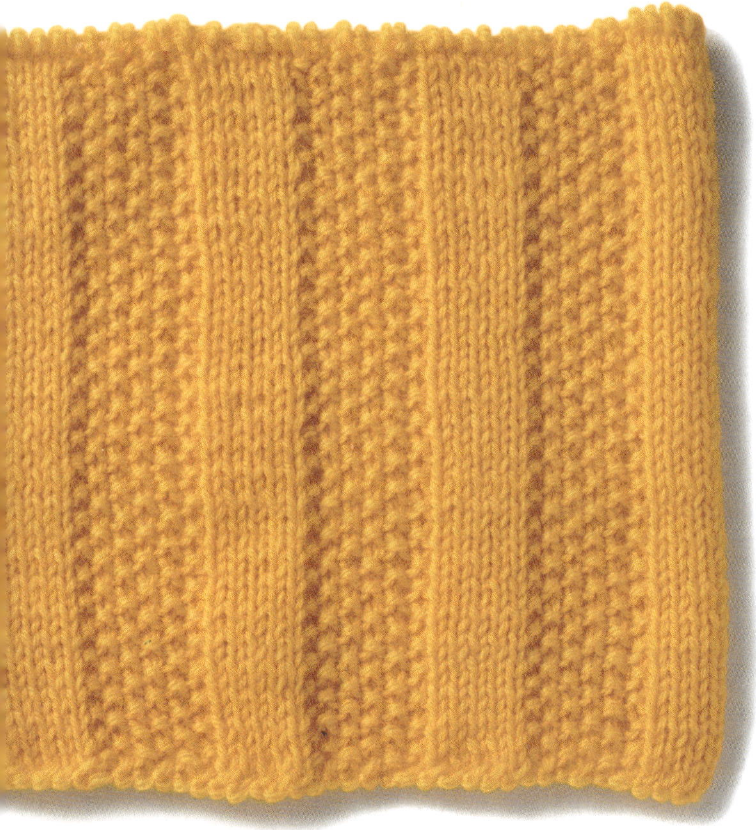

7

Fb. 101

						–		–		–						2
					–		–		–							1
					11	10					5				1	

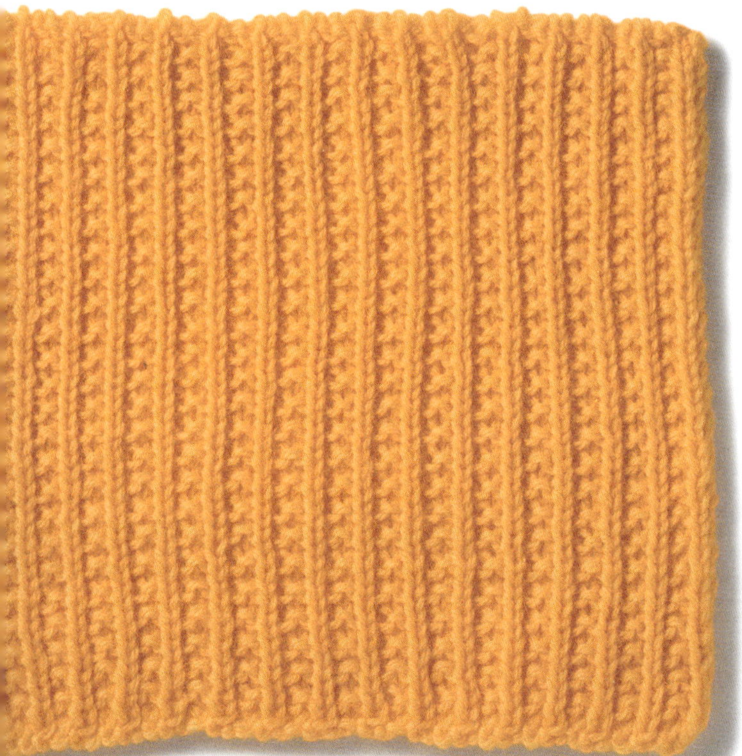

8

Fb. 5

	–	–		2
	–			1
	3		1	

9-a Fb. 3

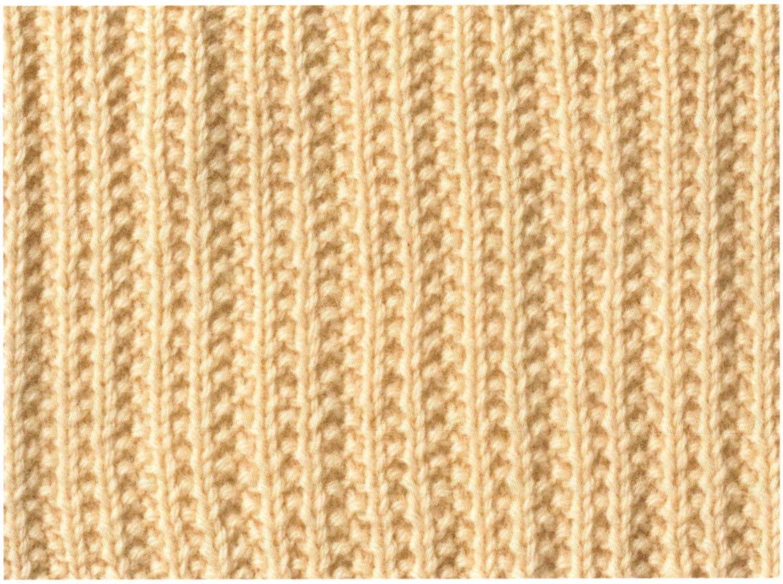

9-b

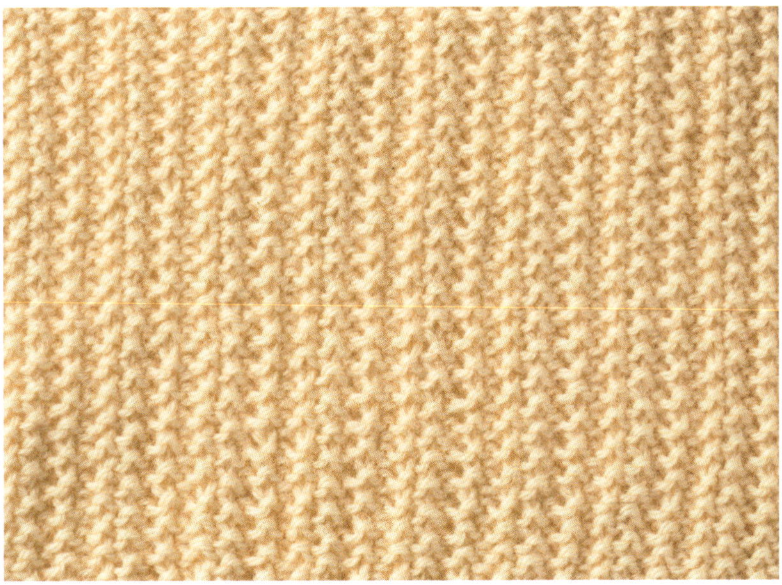

–					–	2
	–		–			1
	5				1	

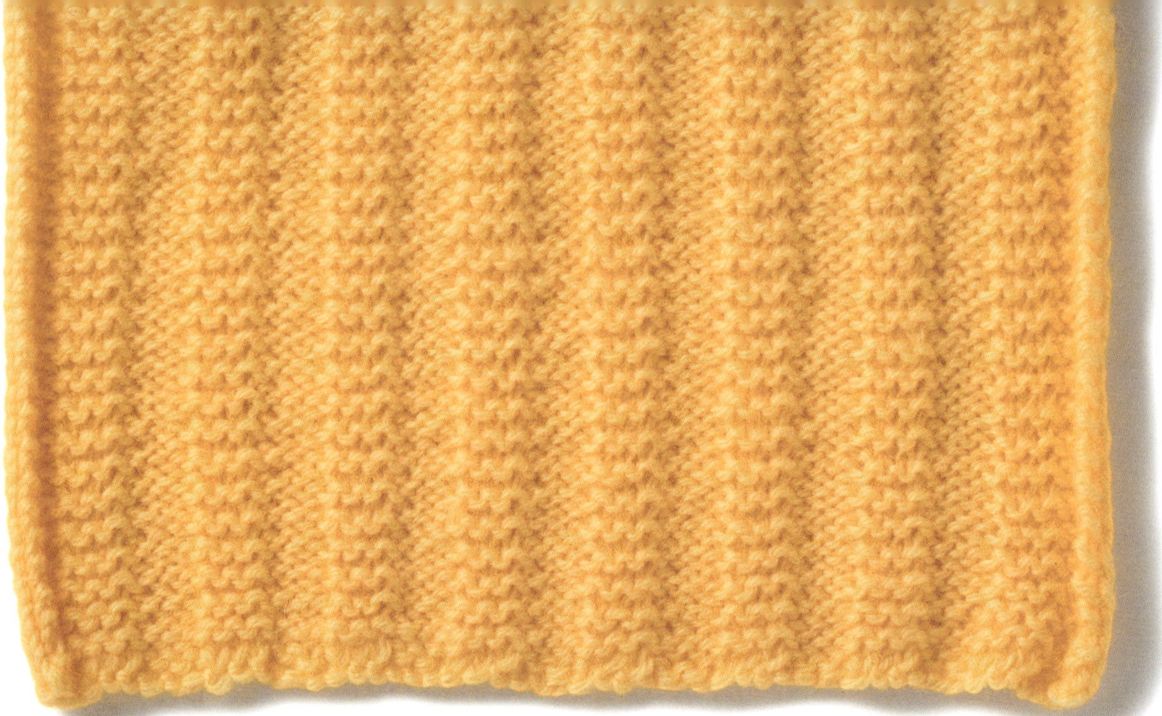

10

Fb. 4

–	–	–	–	–	–	–	–	–	2
–	–	–				–	–	–	1
			6	5				1	

11-a

Fb. 6

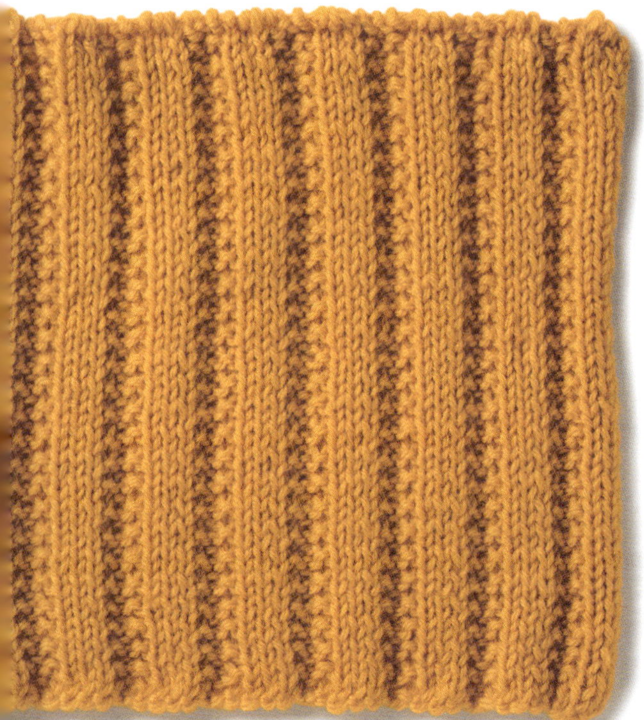

11-b

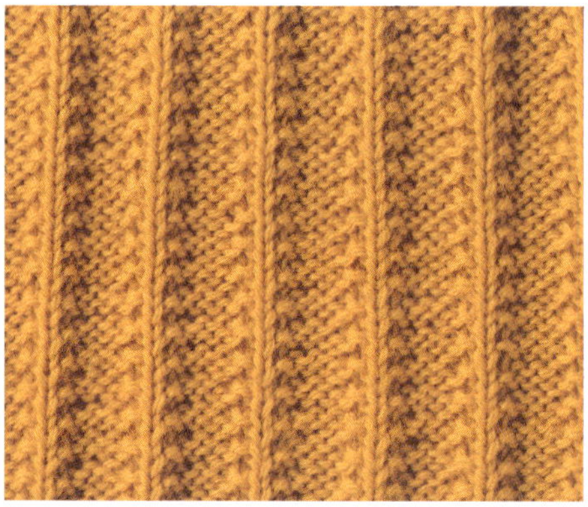

			–	–	–				2
				–					1
			6	5				1	

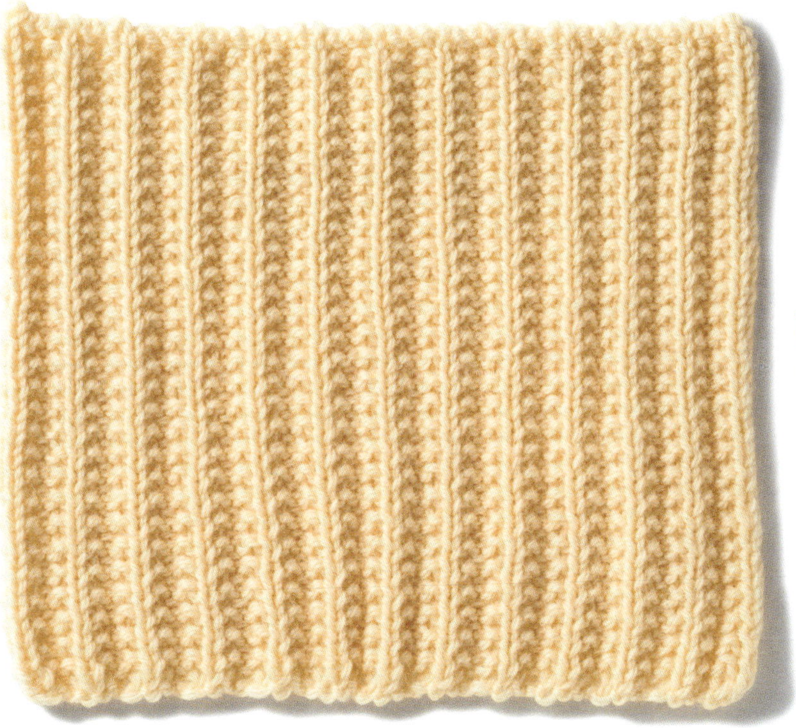

12
Fb. 3

−		−	−	−		−	2
			−				1
			4			1	

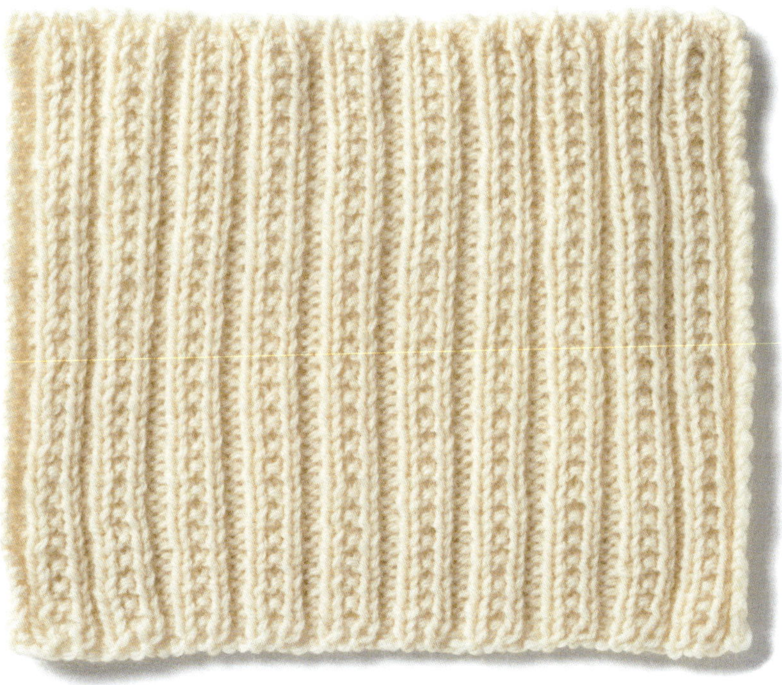

13
Fb. 1

−	−				−	−	2
−	−		−		−	−	1
		5				1	

14-a

Fb. 123

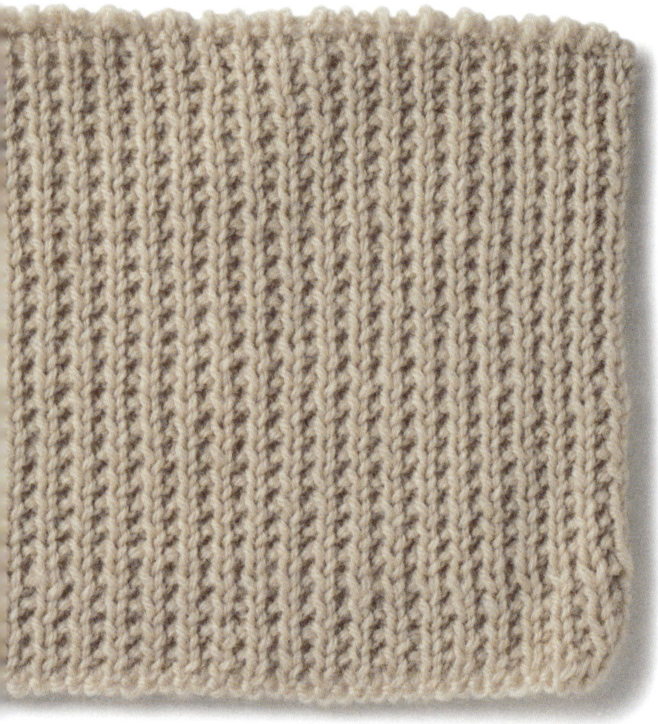

14-b

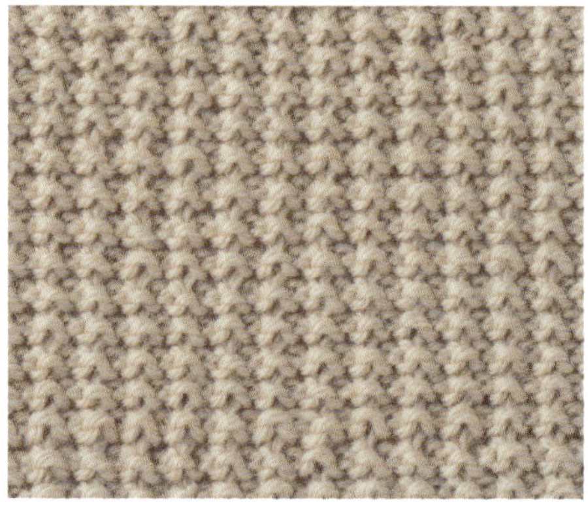

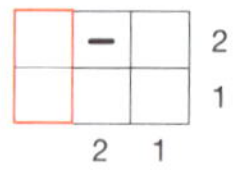

15-a

Fb. 6

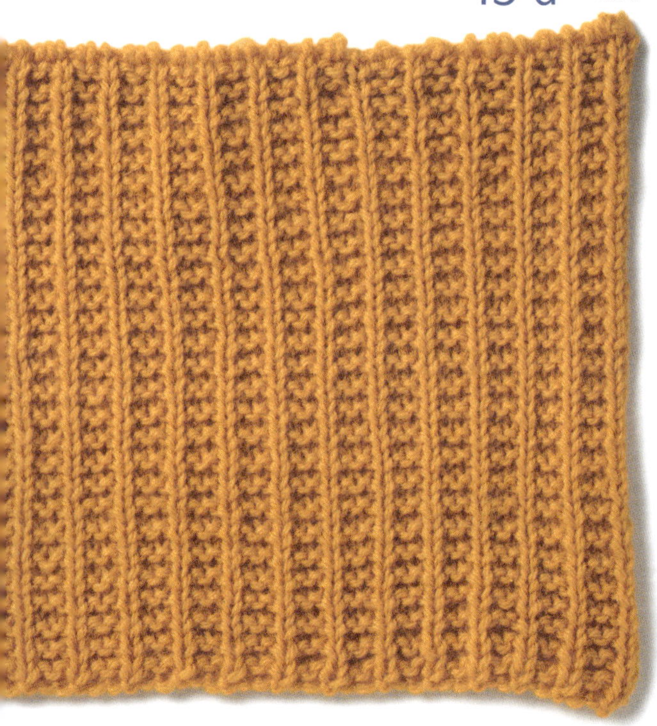

15-b

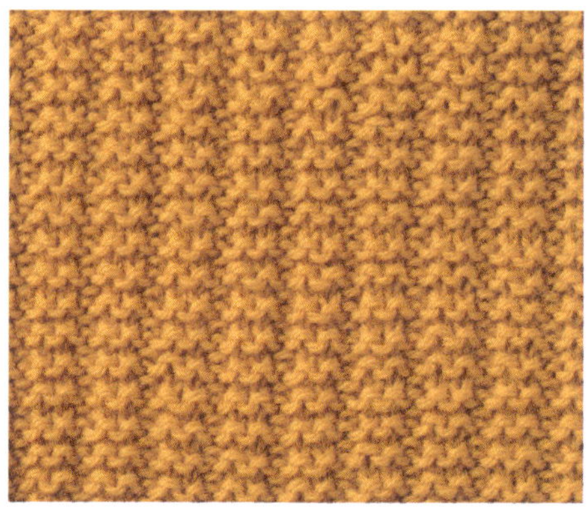

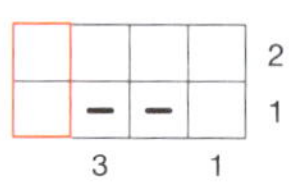

4 Reihen

Hier ergeben 4 Reihen das Muster.
Diese Muster sind besonders gleichmäßig und einfach zu stricken.

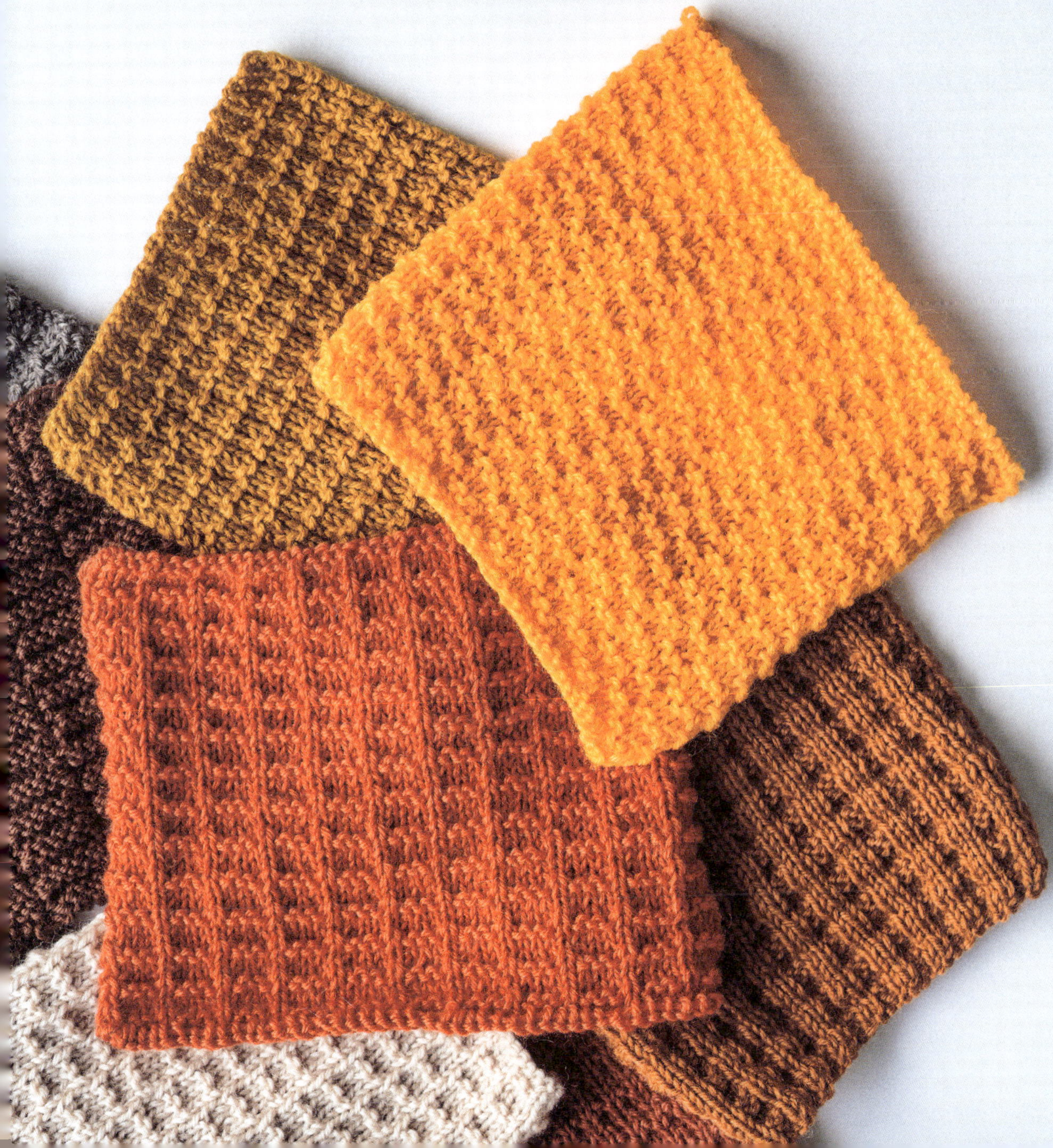

–			–	–			–	–	–	–	–			–	–			–	4
–	–			–	–			–	–	–			–	–			–	–	3
–	–	–			–	–			–			–	–			–	–	–	2
–		–	–			–	–		–		–	–			–	–	–	–	1
	18			15					10					5				1	

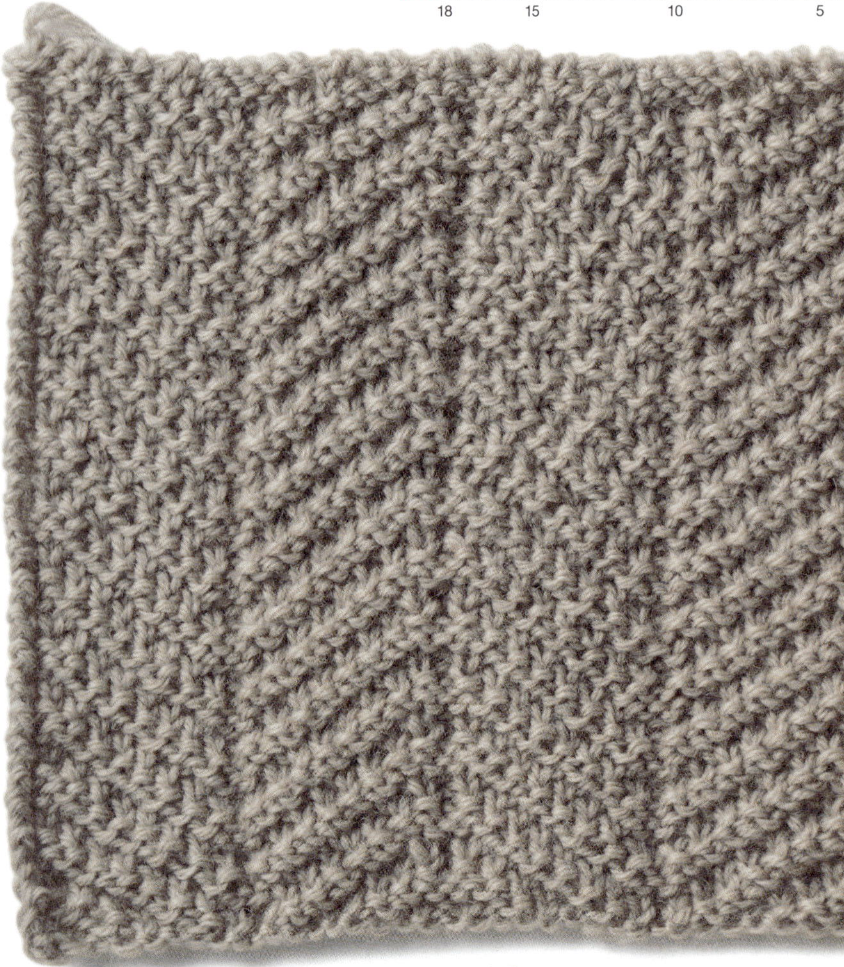

16

Fb. 124

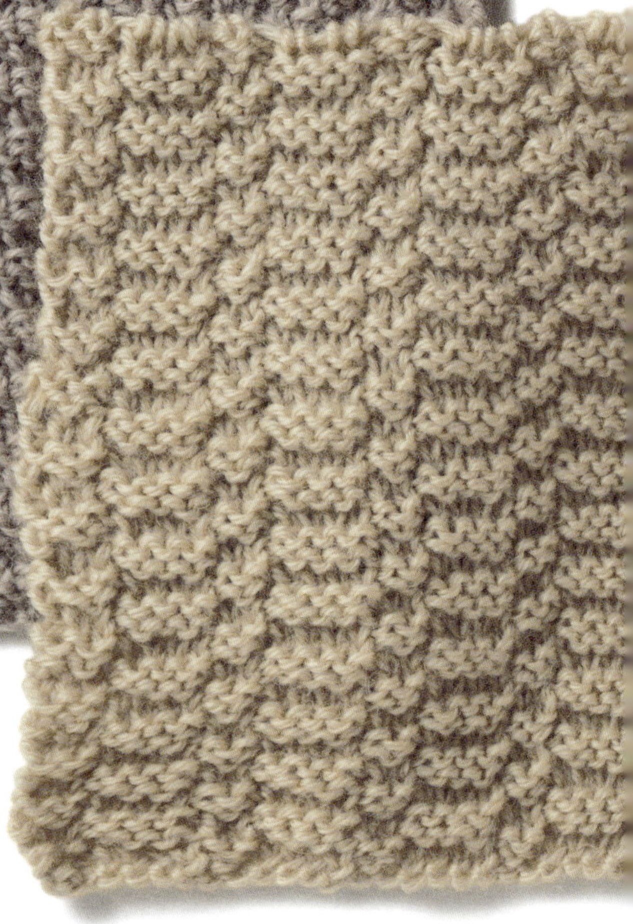

17

Fb. 20

		–	–	–	–			4
		–	–	–	–			3
–	–					–	–	2
–	–					–	–	1
		6	5				1	

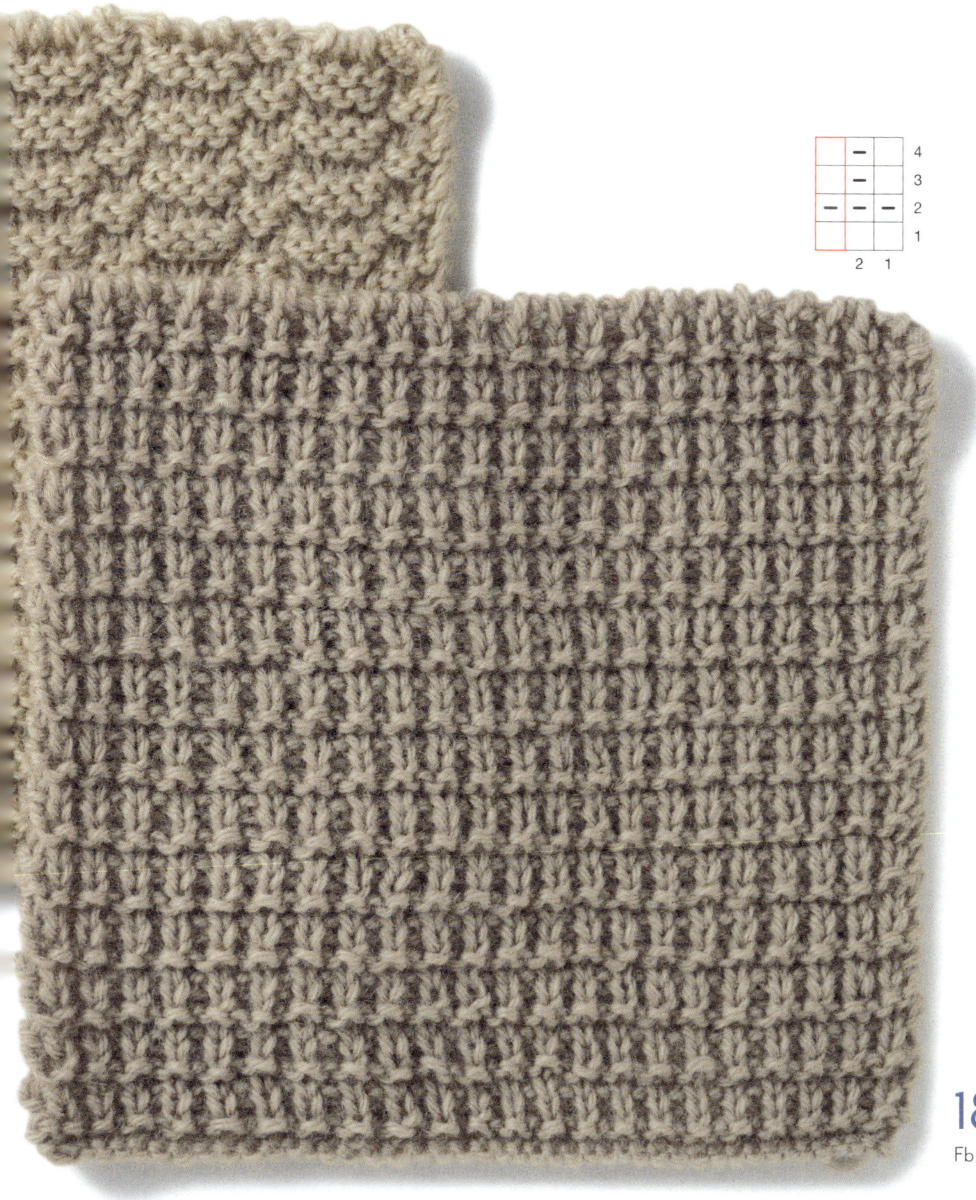

	–		4
	–		3
–	–	–	2
			1
	2	1	

18
Fb. 19

4 Reihen

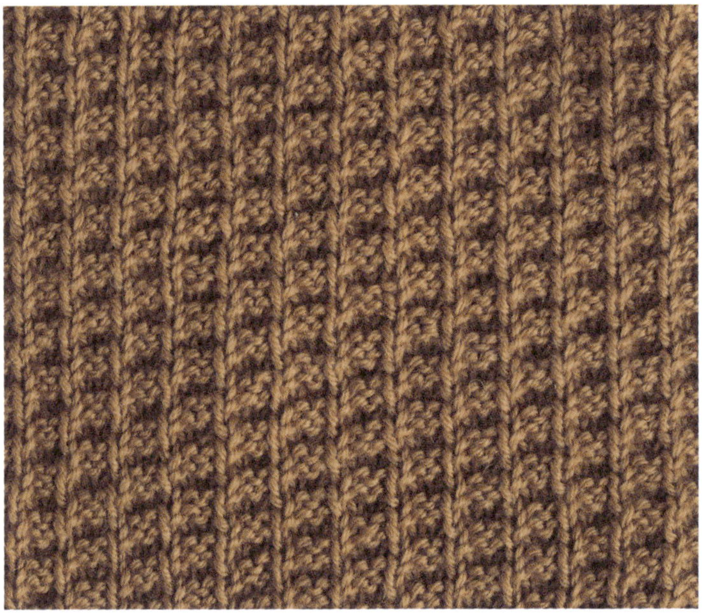

19-a
Fb. 116

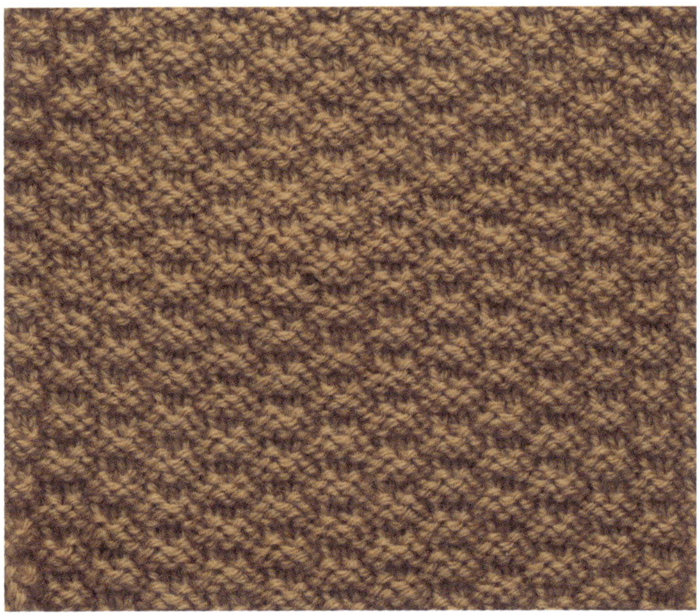

19-b

	6	5	4	3	2	1	
				–	–		4
				–	–		3
	–	–					2
	–	–					1

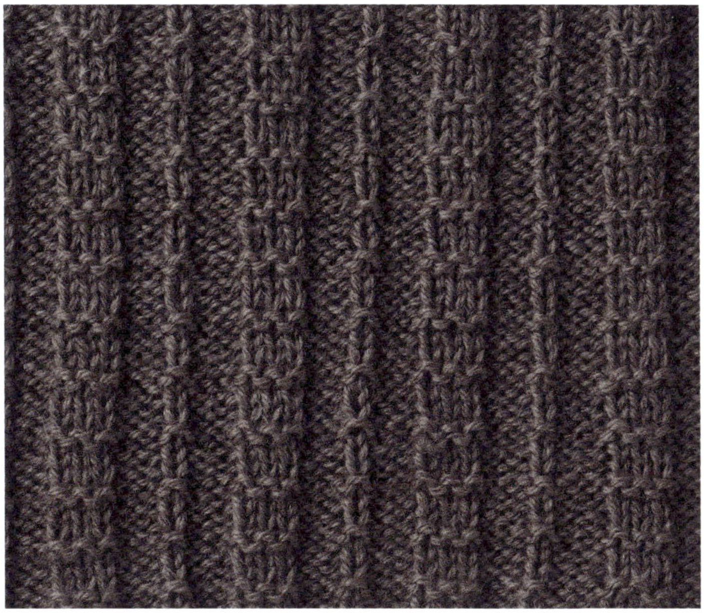

20-a

Fb. 125

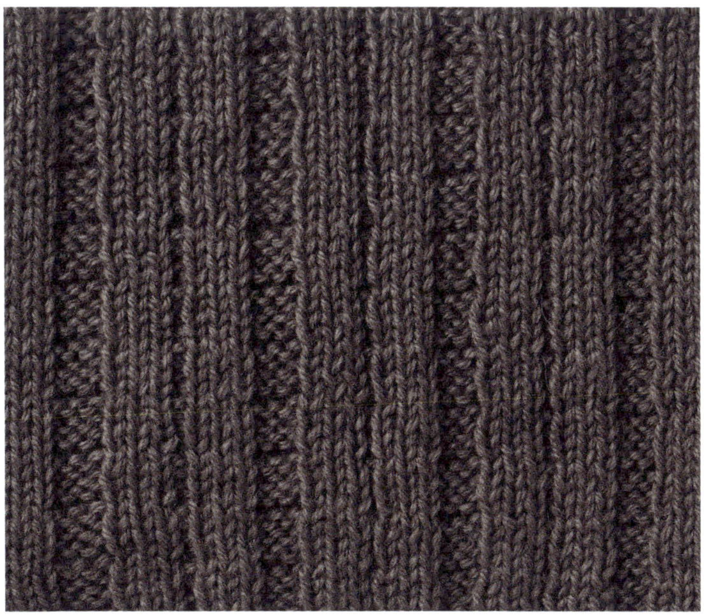

20-b

–	–	–	–	–	–	–	–	–	–	–	–	–	–	–	–	–	4
–	–	–		–	–	–				–	–	–		–	–	–	3
–	–	–		–	–	–				–	–	–		–	–	–	2
–	–	–		–	–	–				–	–	–		–	–	–	1
							10				5				1		

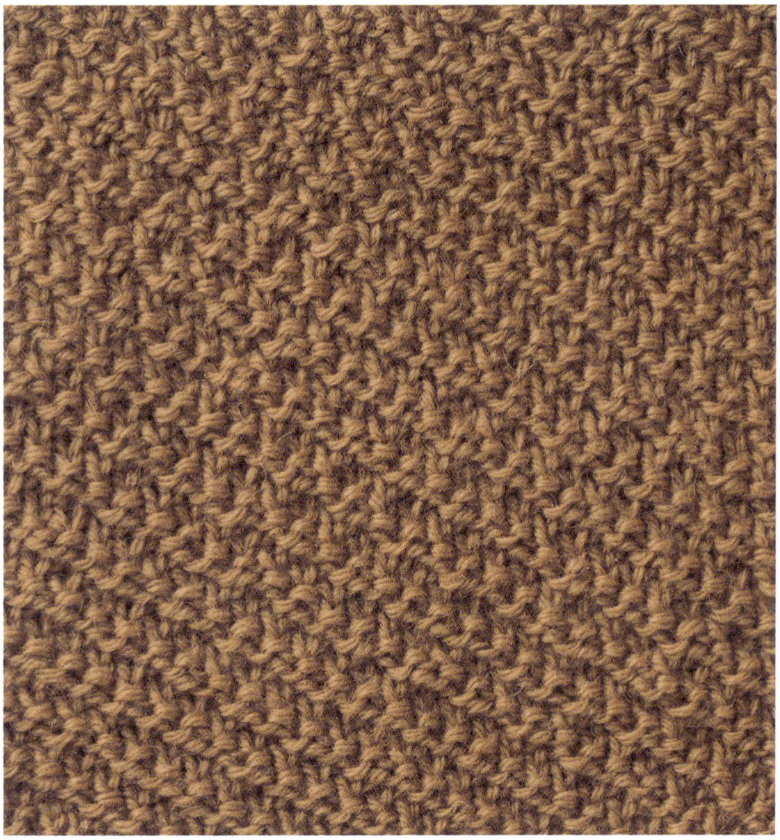

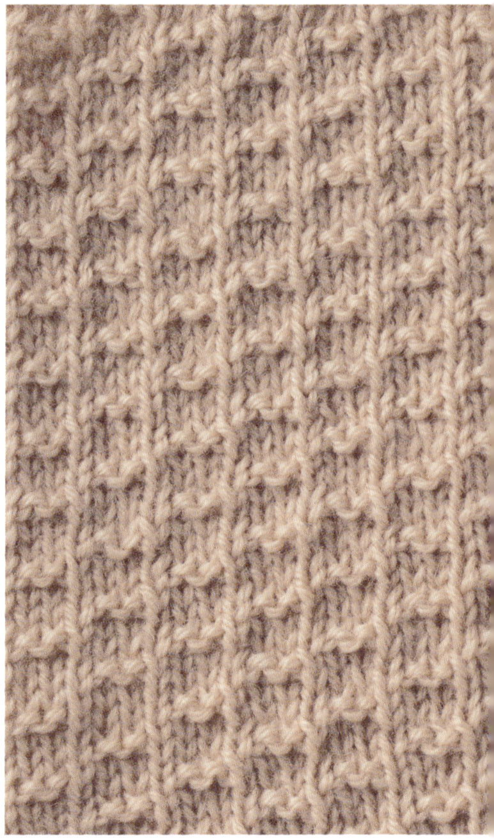

21

Fb. 116

	–	–		4
		–	–	3
–			–	2
–	–			1
4			1	

22

Fb. 83

	–	–					–	–		4
										3
				–	–					2
										1
				6	5				1	

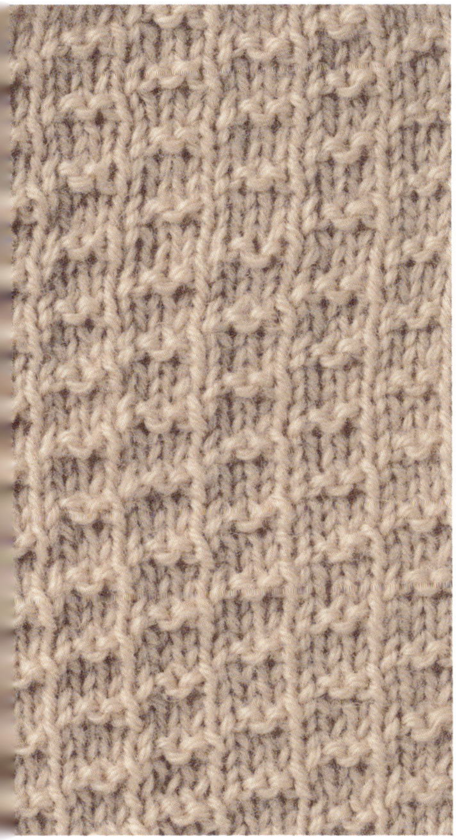

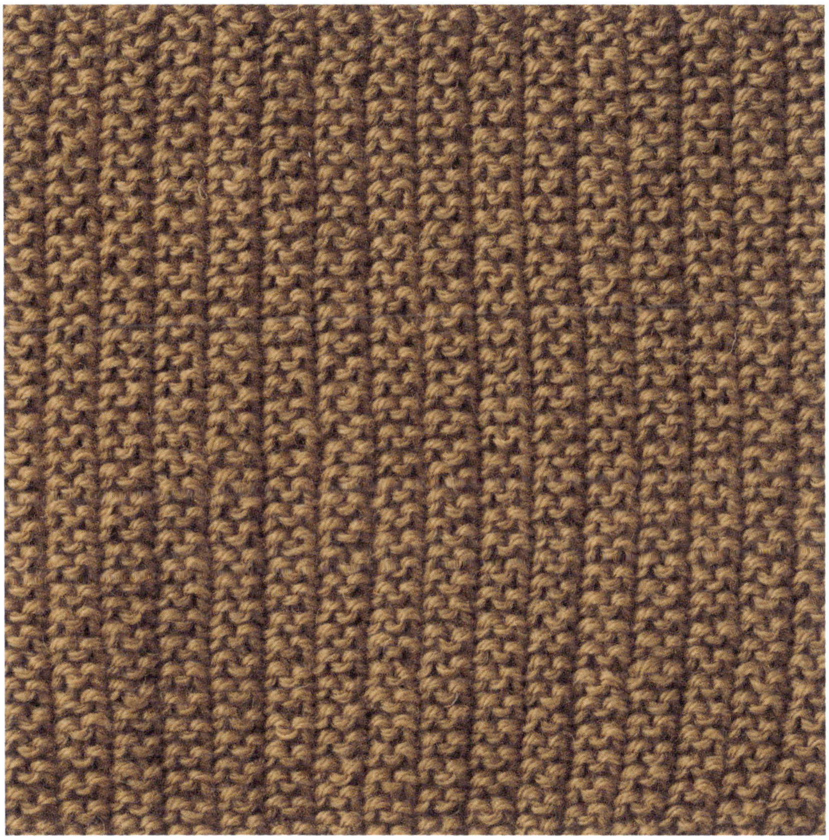

23

Fb. 116

–	–			–	–	2
		–	–			1
		4			1	

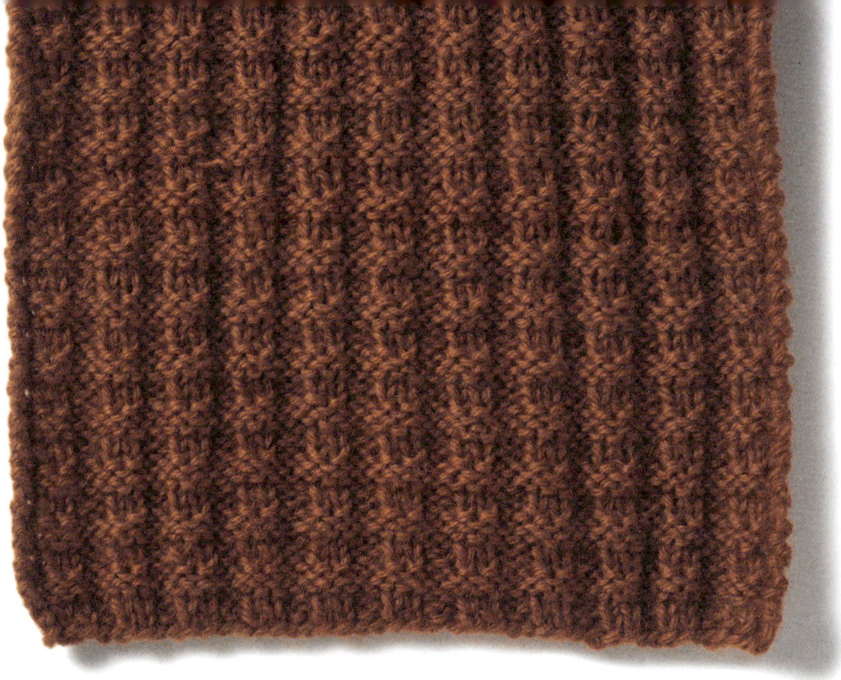

24-b

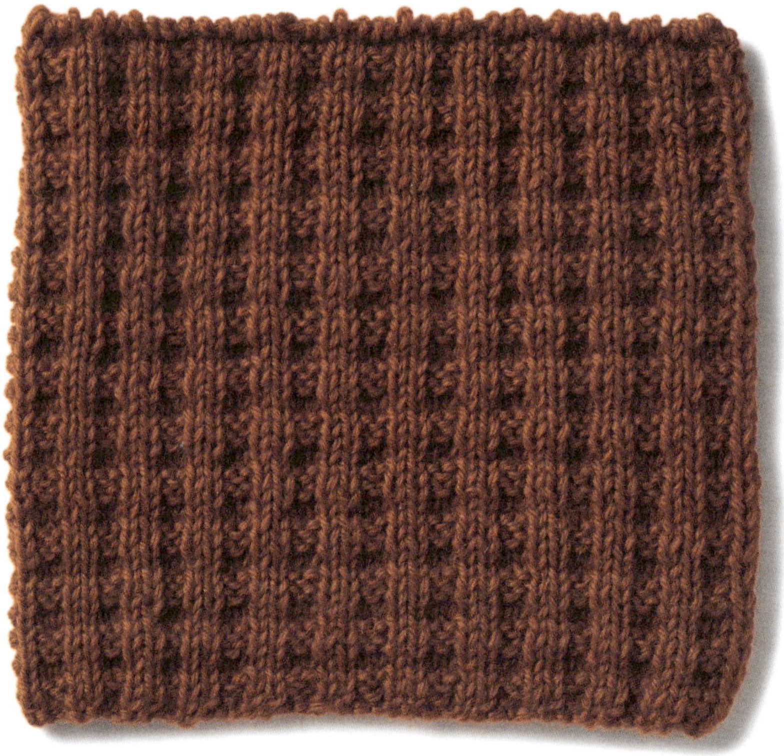

24-a

Fb. 87

				4
				3
	–	–		2
	–	–		1
4			1	

25-a

Fb. 9

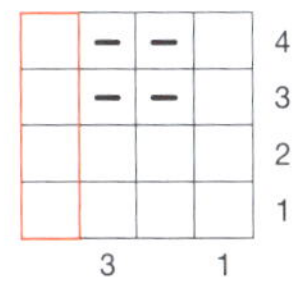

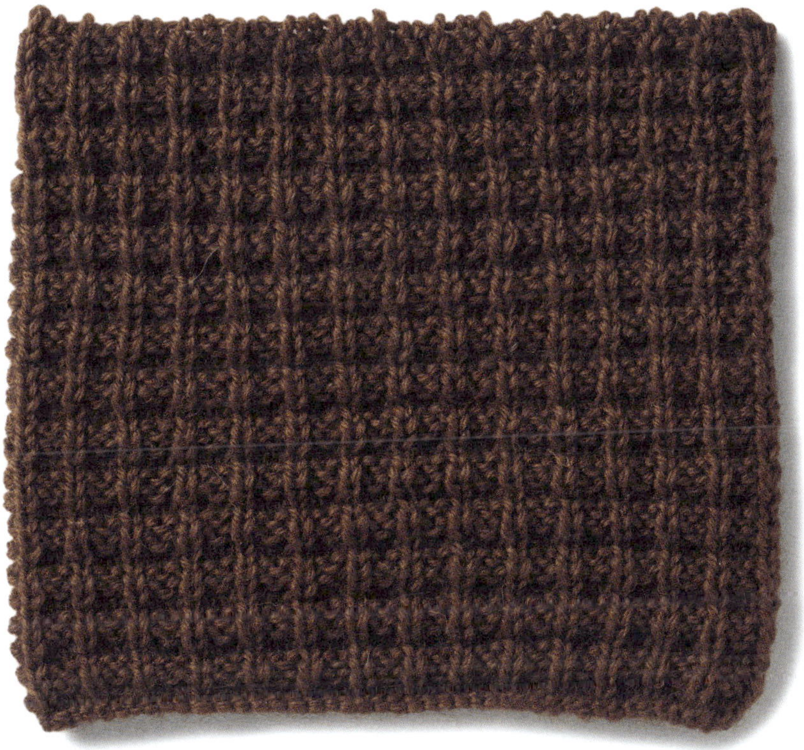

25-b

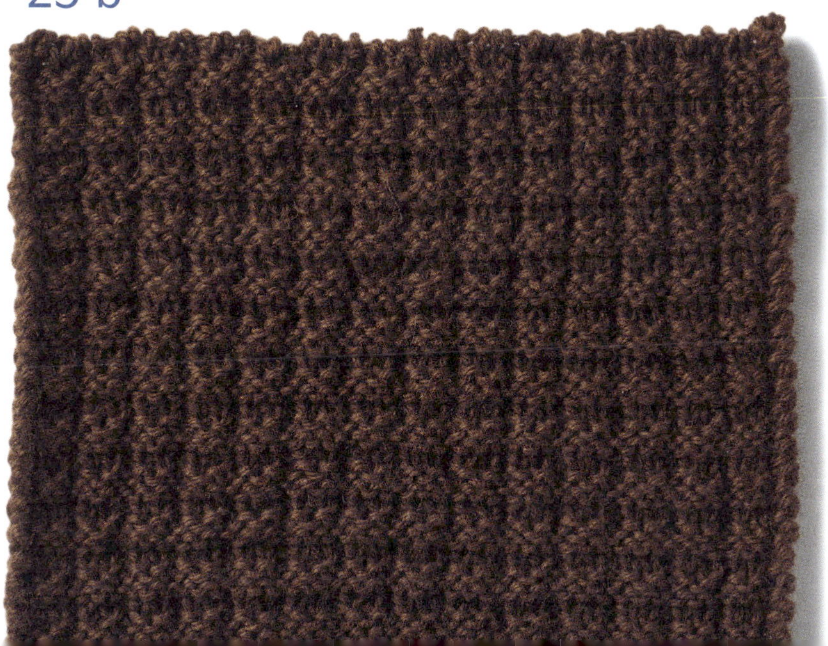

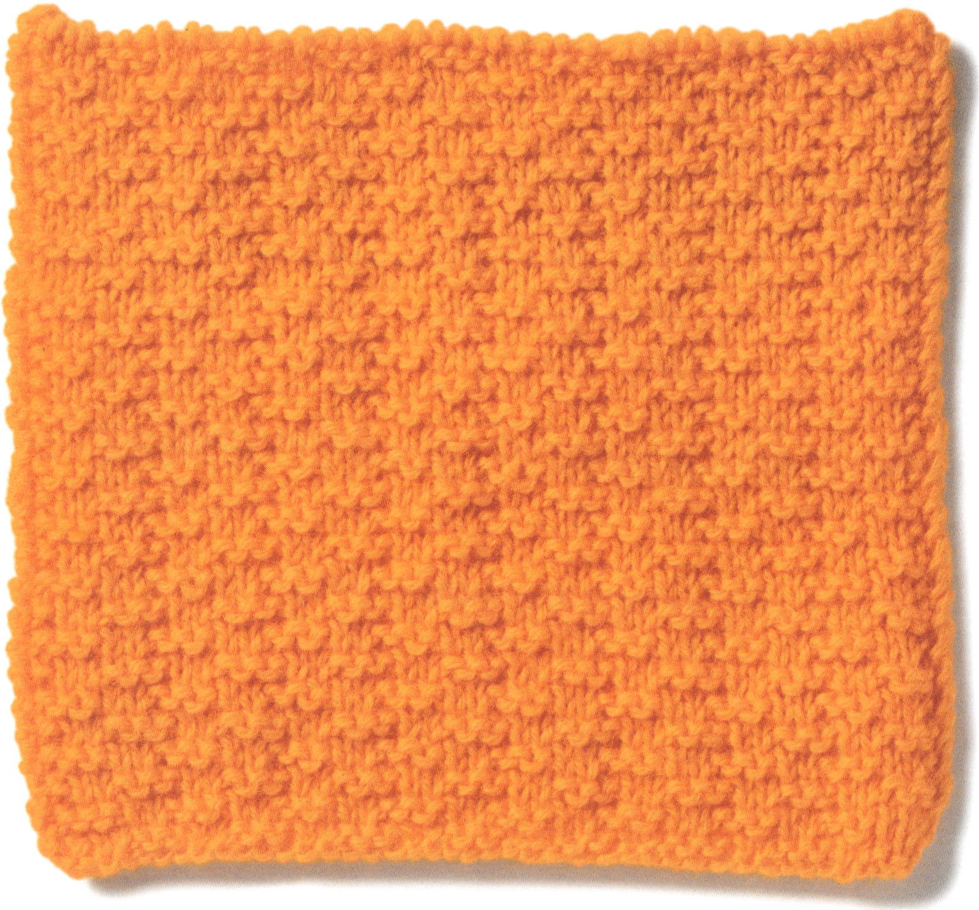

26
Fb. 102

	6	5	4	3	2	1
4						
3	–	–	–			–
2						
1	–			–	–	–

27
Fb. 102

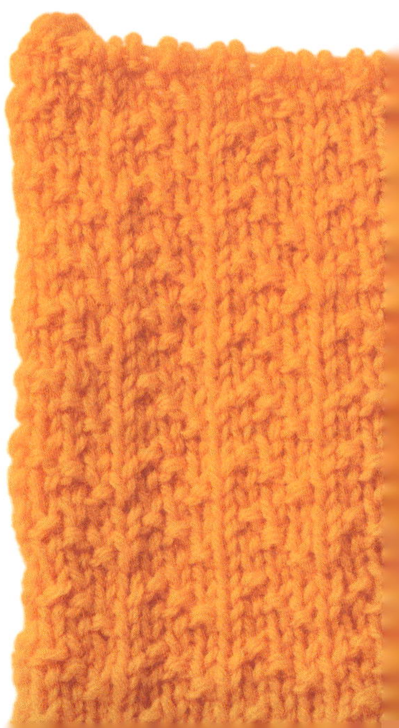

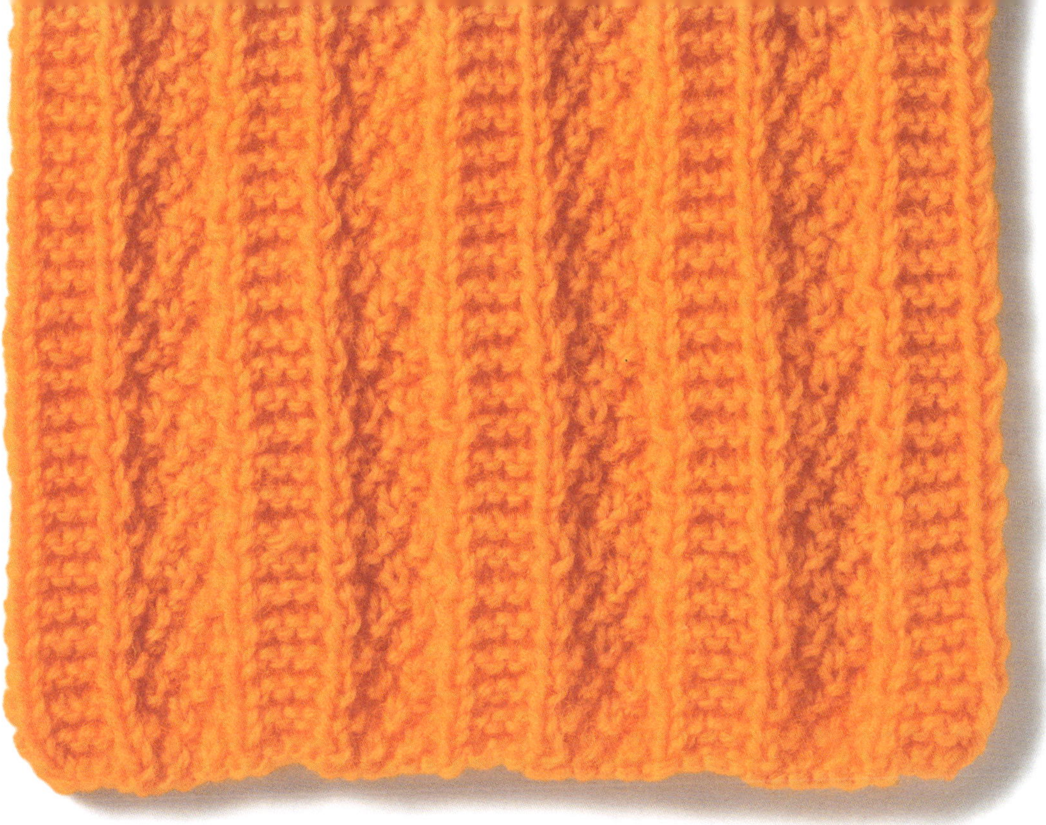

28
Fb. 102

	–	–	–			–		–			–	–	–		4
						–		–							3
	–	–	–		–		–		–		–	–	–		2
					–		–		–						1
					10					5				1	

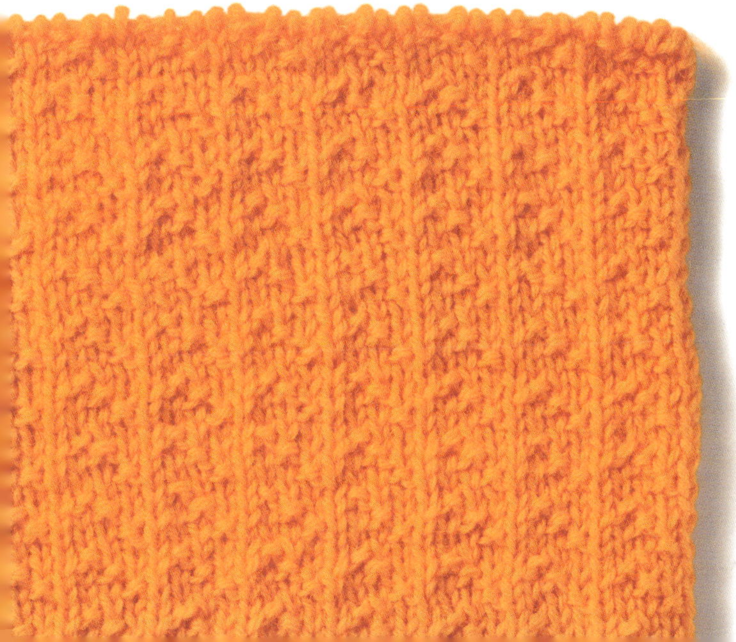

	–				4
		–			3
			–		2
					1
	4			1	

29
Fb. 88

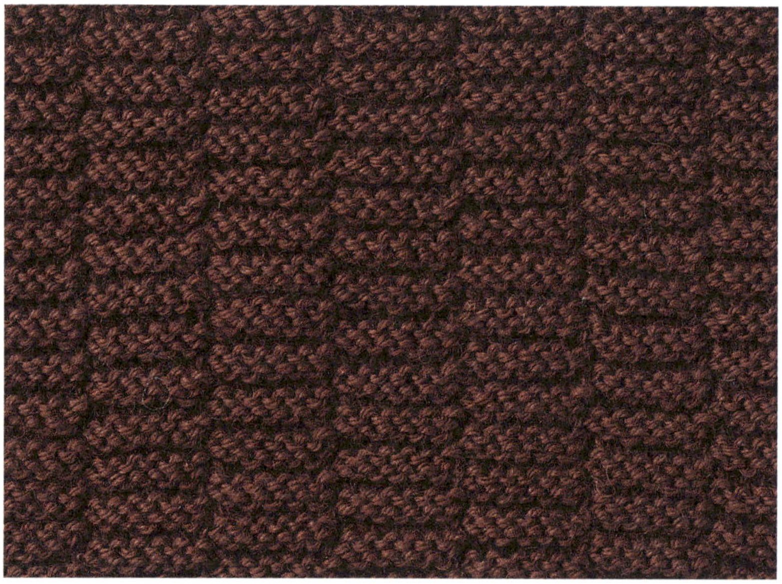

–	–	–	–	–	–							–	–	–	–	–	–	4
–	–	–	–	–	–							–	–	–	–	–	–	3
						–	–	–	–	–	–							2
						–	–	–	–	–	–							1
						12		10					5				1	

30
Fb. 77

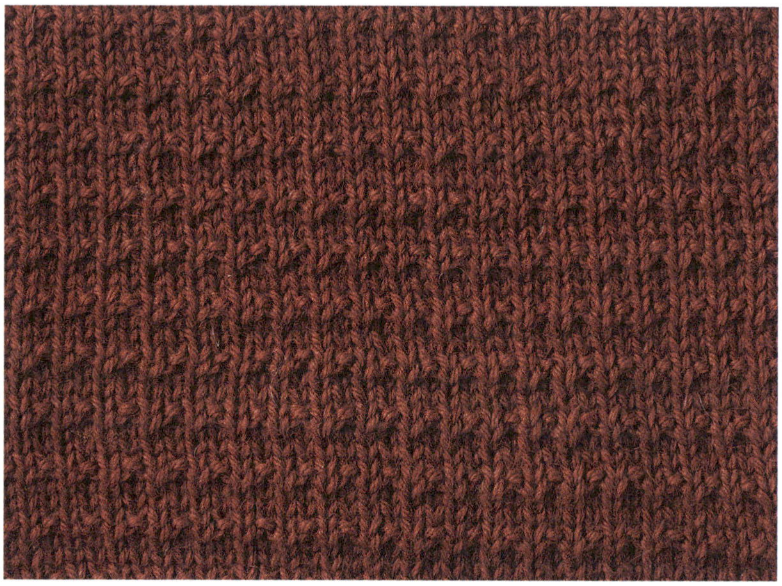

			4
	–		3
			2
			1
	2	1	

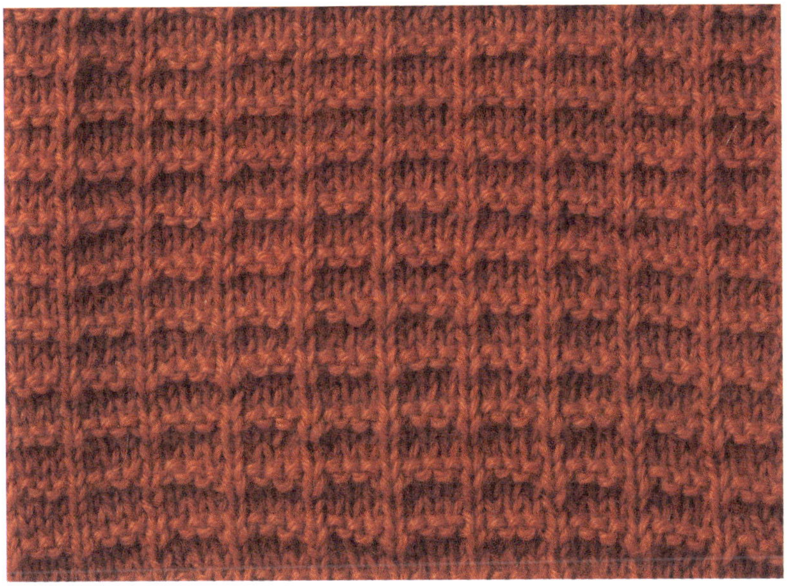

31
Fb. 117

					4
					3
					2
	–	–	–		1
	4			1	

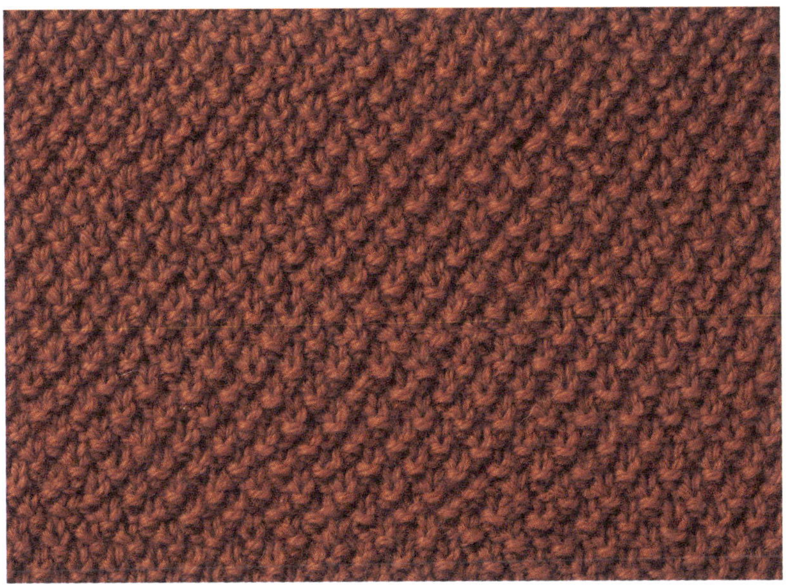

32
Fb. 118

–		–	4
–		–	3
	–		2
	–		1
	2	1	

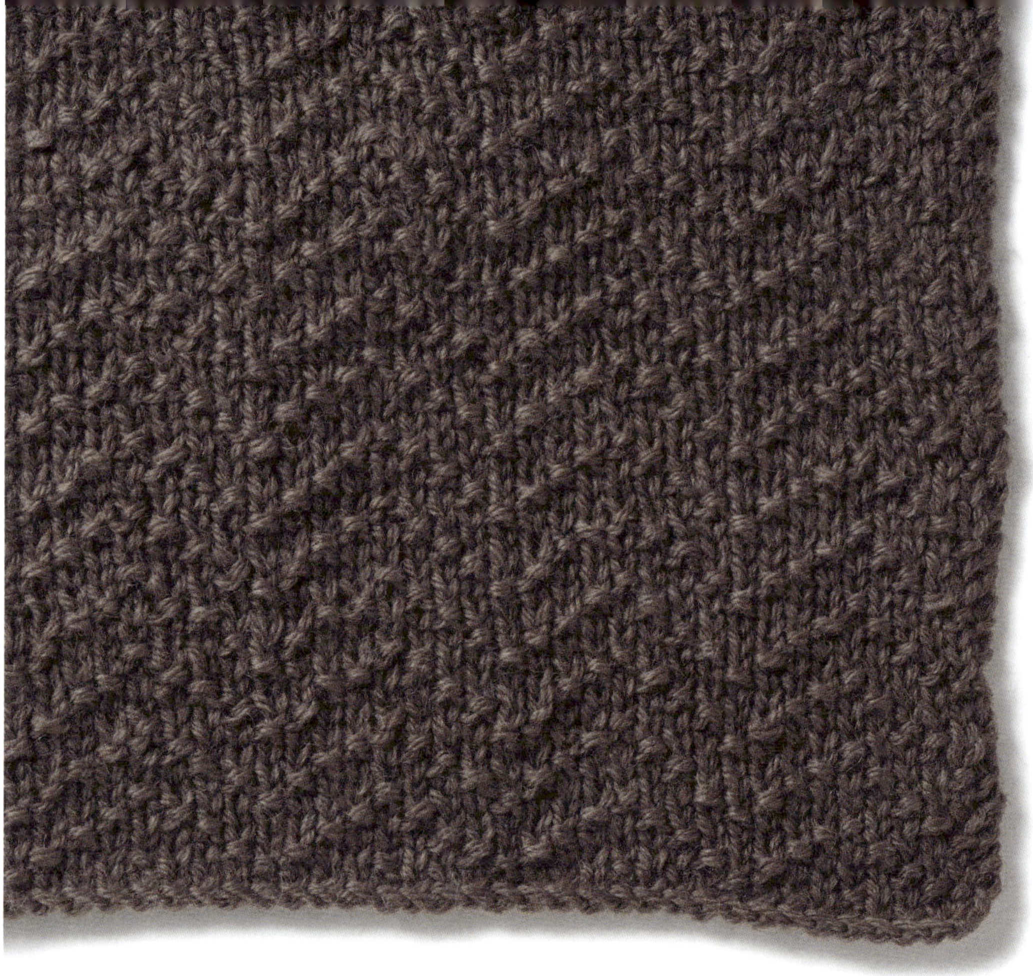

33

Fb. 125

	8	7	6	5	4	3	2	1	
			–		–				4
		–				–			3
	–						–		2
–				–				–	1

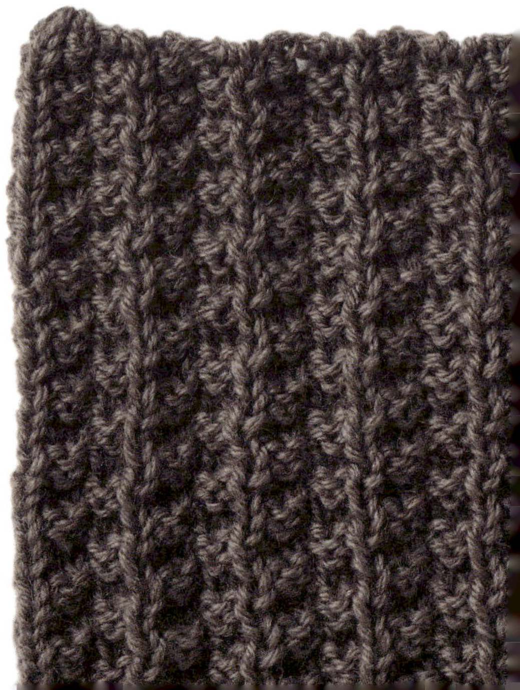

4 Reihen

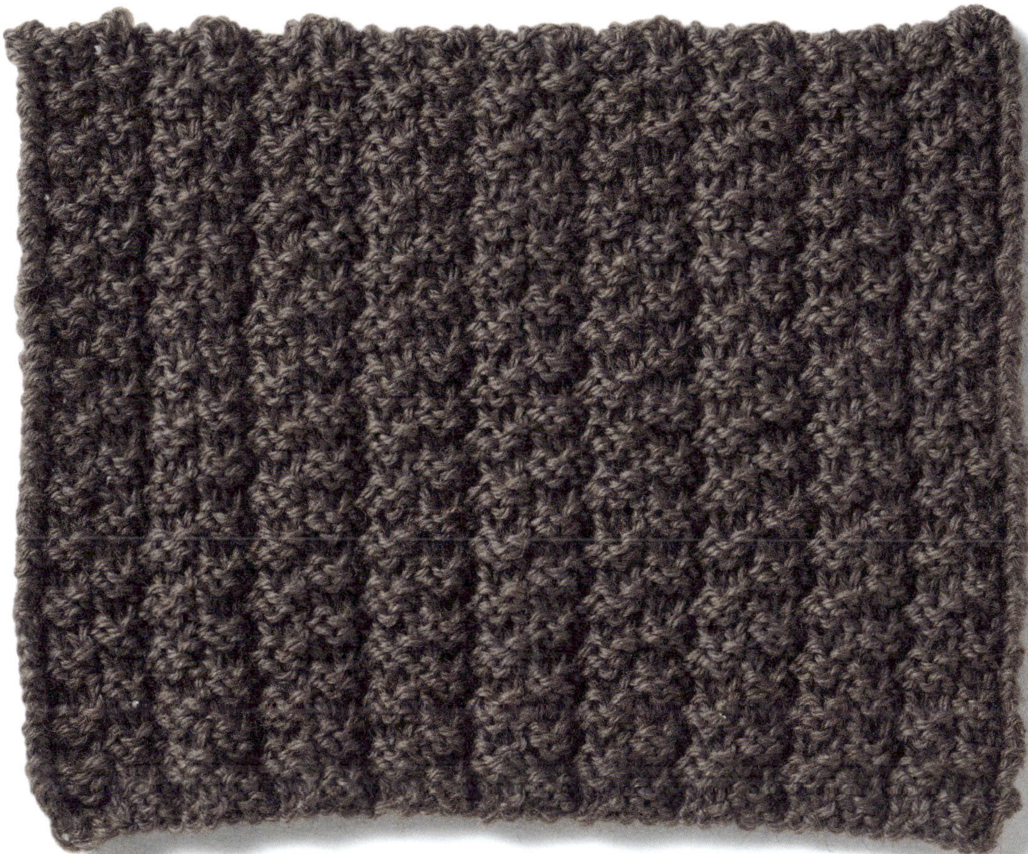

34-a
Fb. 125

34-b

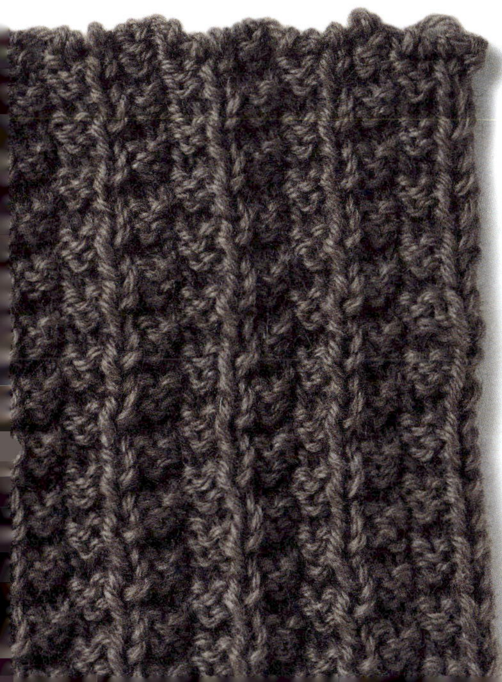

–	–	–			–	4
–	–	–			–	3
–			–	–	–	2
–			–	–	–	1
	5				1	

35-a Fb. 7

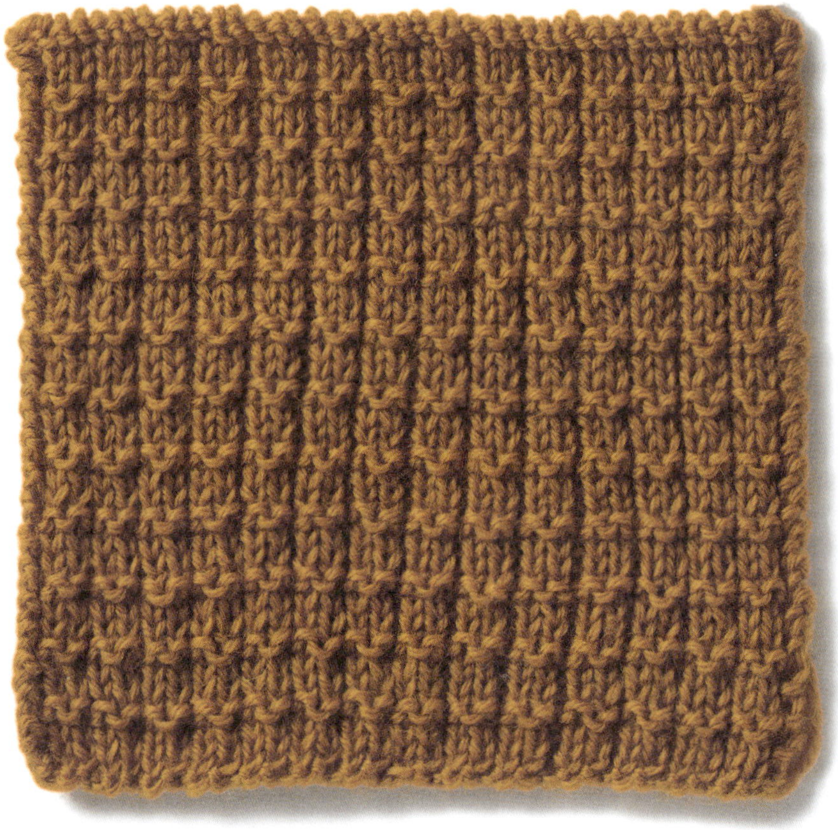

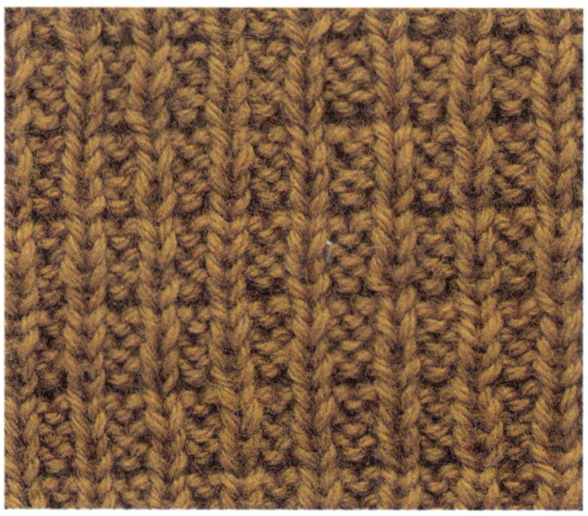

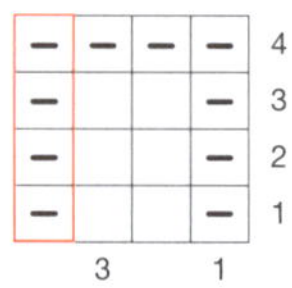

35-b

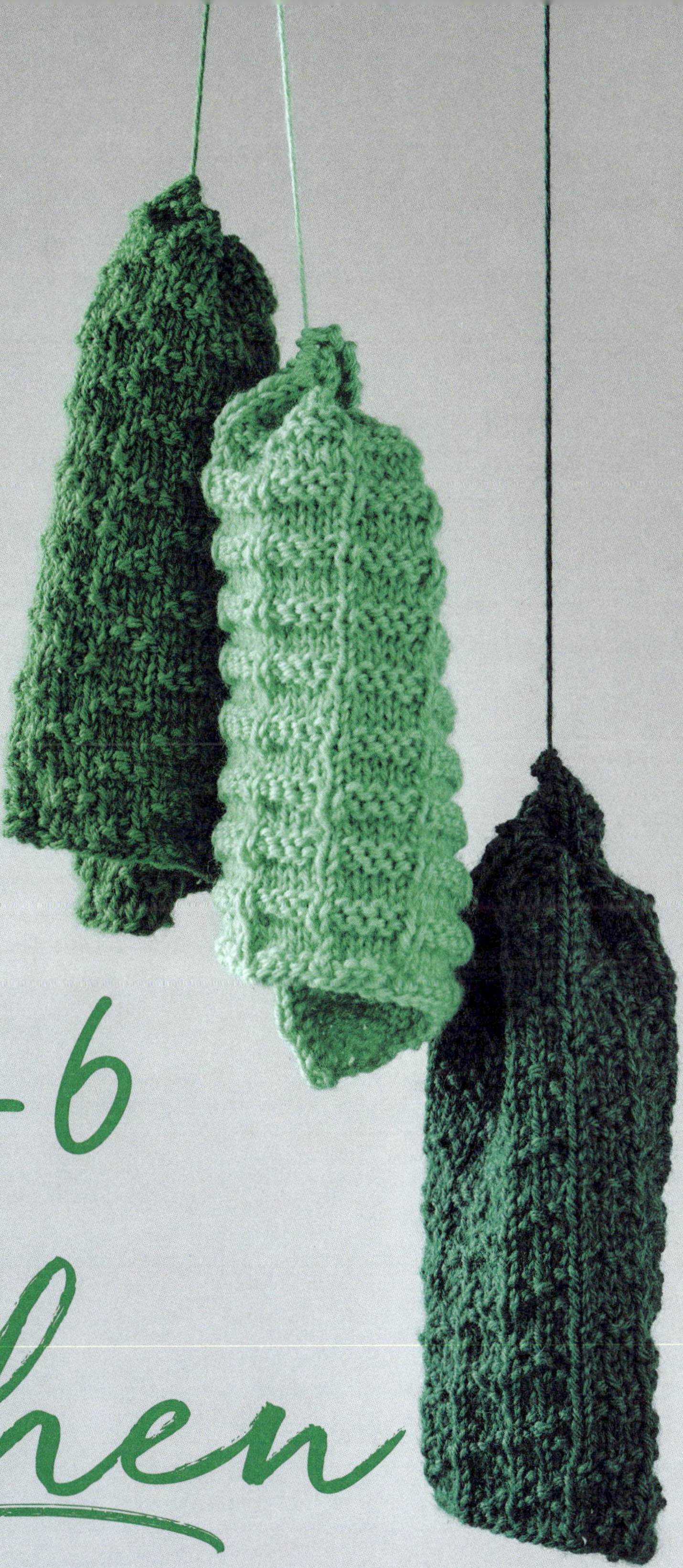

5-6 Reihen

Die 11 Muster in diesem Kapitel bestehen entweder aus 5 oder aus 6 Reihen.

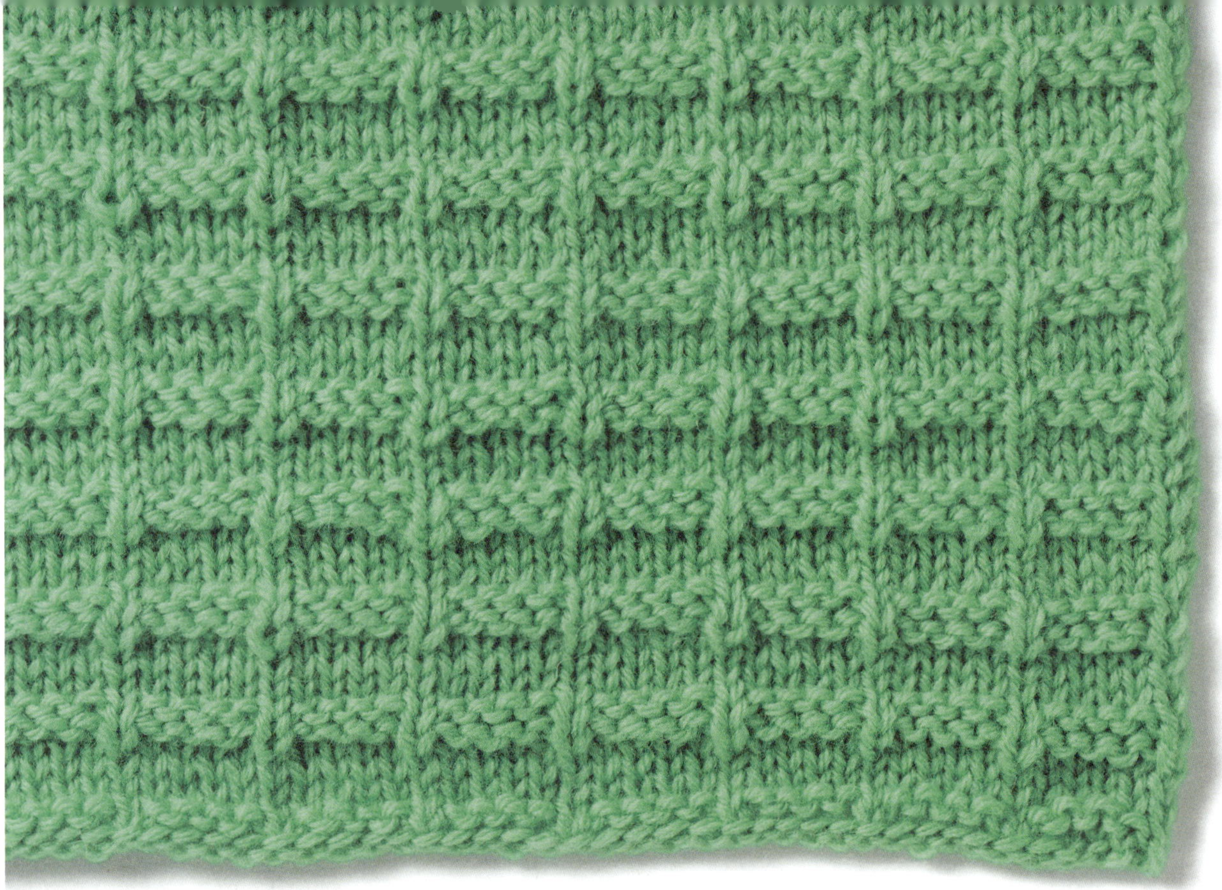

36

Fb. 109

						6
						5
						4
						3
	–	–	–	–		2
	–	–	–	–		1
	5				1	

37

Fb. 16

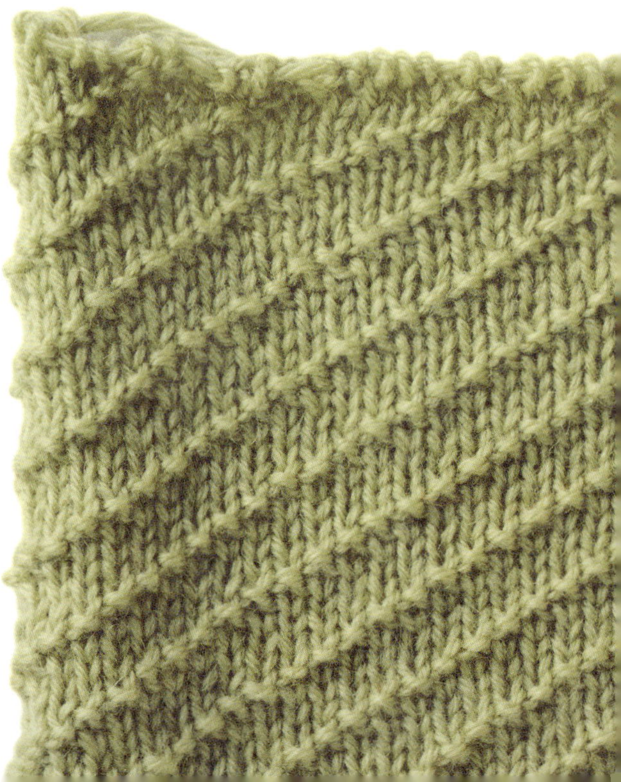

			–		5
		–			4
	–				3
–					2
				–	1
5				1	

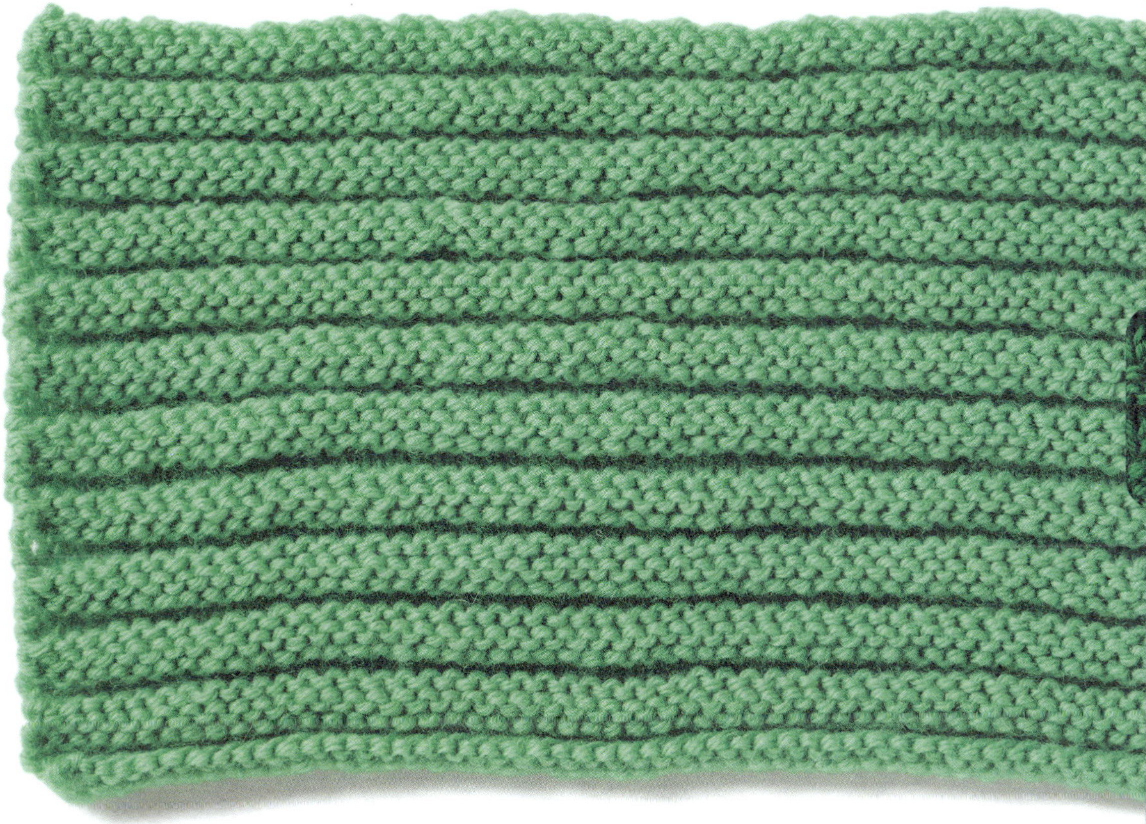

5-6 Reihen

38

Fb. 109

	1	
–	–	6
–	–	5
–	–	4
		3
		2
		1
	1	

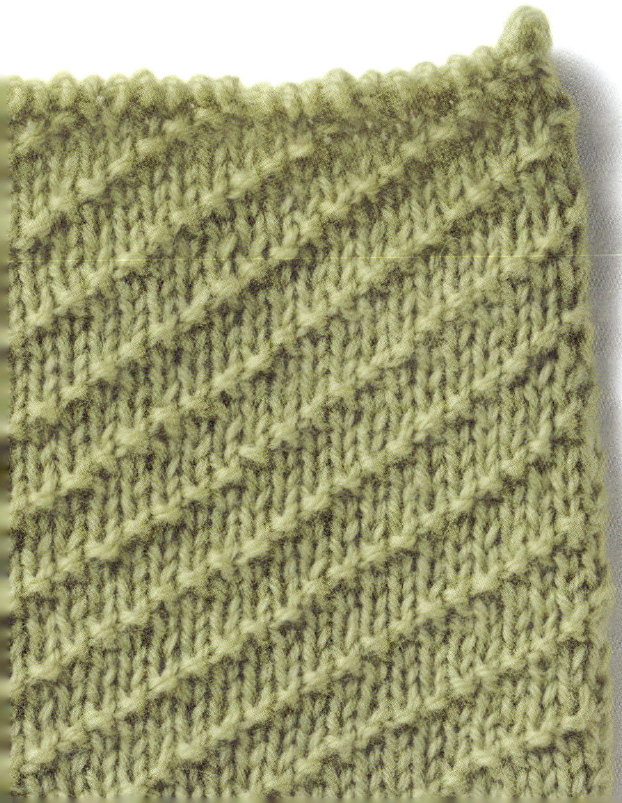

39-a Fb. 107

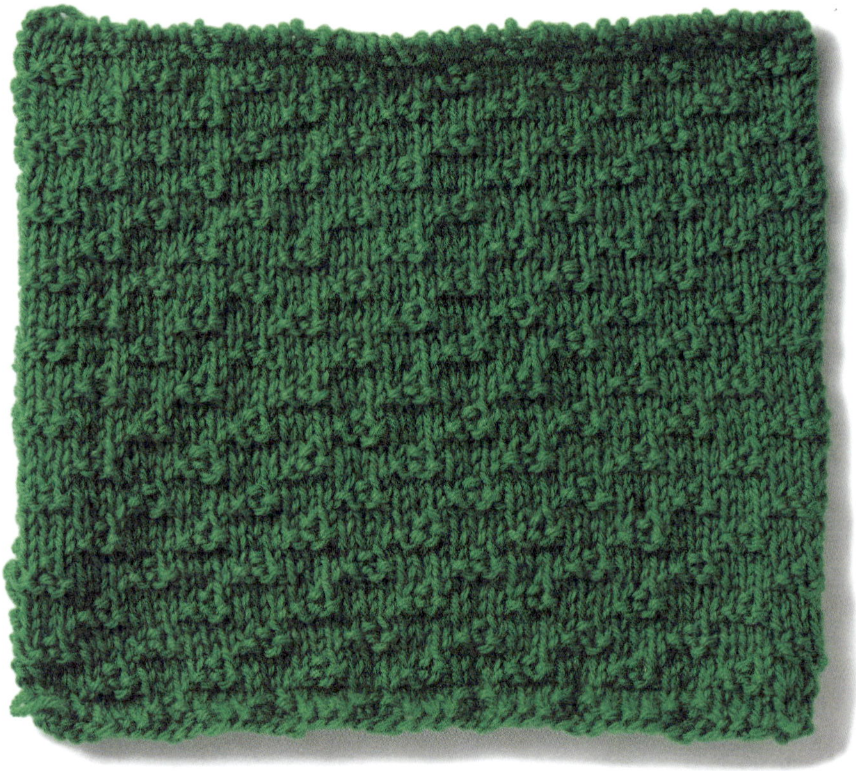

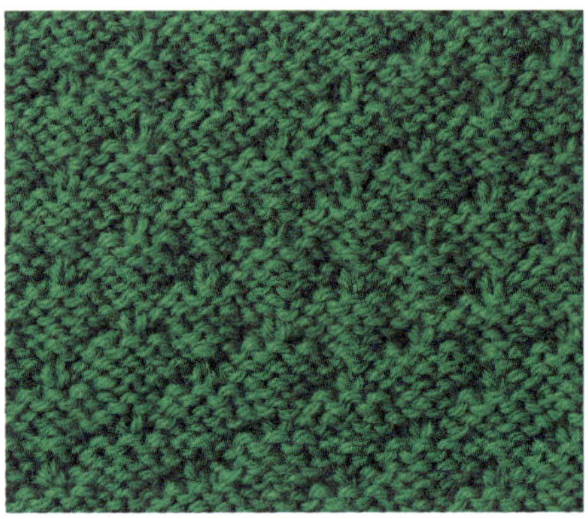

39-b

				–					6
			–	–	–				5
									4
	–						–		3
–	–	–				–	–	–	2
									1
			6	5				1	

40-a Fb. 36

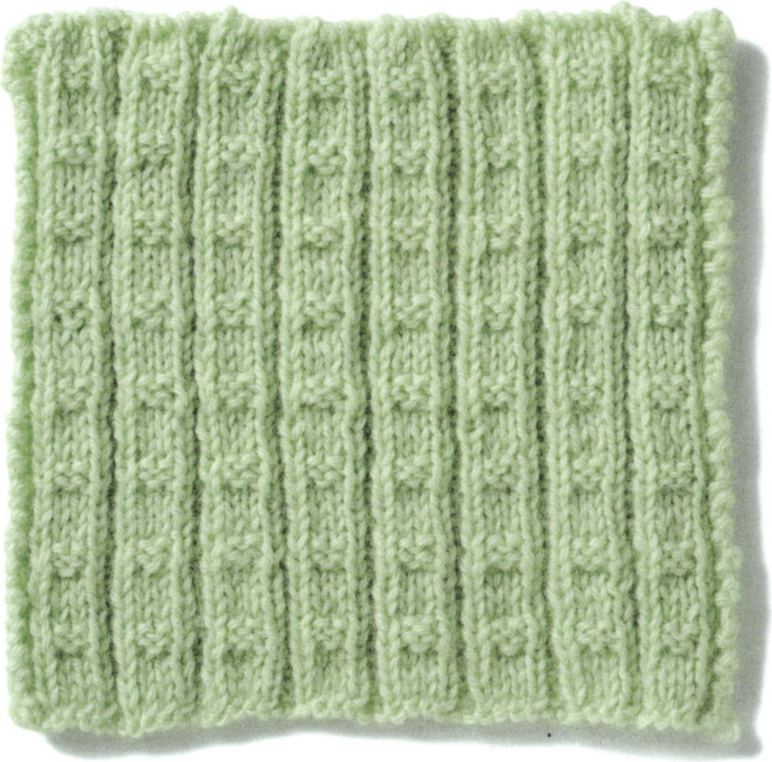

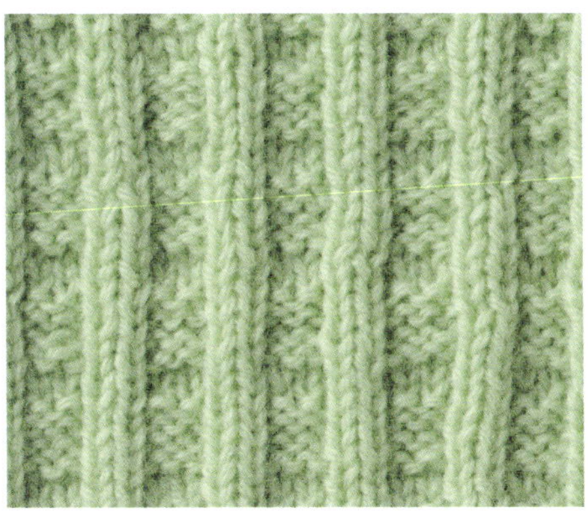

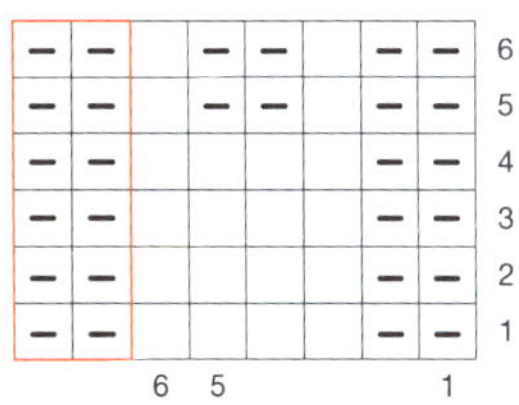

40-b

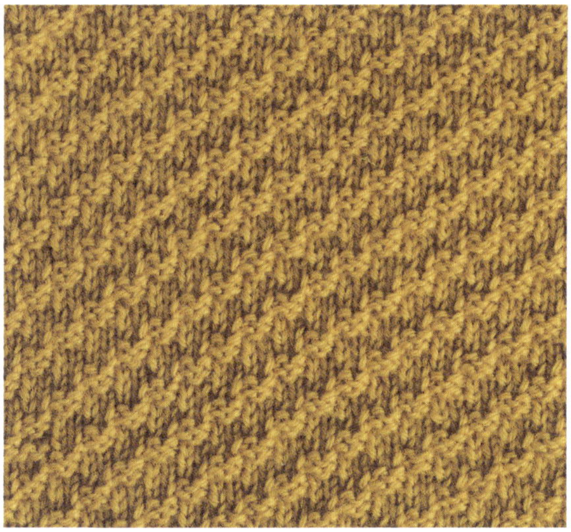

41

Fb. 14

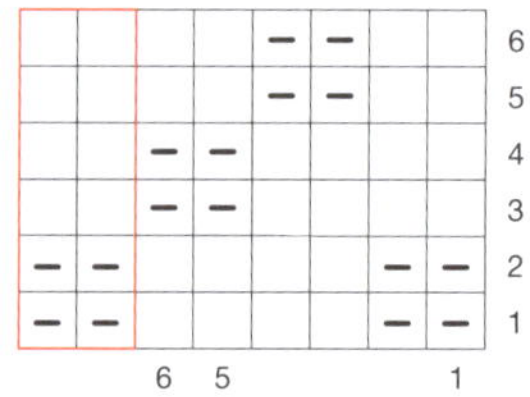

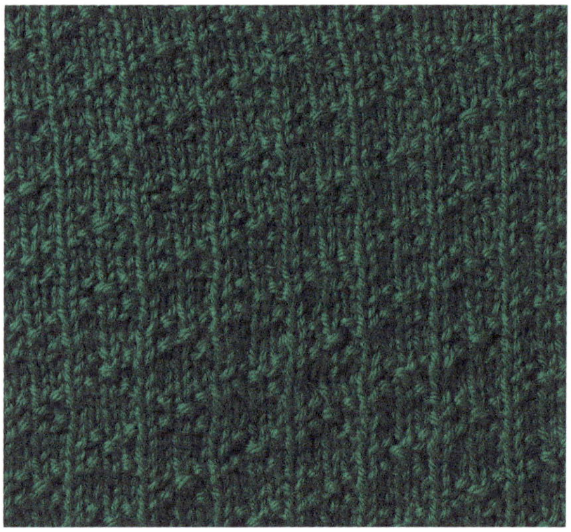

42

Fb. 32

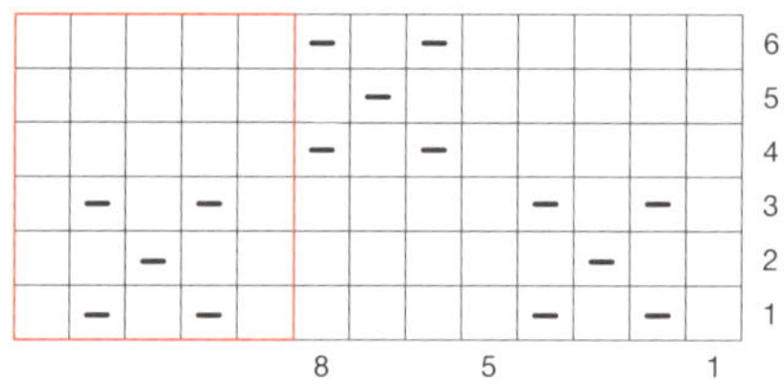

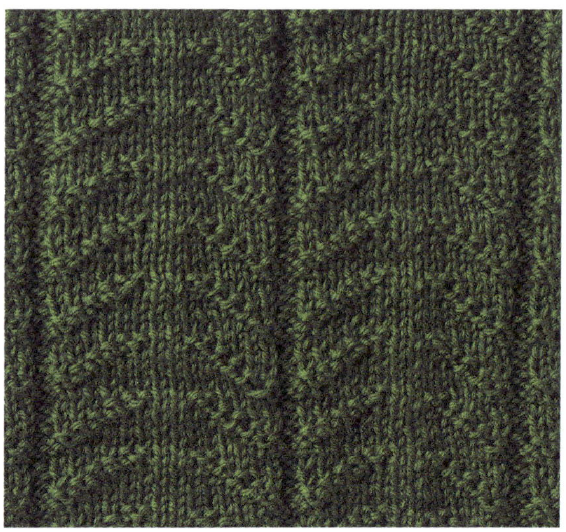

43

Fb. 104

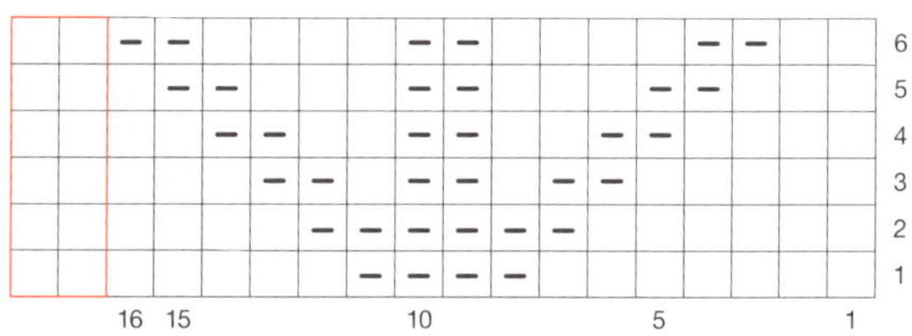

44

Fb. 33

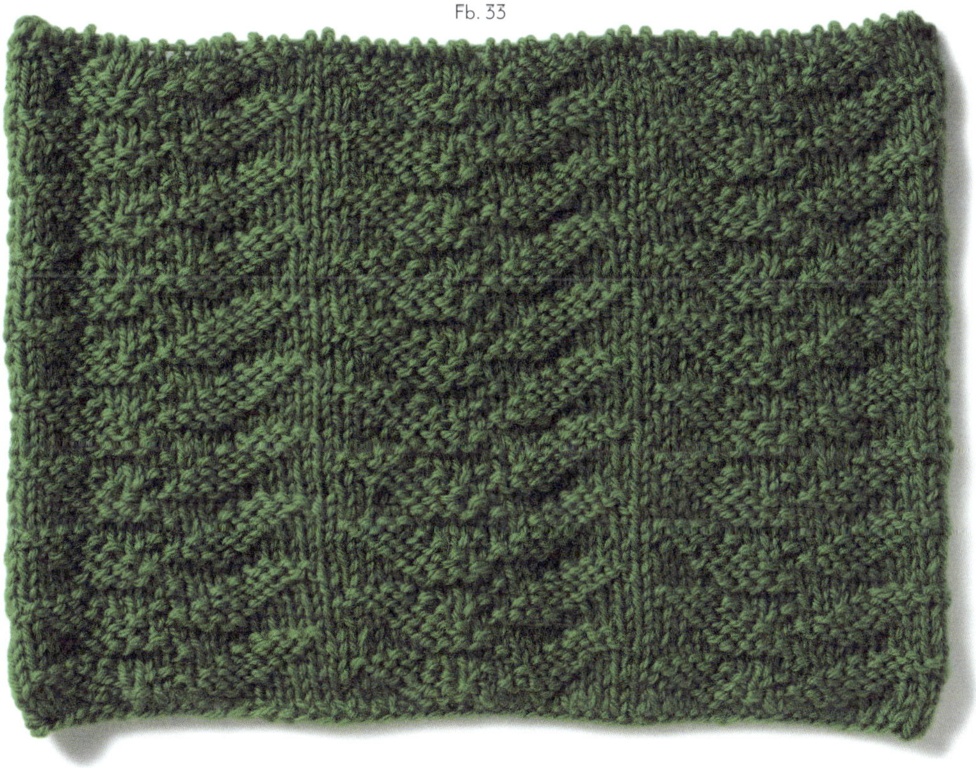

	17	16	15	14	13	12	11	10	9	8	7	6	5	4	3	2	1	
									–			–	–	–	–			6
	–	–	–	–							–	–	–	–				5
		–	–	–	–			–		–	–	–	–					4
			–	–	–	–			–	–	–	–						3
				–	–	–	–											2
					–	–	–	–					–	–	–	–		1

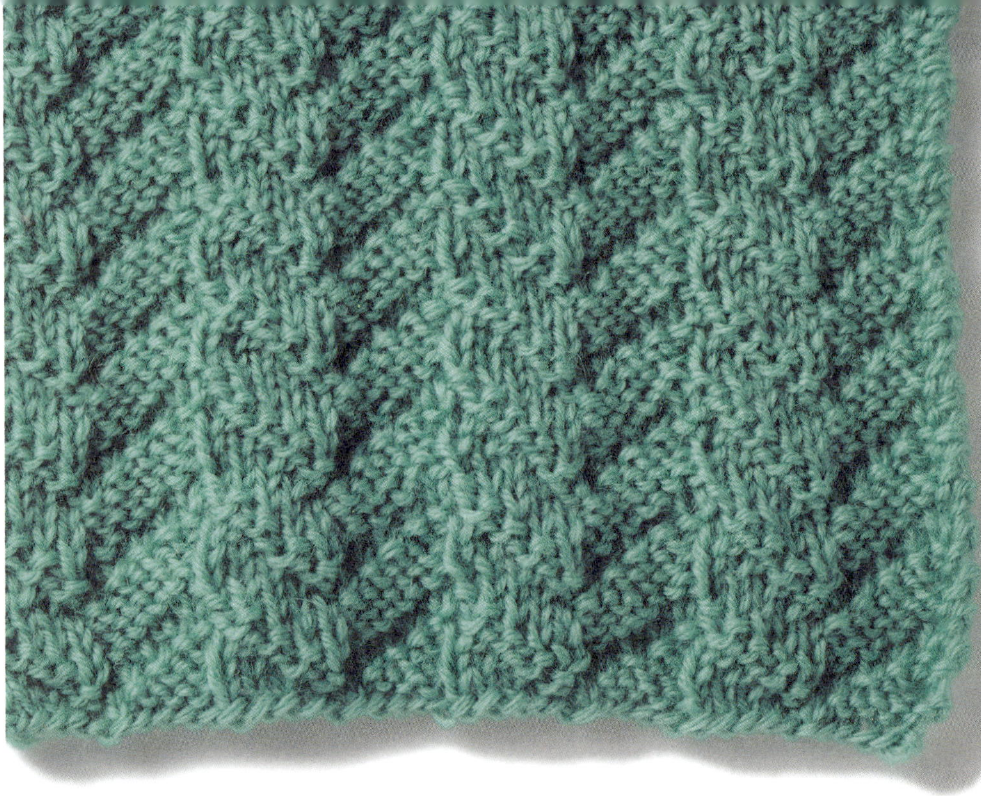

45
Fb. 35

15	14	13	12	11	10	9	8	7	6	5	4	3	2	1	
–	–	–	–		–					–	–	–	–		6
–	–	–			–	–				–	–	–			5
–	–			–		–	–			–	–			–	4
–			–	–			–	–		–			–	–	3
		–	–	–				–	–			–	–	–	2
	–	–	–	–					–		–	–	–	–	1

46
Fb. 35

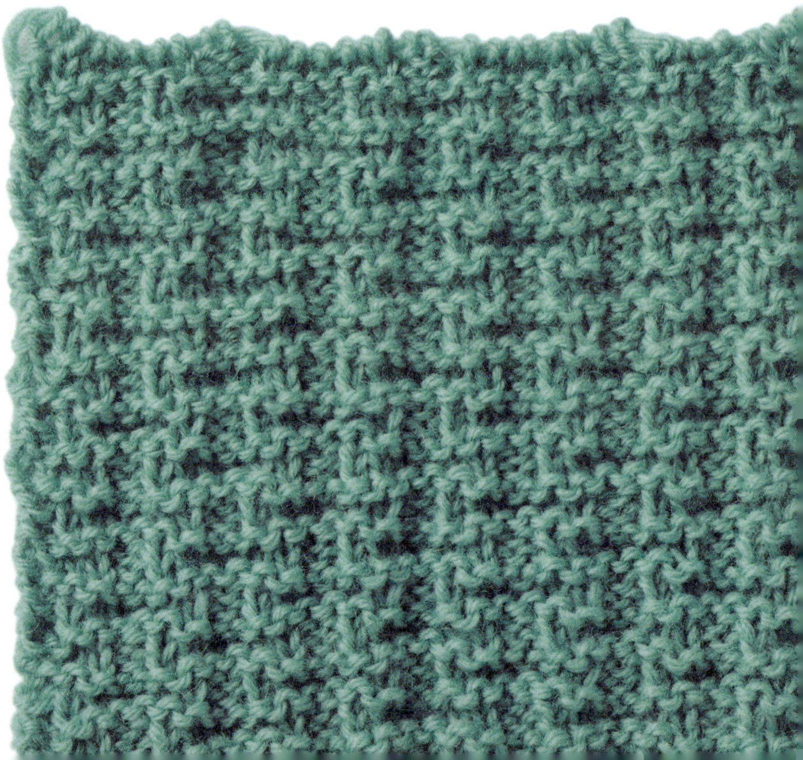

8	7	6	5	4	3	2	1	
								6
	–	–	–	–	–	–		5
	–	–	–	–	–	–		4
								3
–	–	–			–	–	–	2
–	–	–			–	–	–	1

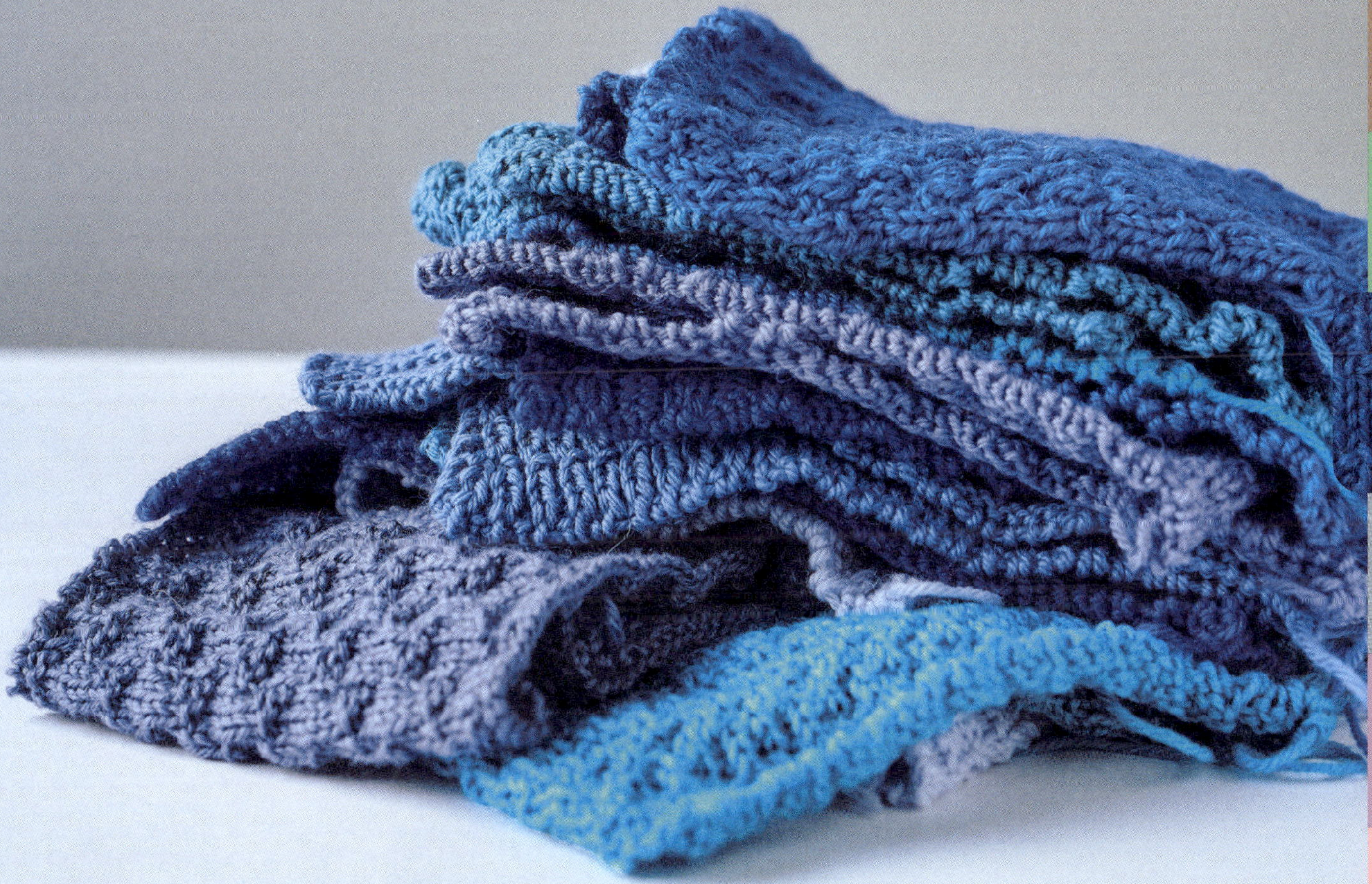

8 Reihen

In diesem Kapitel besteht jedes Muster aus 8 Reihen.
Hier finden sich schon einige ungewöhnliche Muster!

47

Fb. 25

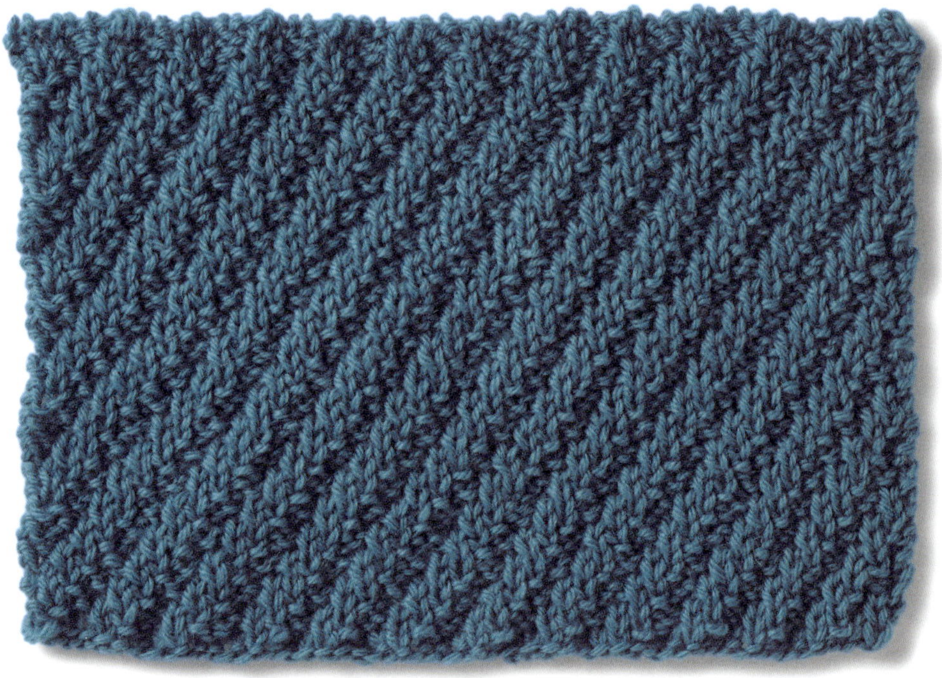

4			1	
–			–	8
–			–	7
		–	–	6
		–	–	5
	–	–		4
	–	–		3
–	–			2
–	–			1

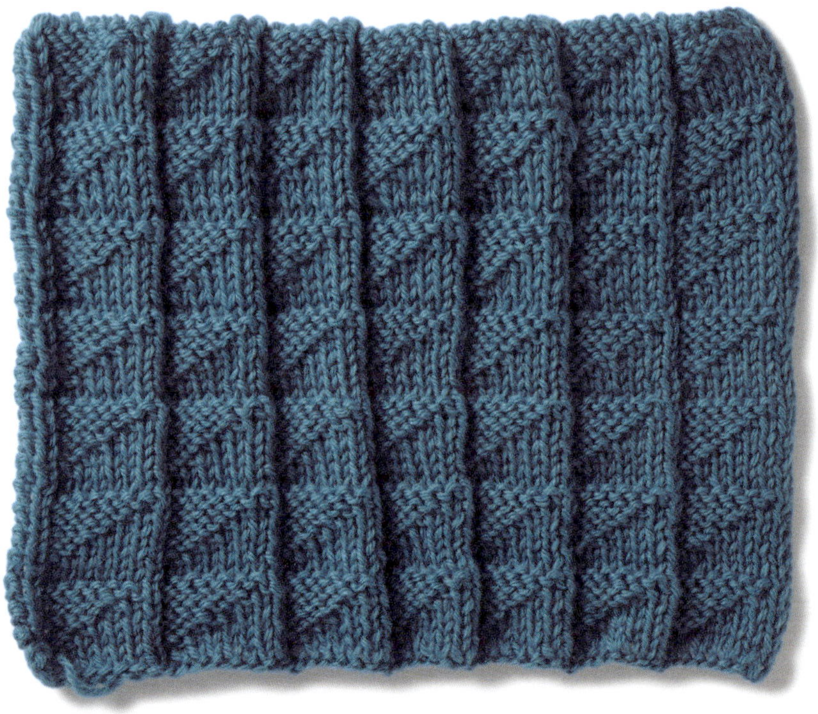

	8			5				1	
	–	–	–	–	–	–	–		8
	–	–	–	–	–	–			7
	–	–	–	–	–				6
	–	–	–	–					5
	–	–	–						4
	–	–							3
	–								2
									1

48

Fb. 25

49

Fb. 25

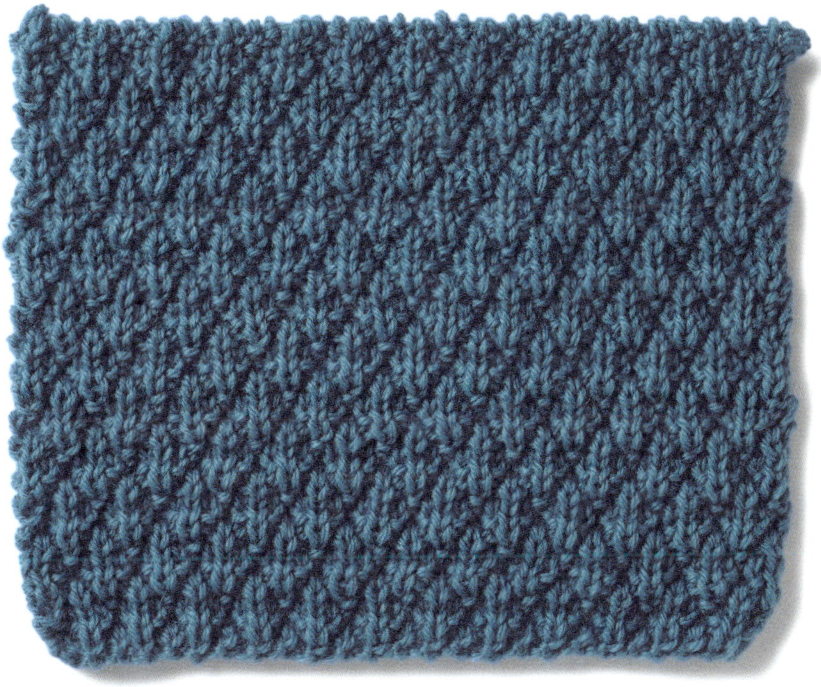

	4			1	
		–			8
		–			7
	–		–		6
	–		–		5
–				–	4
–				–	3
	–		–		2
	–		–		1

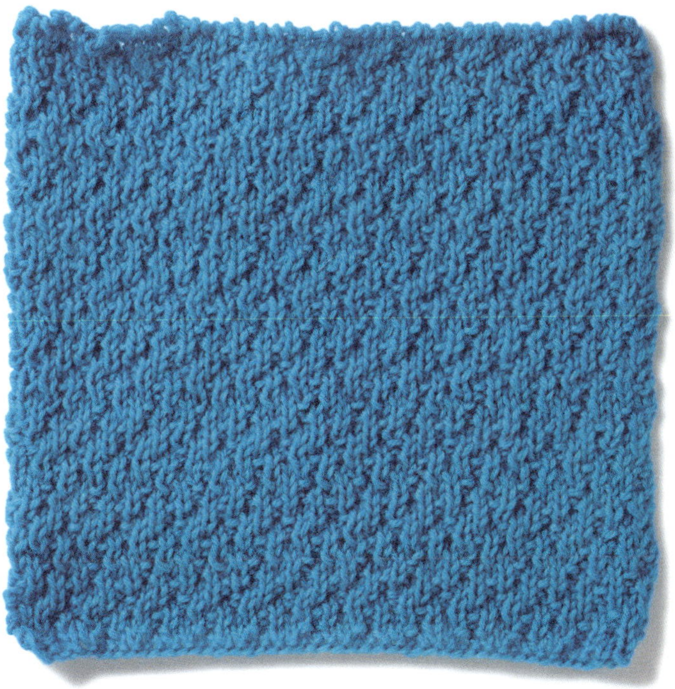

4			1	
–				8
–				7
	–			6
	–			5
			–	4
			–	3
		–		2
		–		1

50

Fb. 108

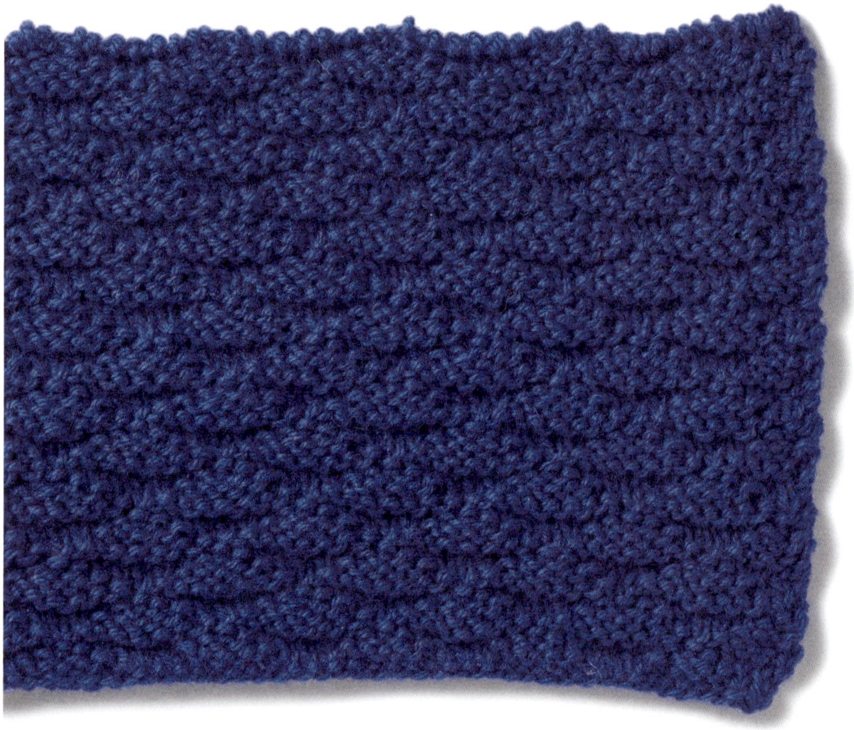

51-a

Fb. 43

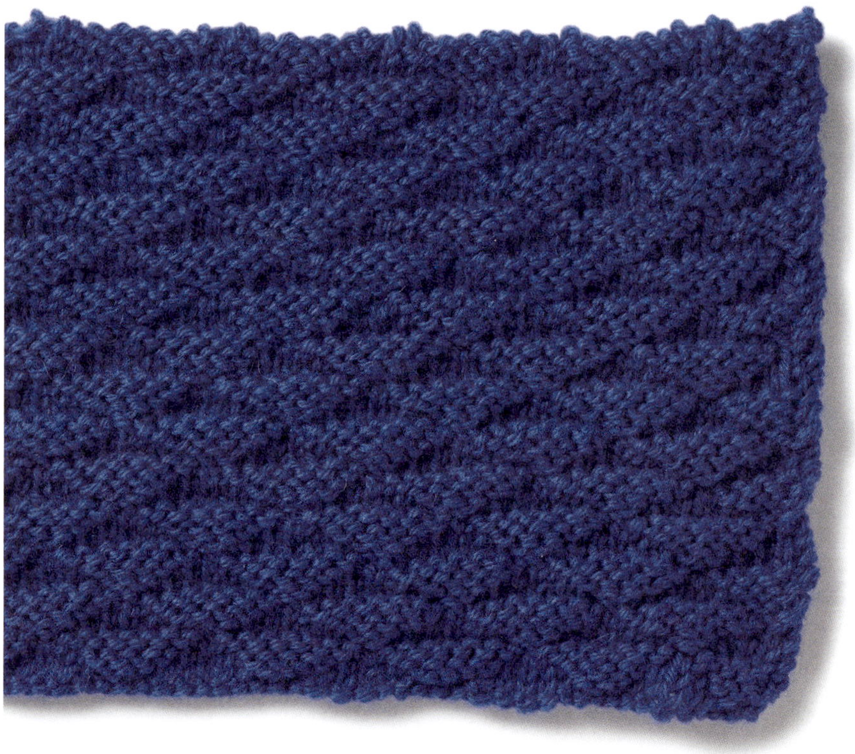

51-b

–								–	8
–	–						–	–	7
–	–	–				–	–	–	6
–	–	–	–		–	–	–	–	5
				–					4
			–	–	–				3
		–	–	–	–	–			2
	–	–	–	–	–	–	–		1
	8			5				1	

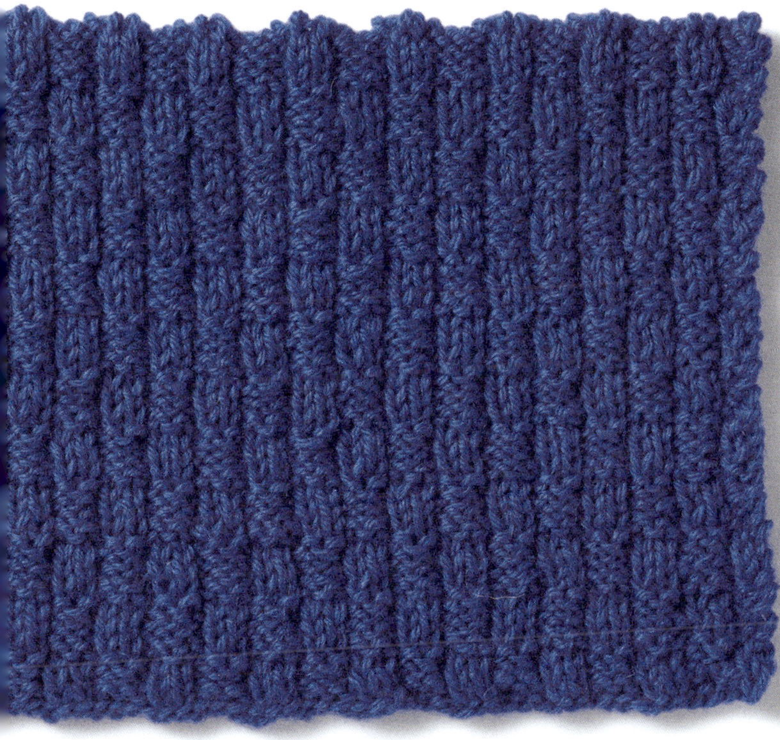

52-a

Fb. 43

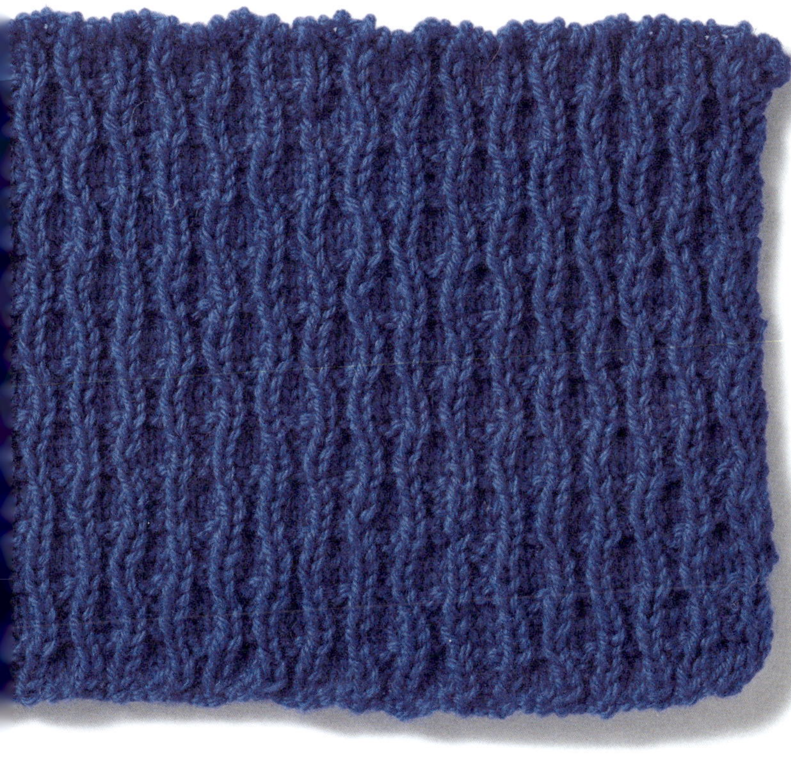

52-b

–	–			–	–	8
–	–			–	–	7
–	–			–	–	6
–	–			–	–	5
	–	–	–	–		4
	–	–	–	–		3
	–	–	–	–		2
	–	–	–	–		1
6	5				1	

53-a

Fb. 39

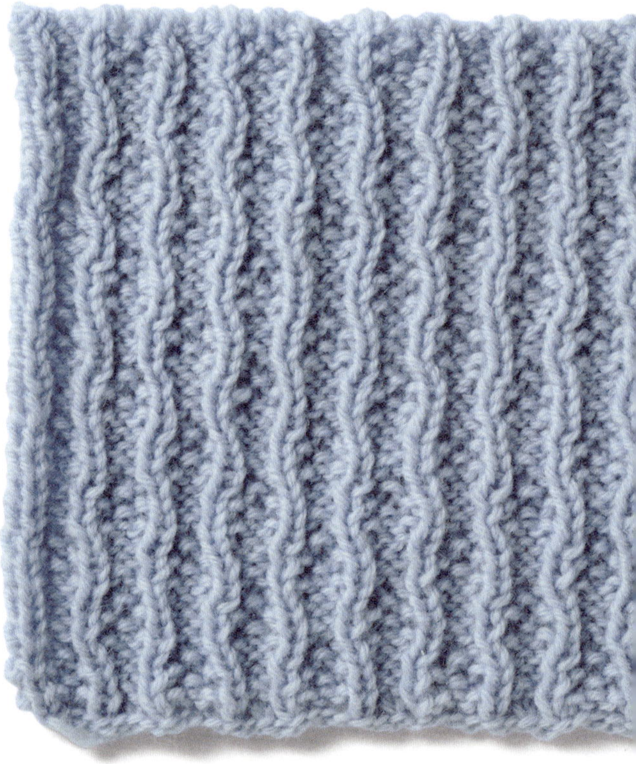

	–	–	–		–		–		–	–	–		8
	–	–	–			–			–	–	–		7
	–	–	–		–		–		–	–	–		6
	–	–	–			–			–	–	–		5
	–		–		–	–	–		–		–		4
		–			–	–	–			–			3
	–		–		–	–	–		–		–		2
		–			–	–	–			–			1
					8			5				1	

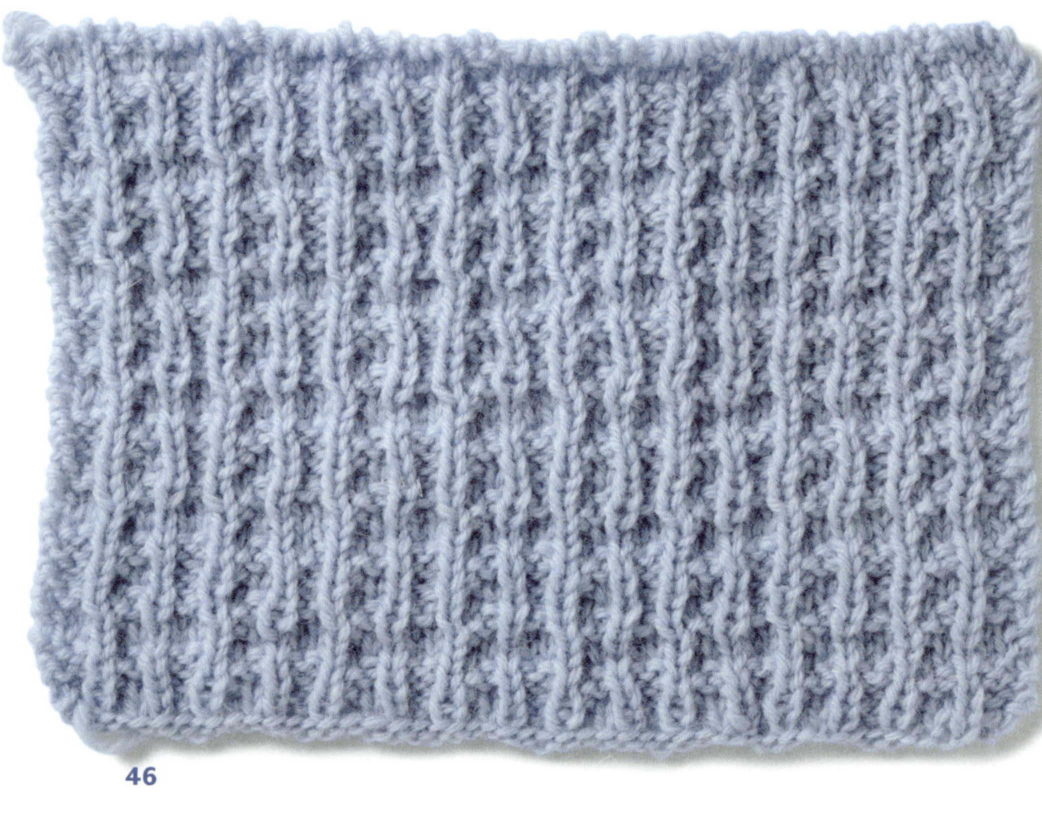

54-a

Fb. 39

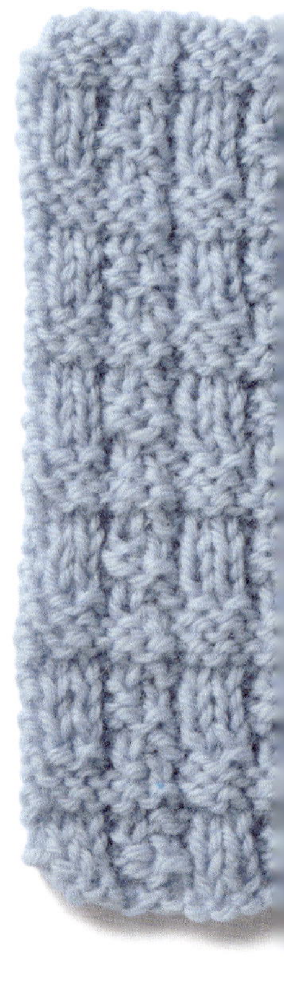

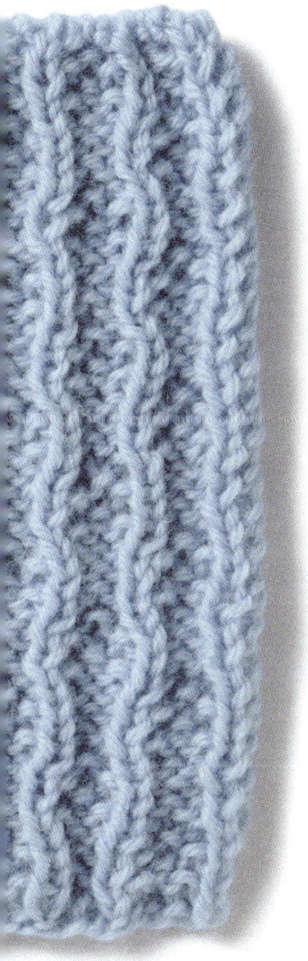

53-b

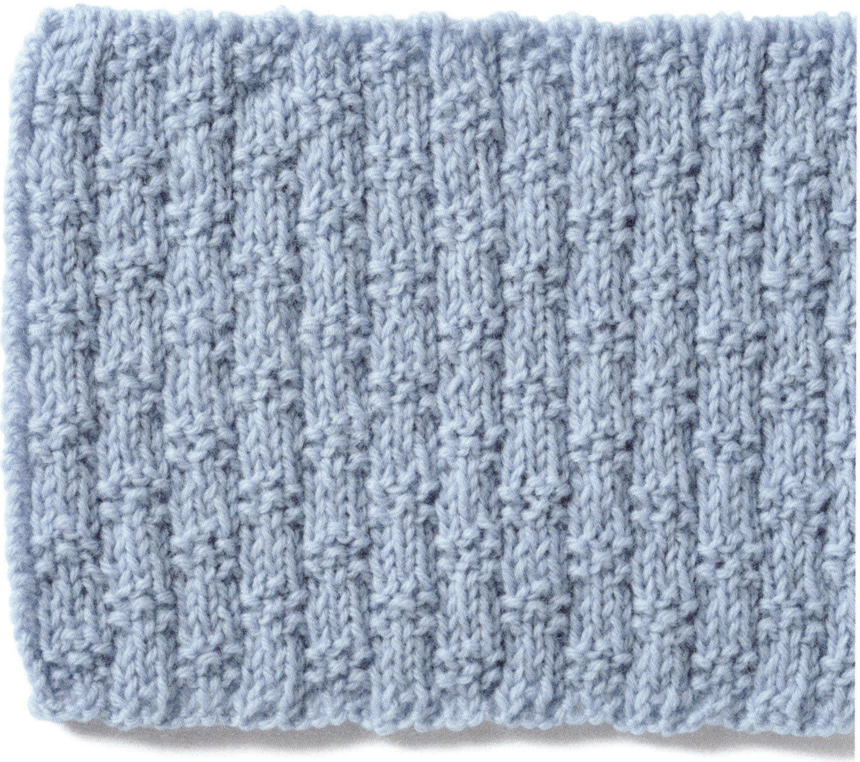

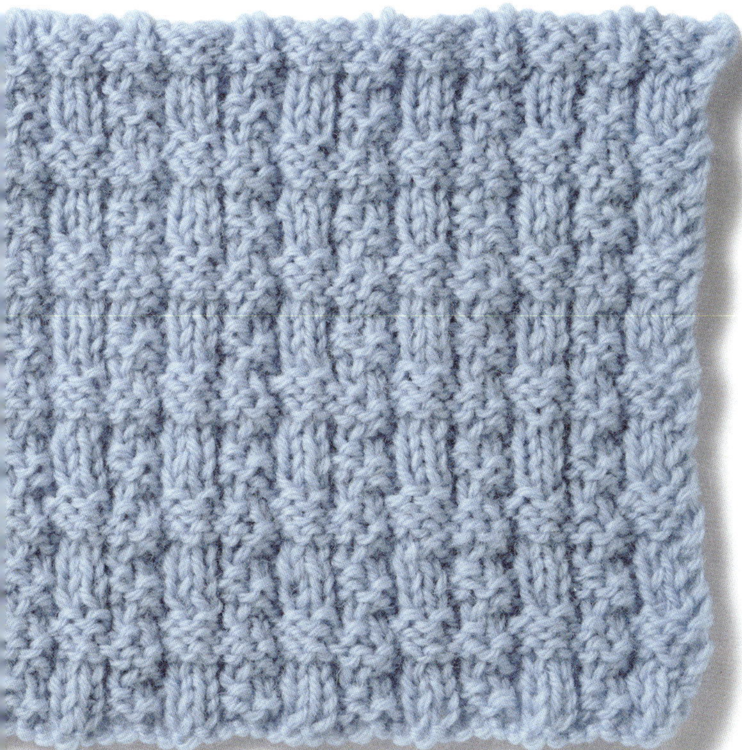

54-b

			–	–				8
			–					7
								6
–	–			–		–	–	5
–	–		–	–		–	–	4
–	–		–			–	–	3
–	–					–	–	2
–	–			–		–	–	1
		6	5				1	

55-a Fb. 42

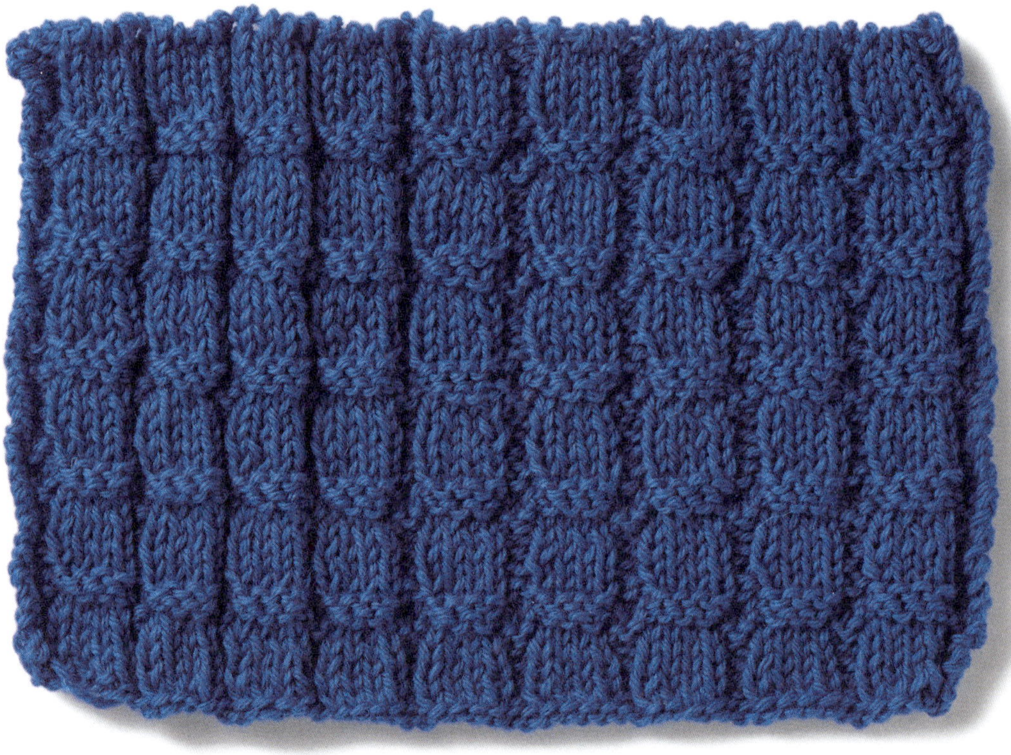

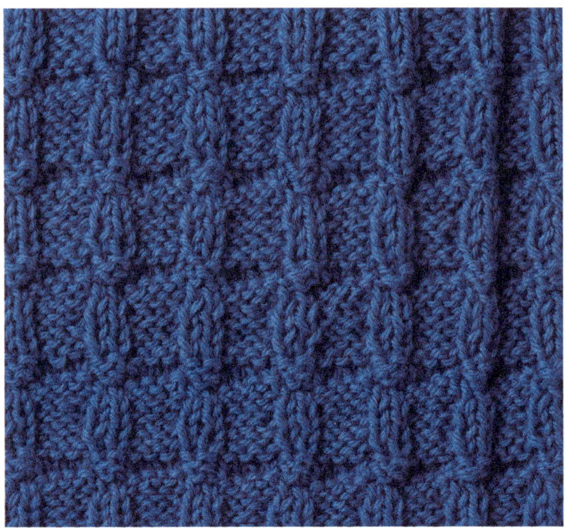

55-b

		–	–	–	–			8
		–	–	–	–			7
–	–					–	–	6
–	–					–	–	5
–	–					–	–	4
–	–					–	–	3
–	–					–	–	2
–	–					–	–	1
		6	5				1	

56-a Fb. 42

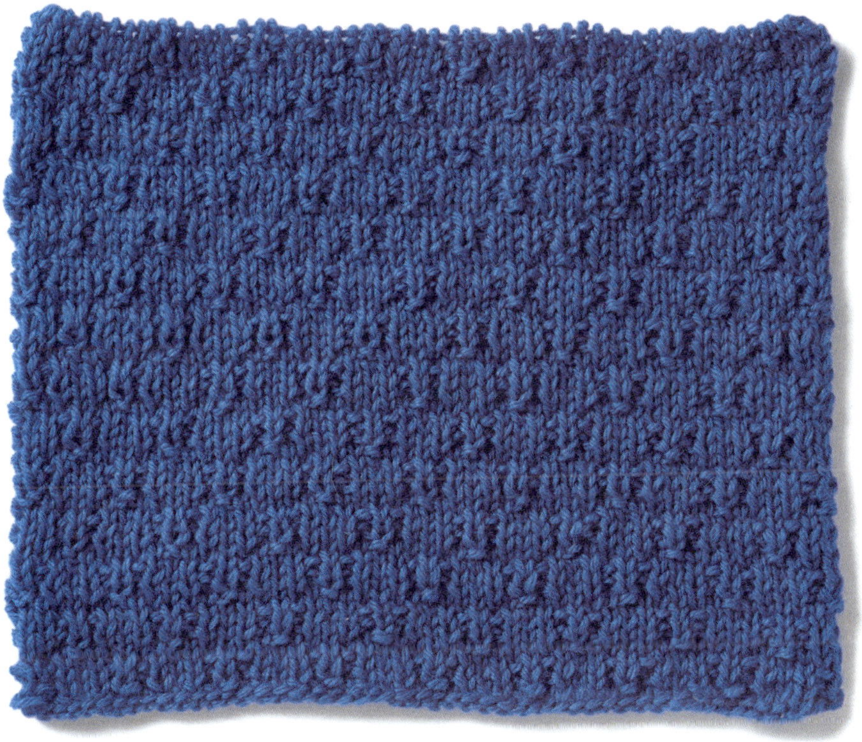

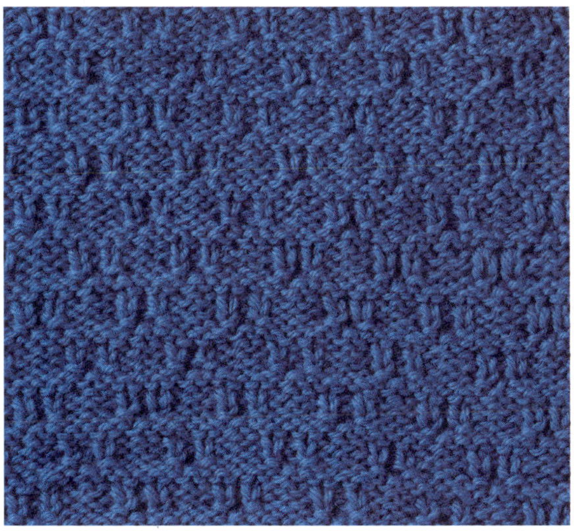

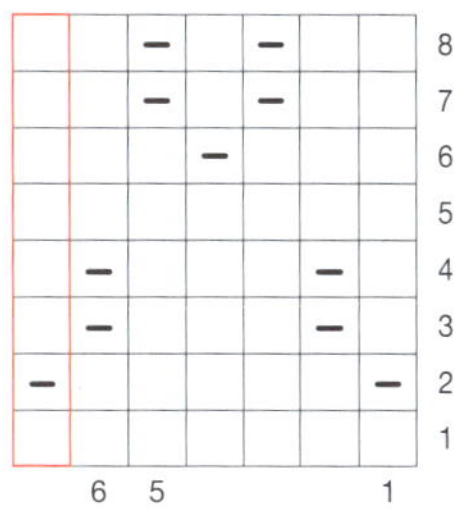

56-b

57

Fb. 111

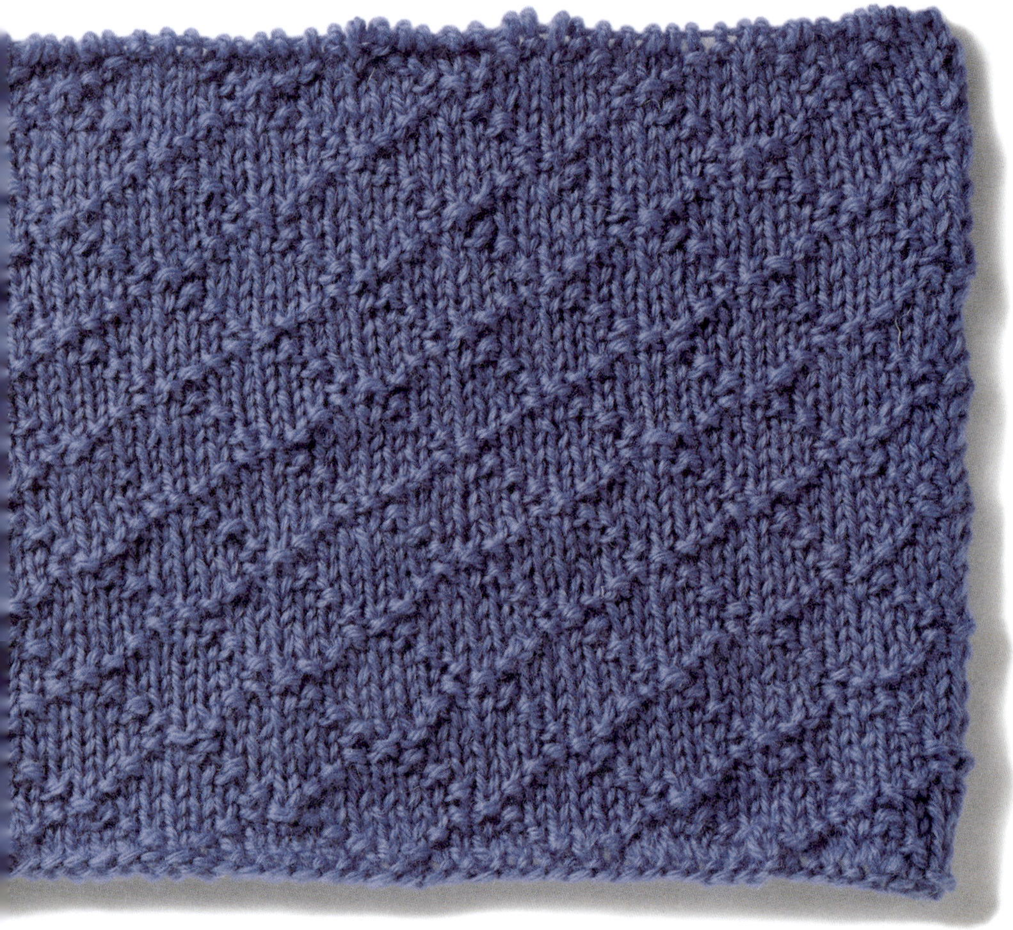

	–						–		8
		–				–			7
			–		–				6
				–					5
			–		–				4
		–				–			3
	–						–		2
–								–	1
	8			5				1	

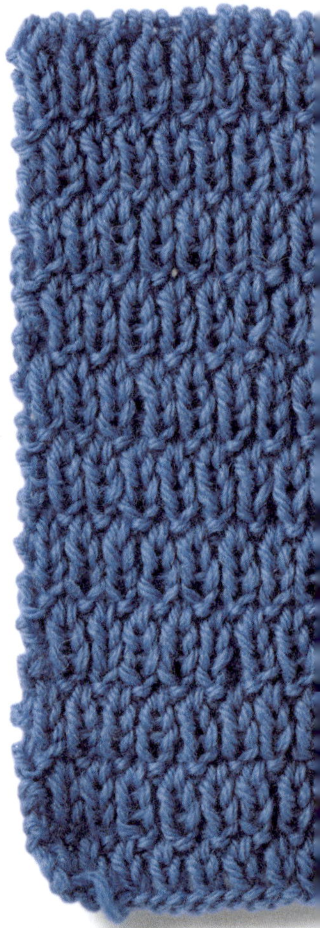

58

Fb. 110

												8
–	–	–	–	–	–	–	–	–	–	–	–	7
–	–	–	–	–	–	–	–	–	–	–	–	6
												5
				–	–	–	–					4
				–	–	–	–					3
–	–	–	–					–	–	–	–	2
–	–	–	–					–	–	–	–	1
				8			5				1	

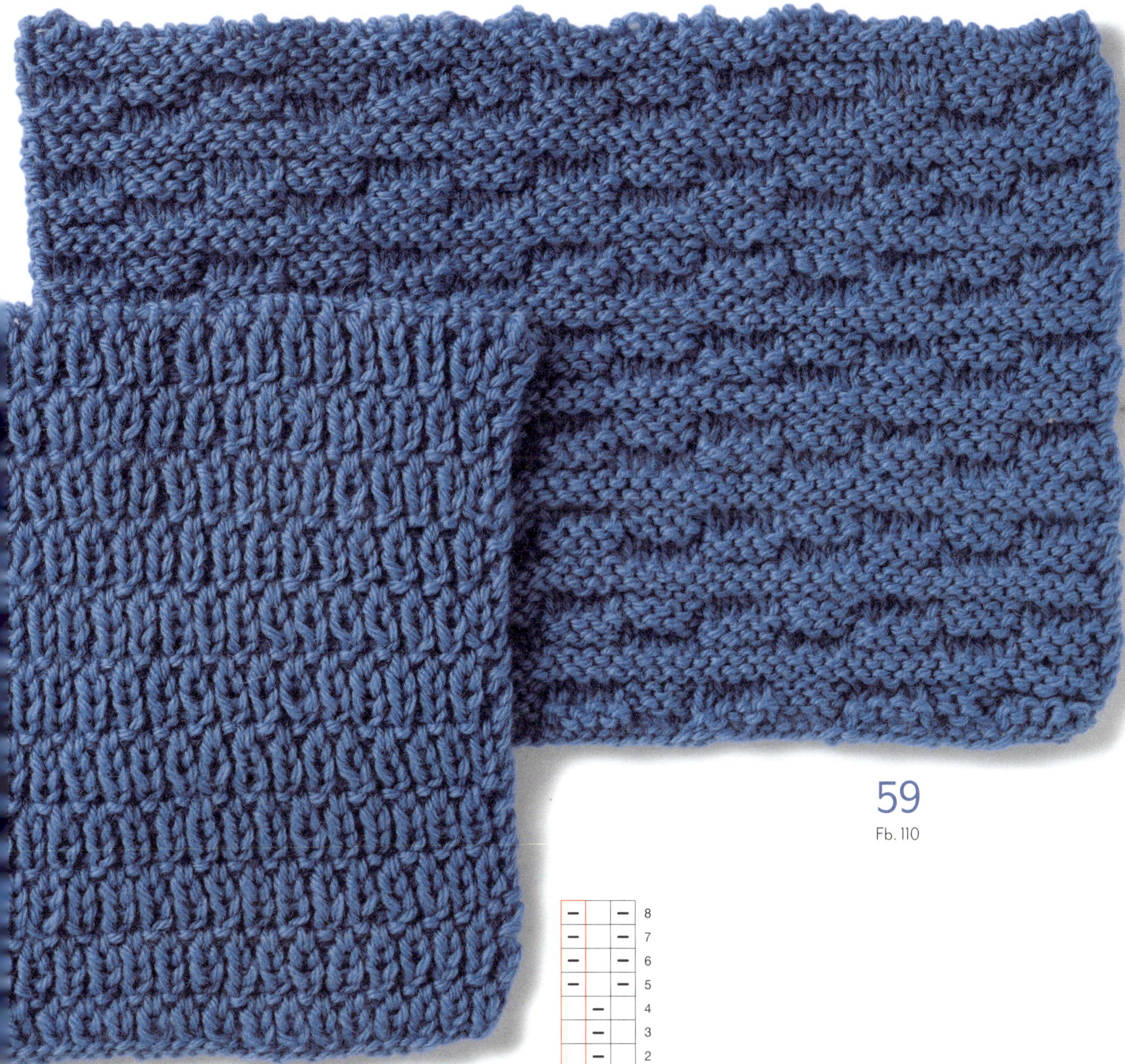

59
Fb. 110

–		–	8
–		–	7
–		–	6
–		–	5
	–		4
	–		3
	–		2
	–		1
	2	1	

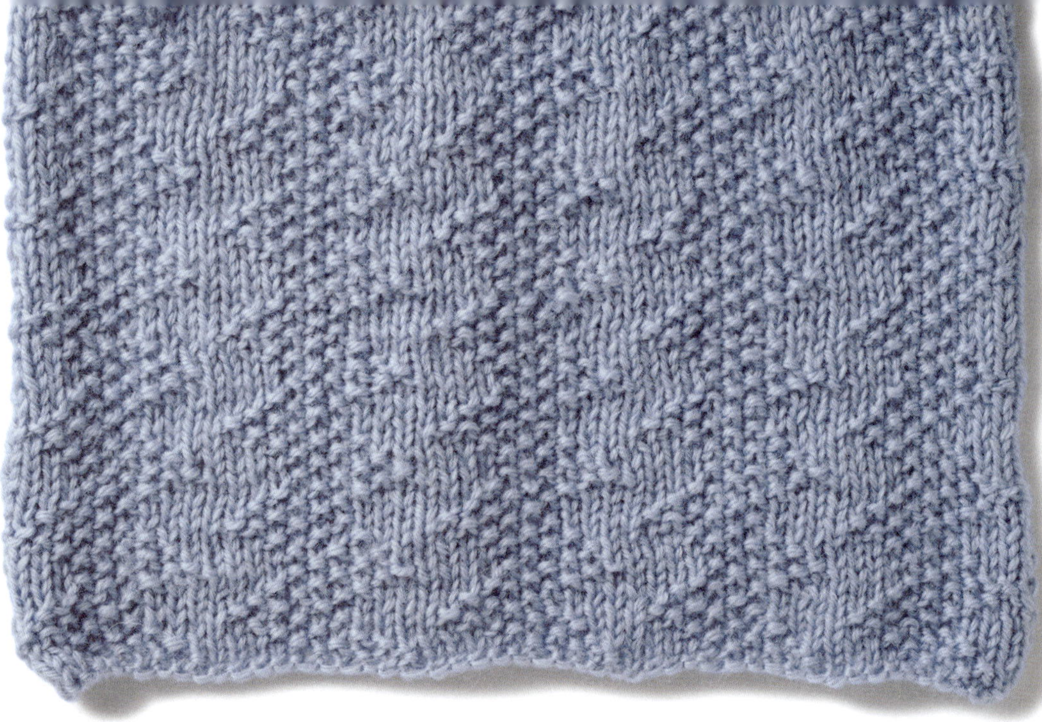

60

Fb. 40

	10				5				1	
				–		–		–		8
			–		–		–			7
		–		–		–				6
	–		–		–					5
		–		–		–				4
			–		–		–			3
				–		–		–		2
					–		–		–	1

	12		10					5				1	
	–	–			–	–	–			–	–		8
	–	–			–	–	–			–	–		7
		–	–			–			–	–			6
		–	–			–			–	–			5
–			–	–				–	–			–	4
–			–	–				–	–			–	3
–	–			–	–		–	–			–	–	2
–	–			–	–		–	–			–	–	1

61

Fb. 40

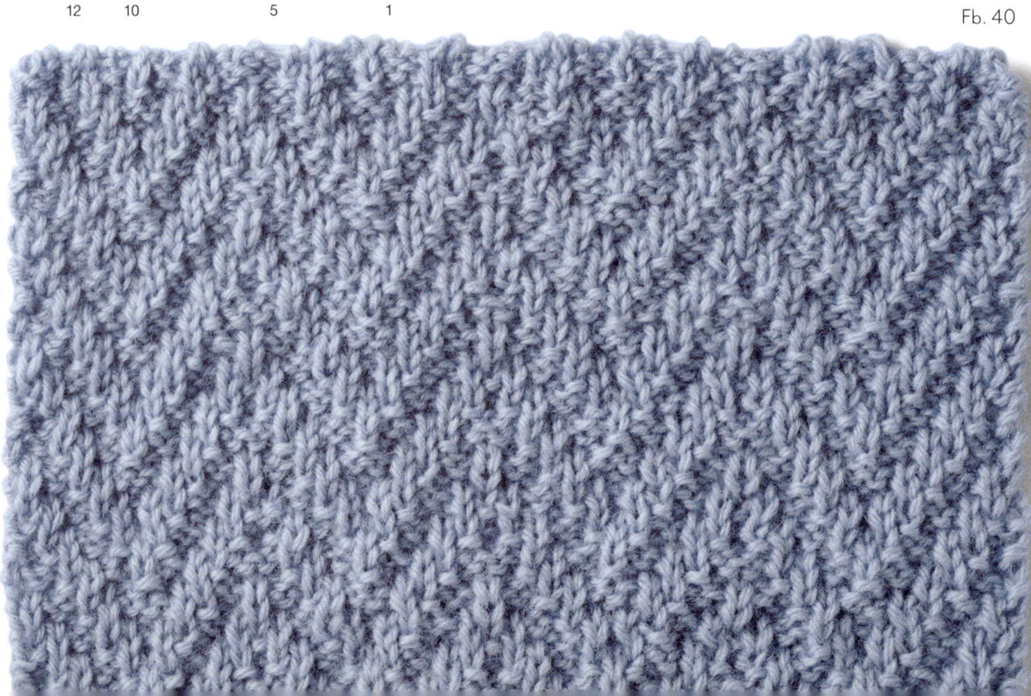

62

Fb. 25

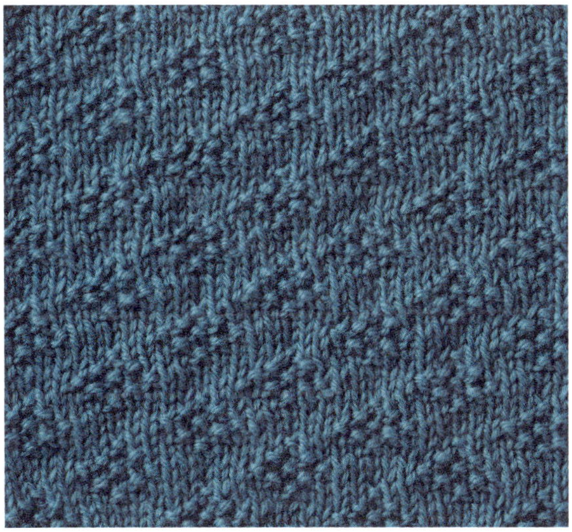

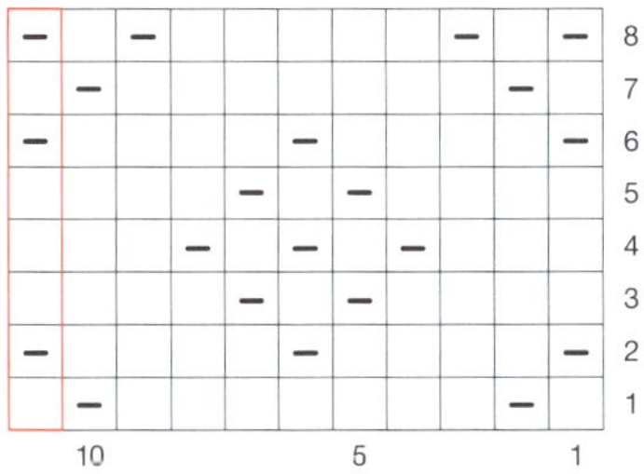

63

Fb. 22

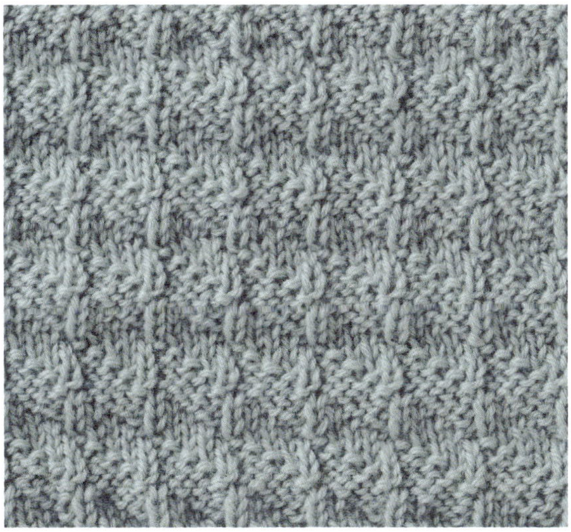

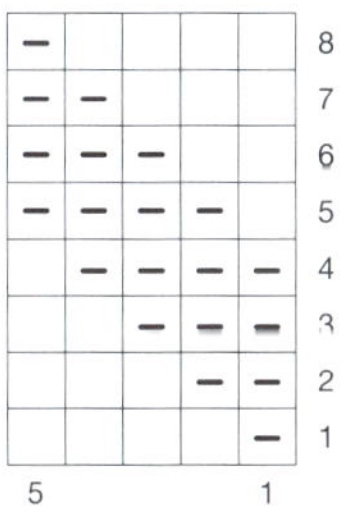

64

Fb. 22

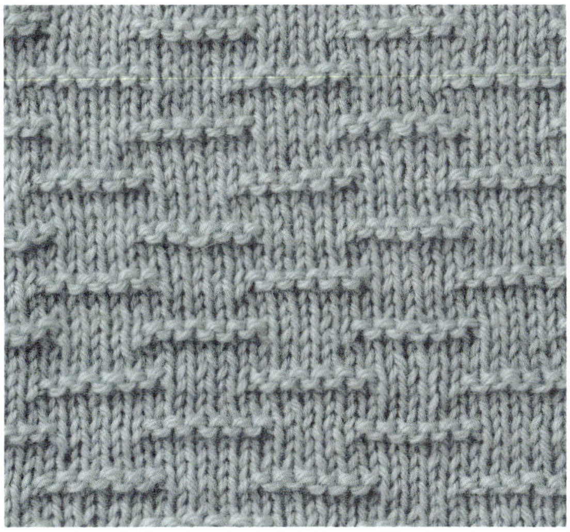

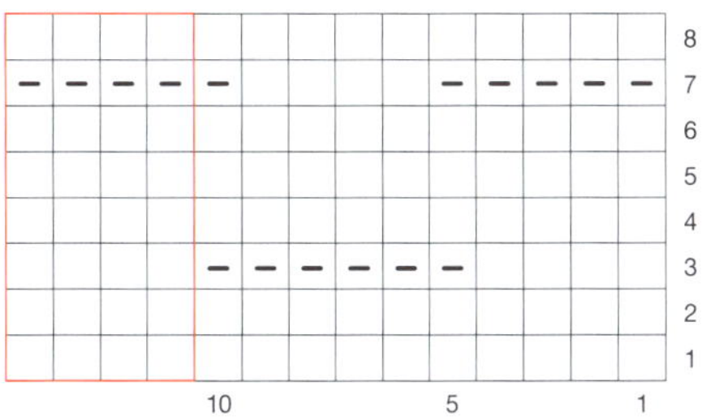

65
Fb. 44

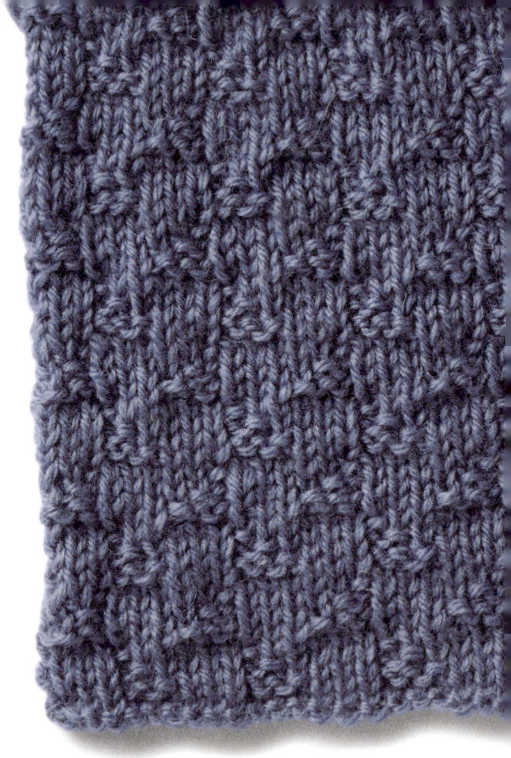

66
Fb. 111

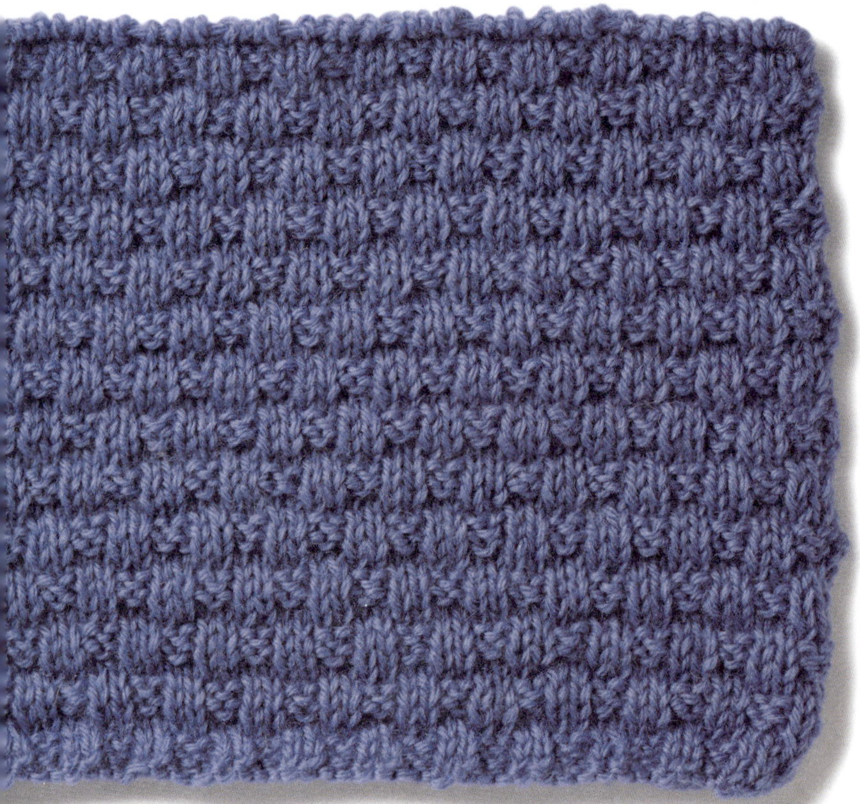

						8
						7
		–	–			6
		–	–			5
						4
						3
–	–			–	–	2
–	–			–	–	1
		4			1	

–				–	8
	–				7
		–			6
					5
–				–	4
			–		3
		–			2
					1
	4			1	

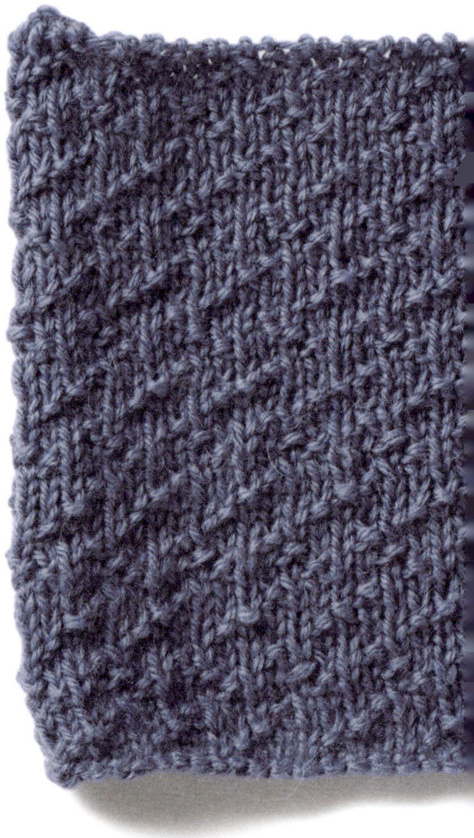

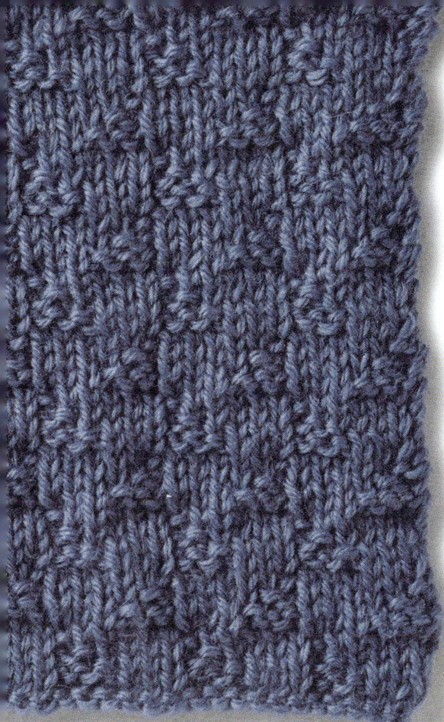

		–						–	8
	–	–					–	–	7
–	–	–				–	–	–	6
									5
			–						4
			–	–					3
			–	–	–				2
									1
			6	5				1	

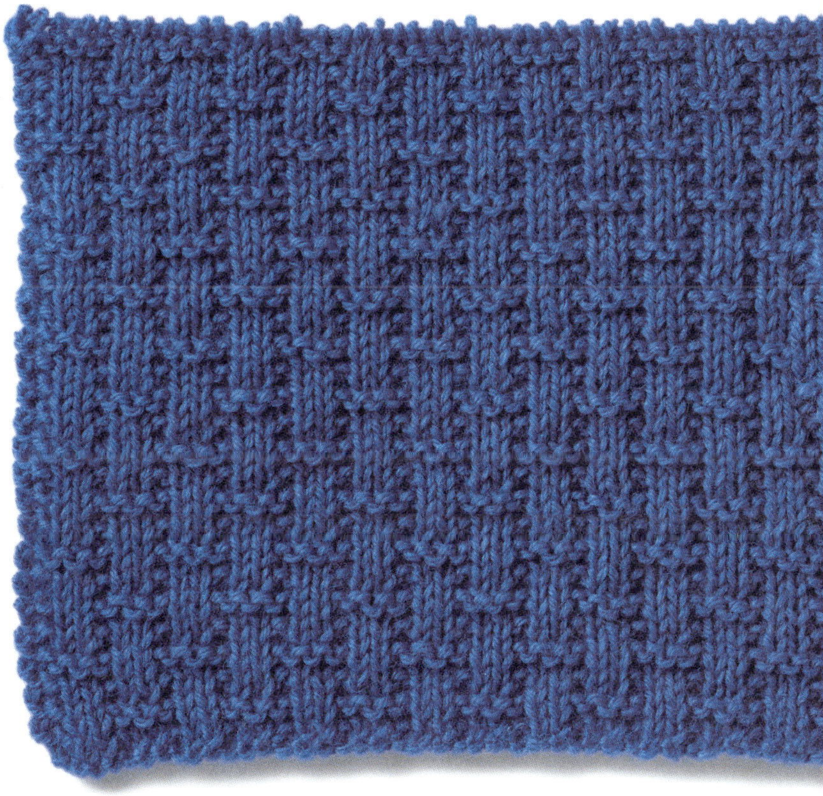

8 Reihen

67
Fb. 42

							8
–	–	–	–			–	7
							6
–			–			–	5
							4
–			–	–	–	–	3
							2
–			–			–	1
	6	5				1	

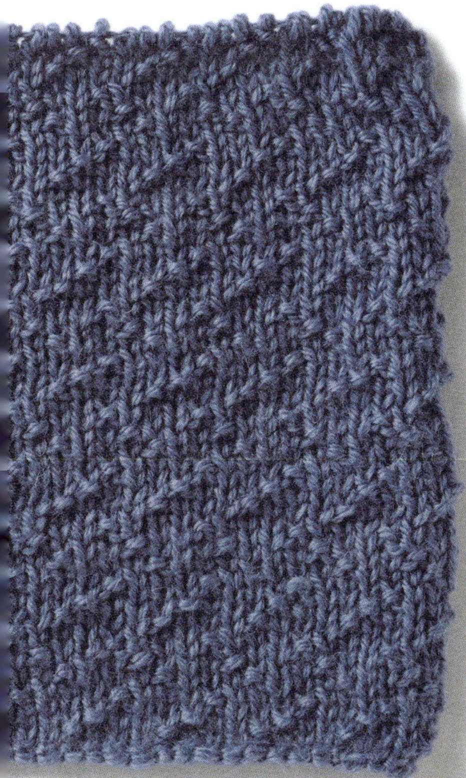

68
Fb. 44

69-a Fb. 108

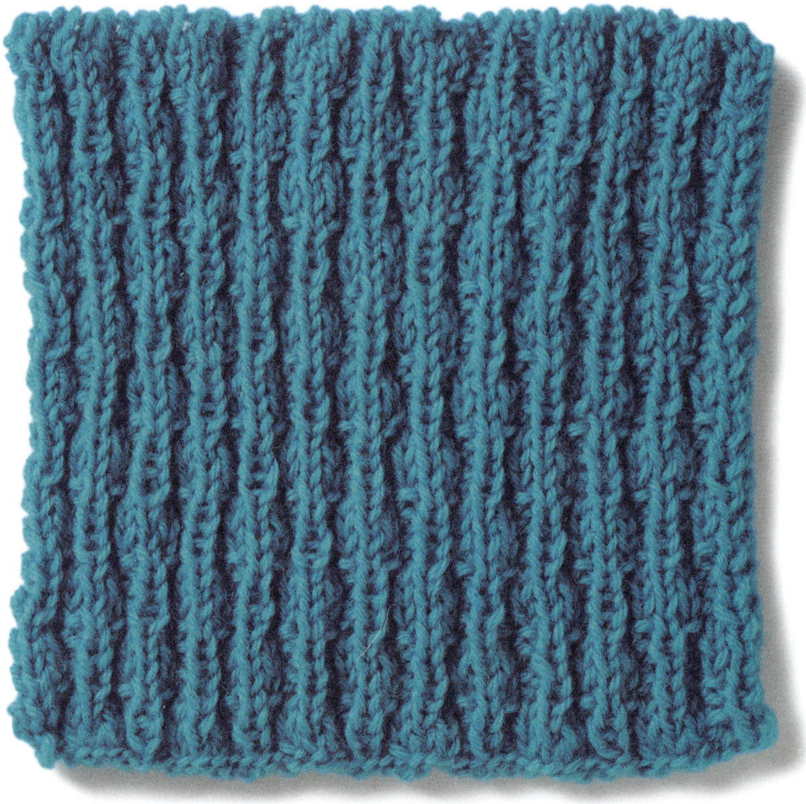

ziehen

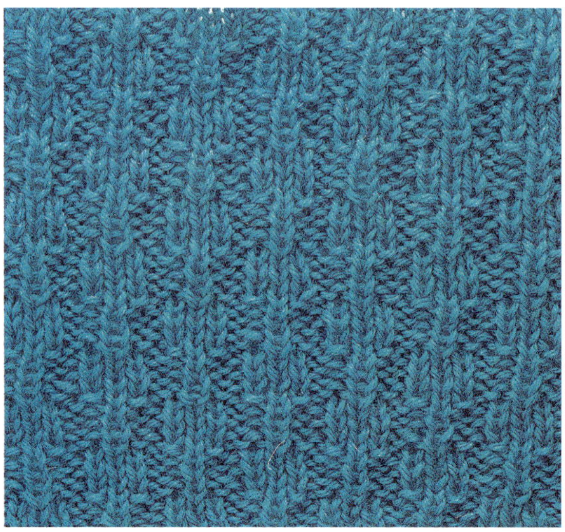

	8	7	6	5	4	3	2	1	
		–	–		–	–			8
		–	–		–	–			7
		–	–		–	–			6
		–	–		–	–			5
	–	–				–	–		4
	–	–				–	–		3
	–	–				–	–		2
	–	–				–	–		1

69-b

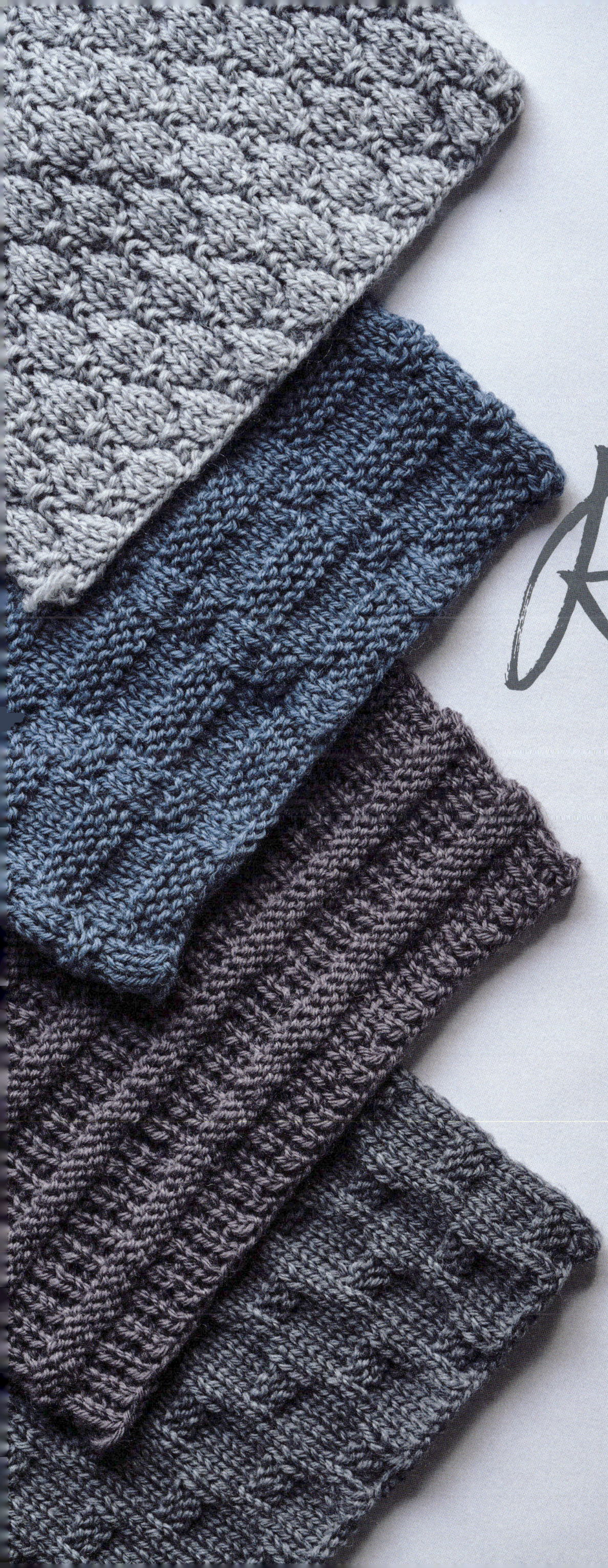

10 Reihen

Jedes der folgenden 7 Muster besteht aus 10 Reihen.

70

Fb. 24

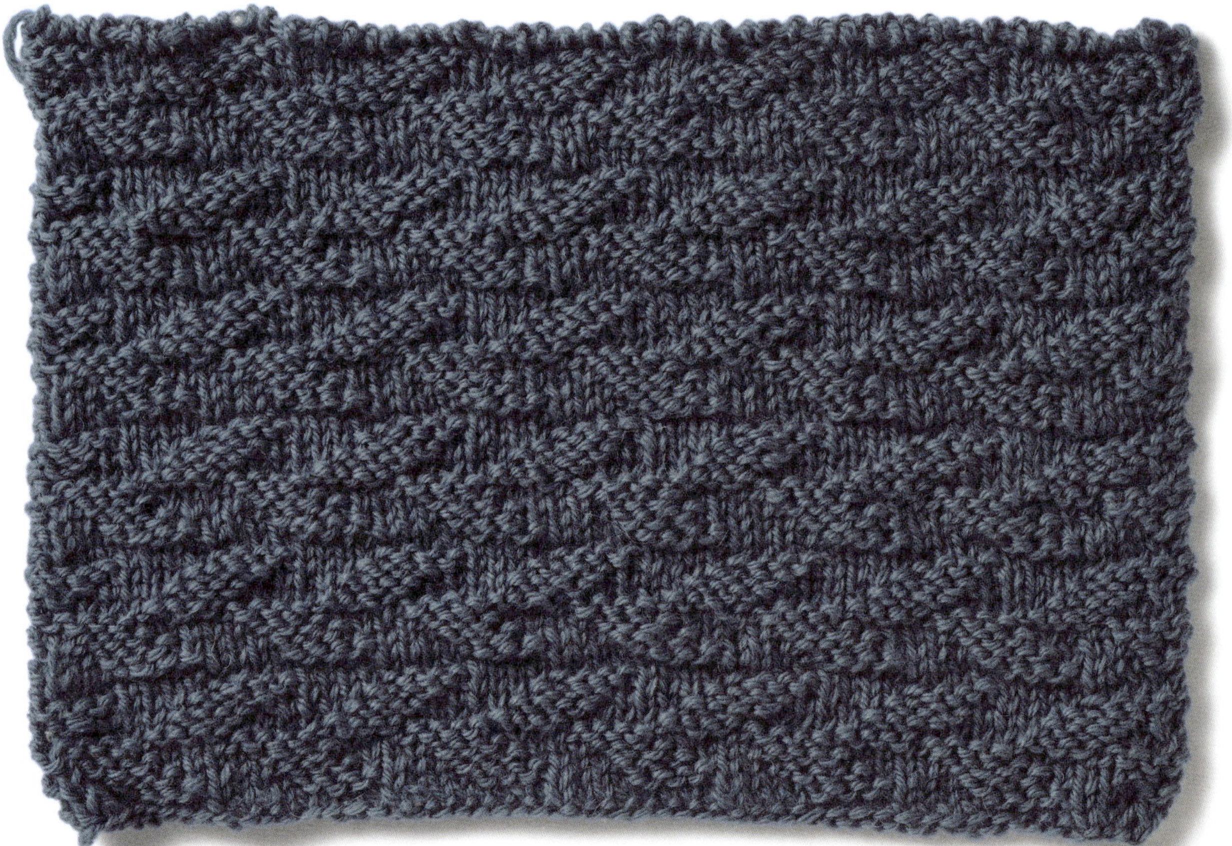

–	–	–					–	–	–	–	10
–	–					–	–	–	–		9
–					–	–	–	–			8
				–	–	–	–				7
–	–	–	–					–	–	–	6
	–	–	–	–					–	–	5
		–	–	–	–					–	4
			–	–	–	–					3
											2
											1
			8			5				1	

71

Fb. 24

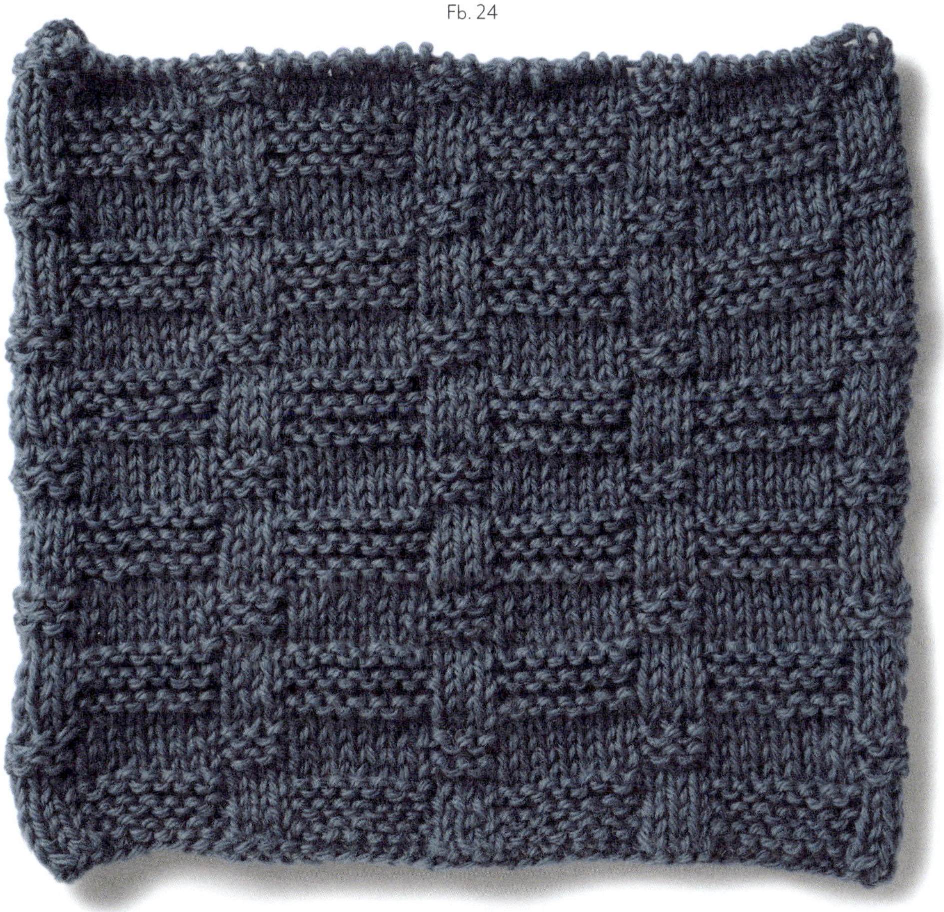

	13	12	11	10	9	8	7	6	5	4	3	2	1
10	–	–	–								–	–	–
9													
8	–	–	–								–	–	–
7													
6				–	–	–	–	–	–	–			
5													
4				–	–	–	–	–	–	–			
3													
2				–	–	–	–	–	–	–			
1													

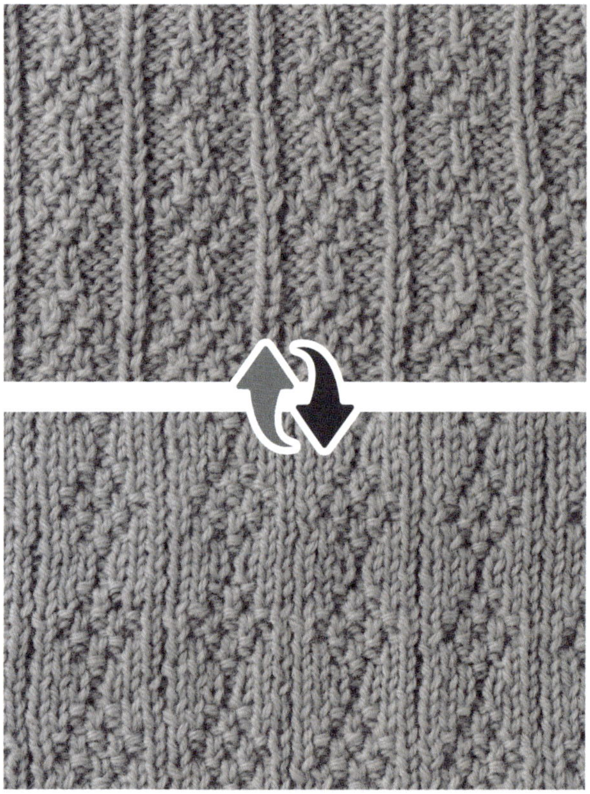

72-a
Fb. 121

72-b

	–	–	–		–	–	–		10
	–	–	–		–	–	–		9
	–	–		–		–	–		8
	–	–		–		–	–		7
	–		–		–		–		6
	–		–		–		–		5
	–	–		–		–	–		4
	–	–		–		–	–		3
	–	–	–		–	–	–		2
	–	–	–		–	–	–		1
	8			5				1	

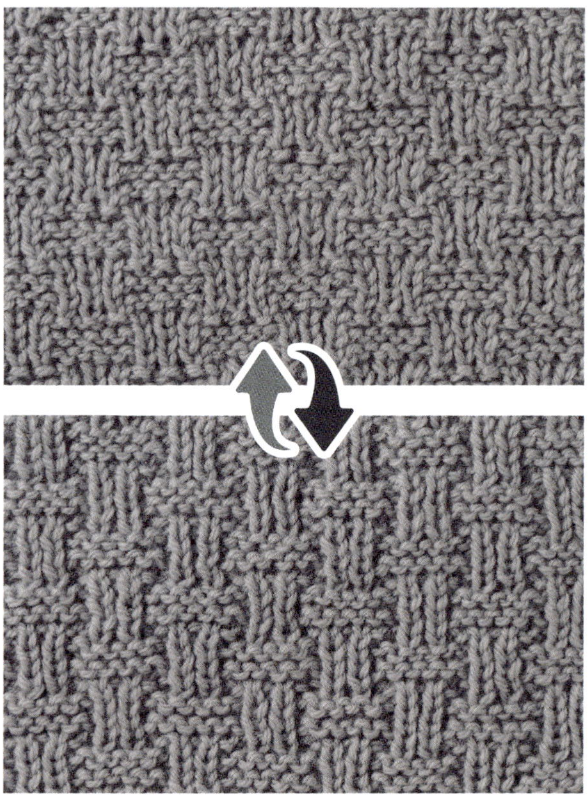

73-a
Fb. 121

73-b

–	–	–	–	–		–		–		–	–	–	–	–	10
						–		–							9
–	–	–	–	–		–		–		–	–	–	–	–	8
						–		–							7
–	–	–	–	–		–		–		–	–	–	–	–	6
	–		–		–	–	–	–	–		–		–		5
	–		–								–		–		4
	–		–		–	–	–	–	–		–		–		3
	–		–								–		–		2
	–		–		–	–	–	–	–		–		–		1
					10					5				1	

74-a Fb. 121

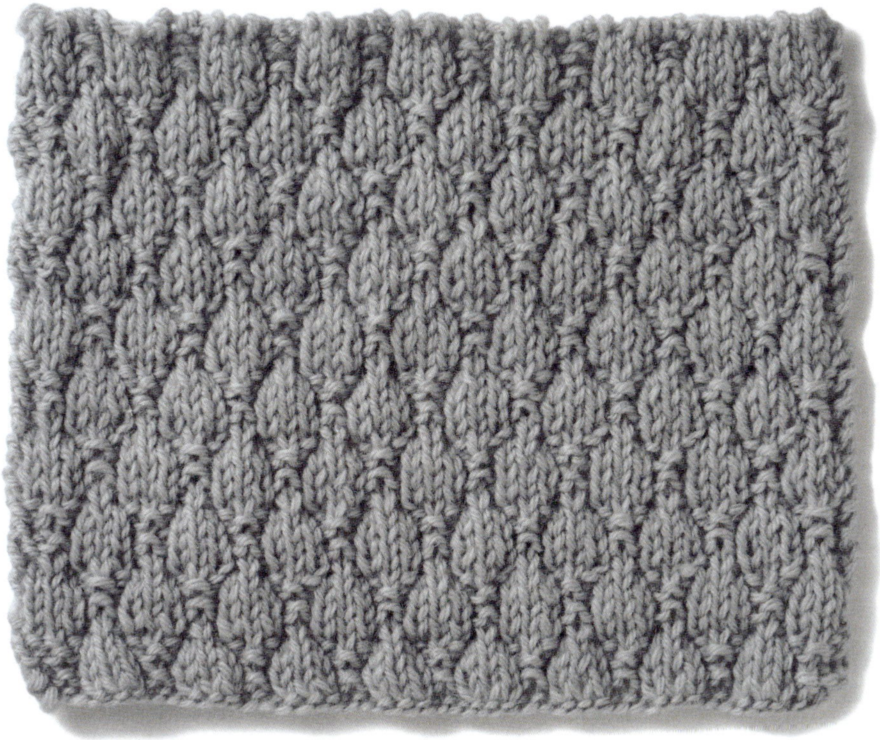

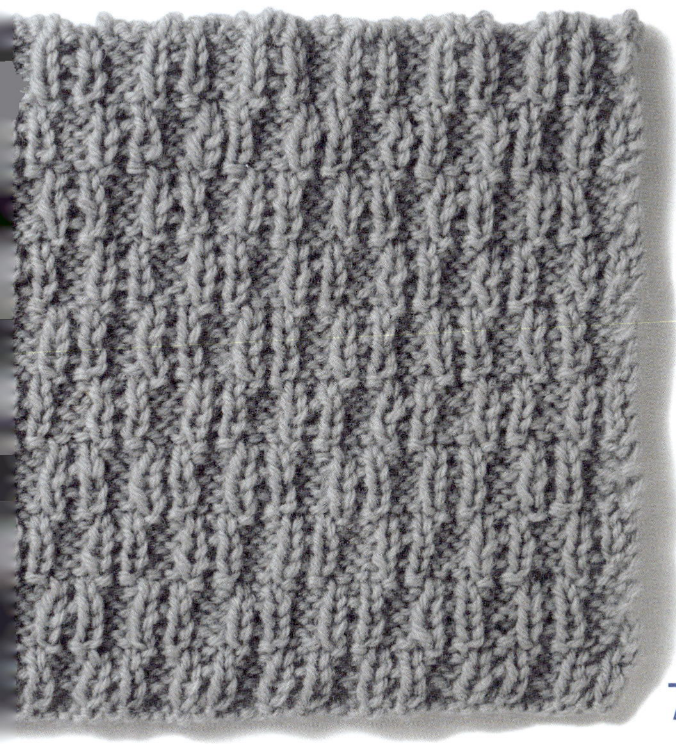

74-b

			–		–				10
			–	–	–				9
			–		–				8
			–	–	–				7
			–		–				6
–		–				–		–	5
–	–	–				–	–	–	4
–		–				–		–	3
–	–	–				–	–	–	2
–		–				–		–	1
			6	5				1	

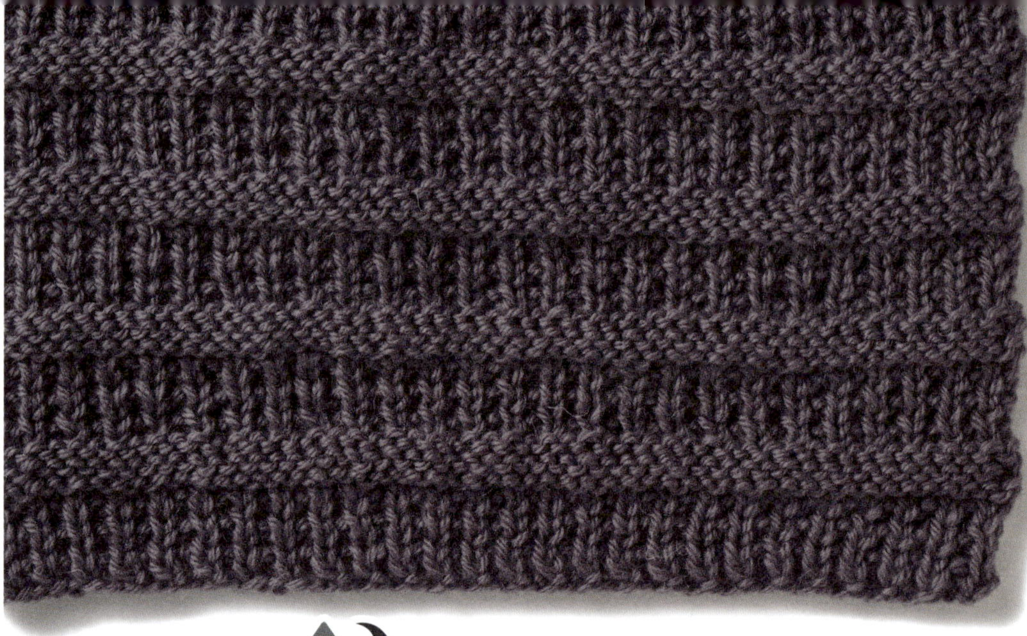

			10
–	–	–	9
–	–	–	8
–	–	–	7
			6
	–		5
			4
	–		3
			2
	–		1
	2	1	

75-a

Fb. 54

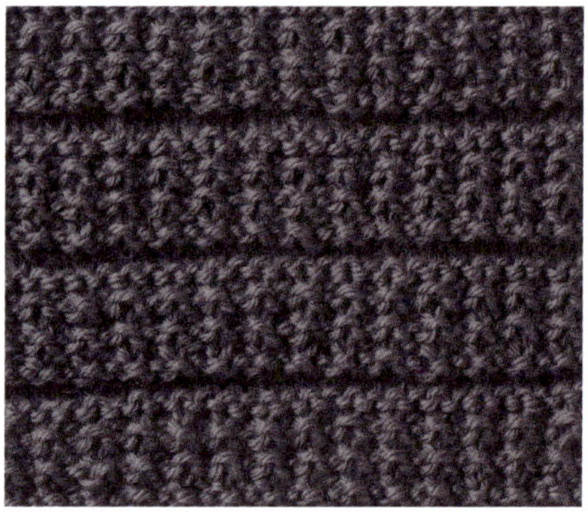

75-b

76-a

Fb. 122

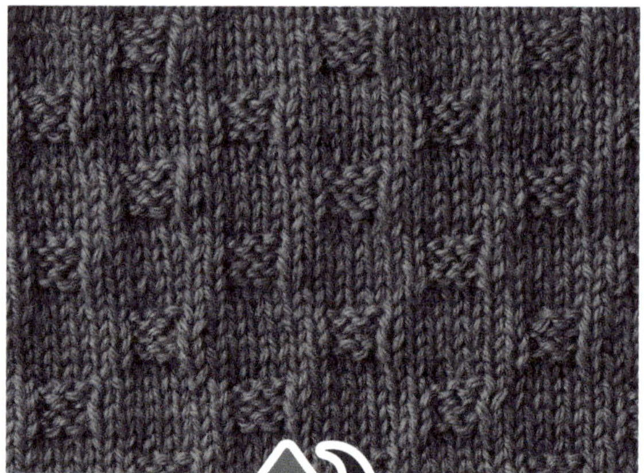

76-b

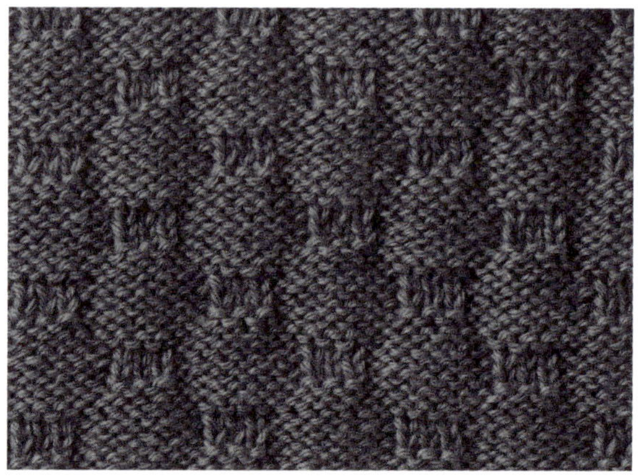

							–	–	–								10
							–	–	–								9
							–	–	–								8
																	7
																	6
		–	–	–							–	–	–				5
		–	–	–							–	–	–				4
		–	–	–							–	–	–				3
																	2
																	1
							10					5				1	

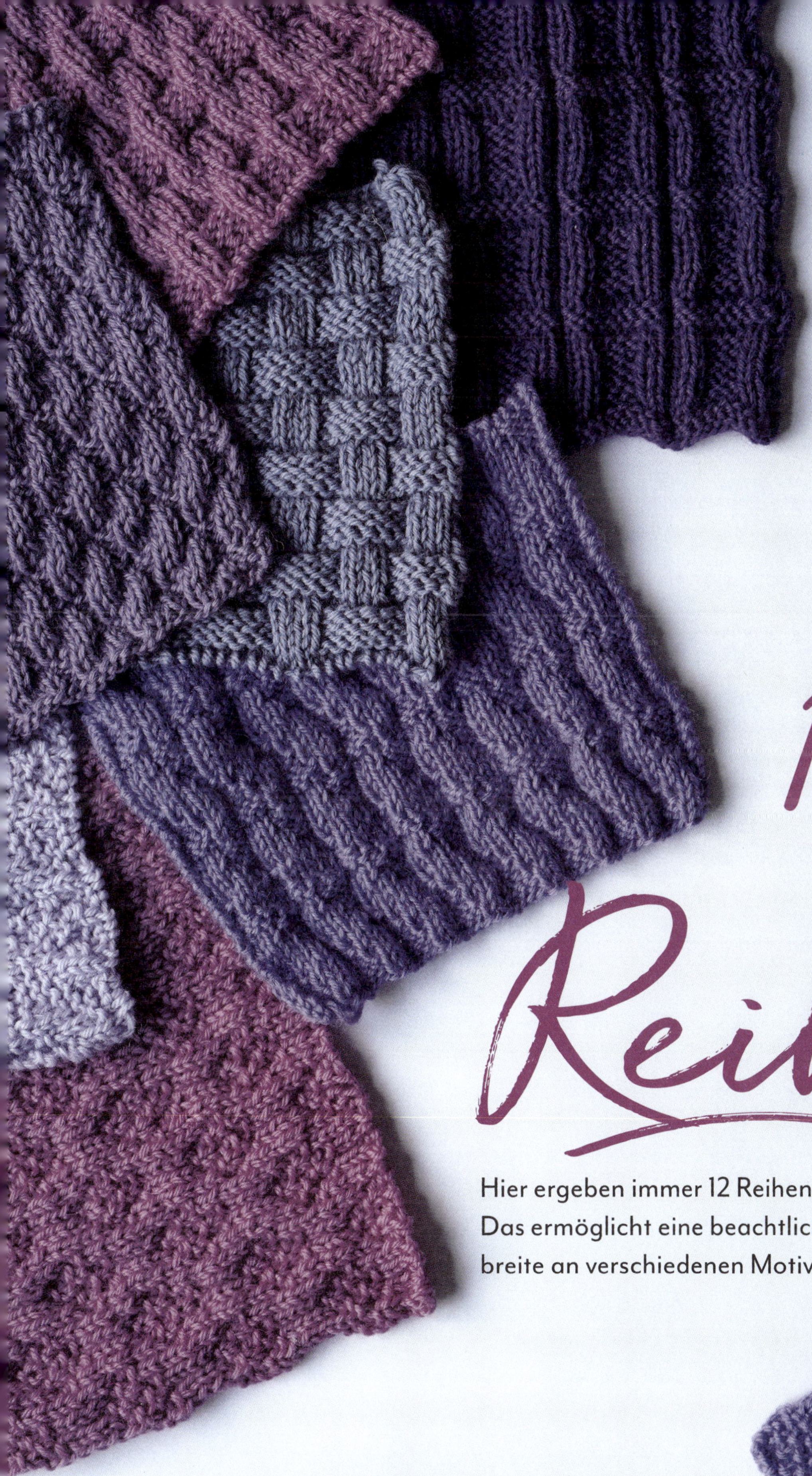

12 Reihen

Hier ergeben immer 12 Reihen ein Muster. Das ermöglicht eine beachtliche Bandbreite an verschiedenen Motiven.

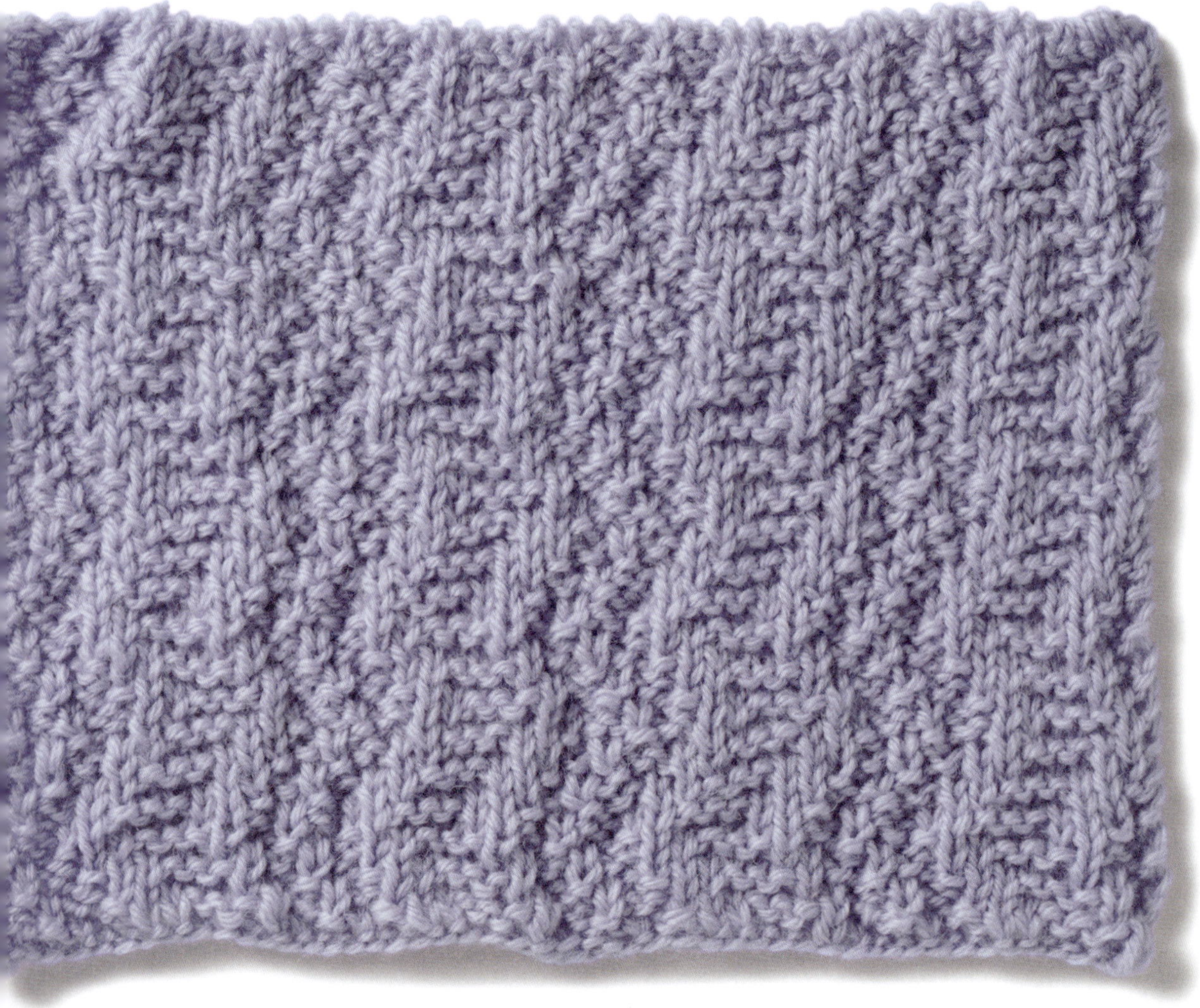

77-a Fb. 56

–	–		–	–			–	–	–			12
–	–		–	–								11
–		–	–			–	–	–			–	10
–		–	–								–	9
	–	–			–	–	–			–	–	8
	–	–								–	–	7
–		–	–			–	–	–			–	6
–		–	–								–	5
–	–		–	–			–	–	–			4
–	–		–	–								3
	–	–		–	–			–	–	–		2
	–	–		–	–							1
12		10					5				1	

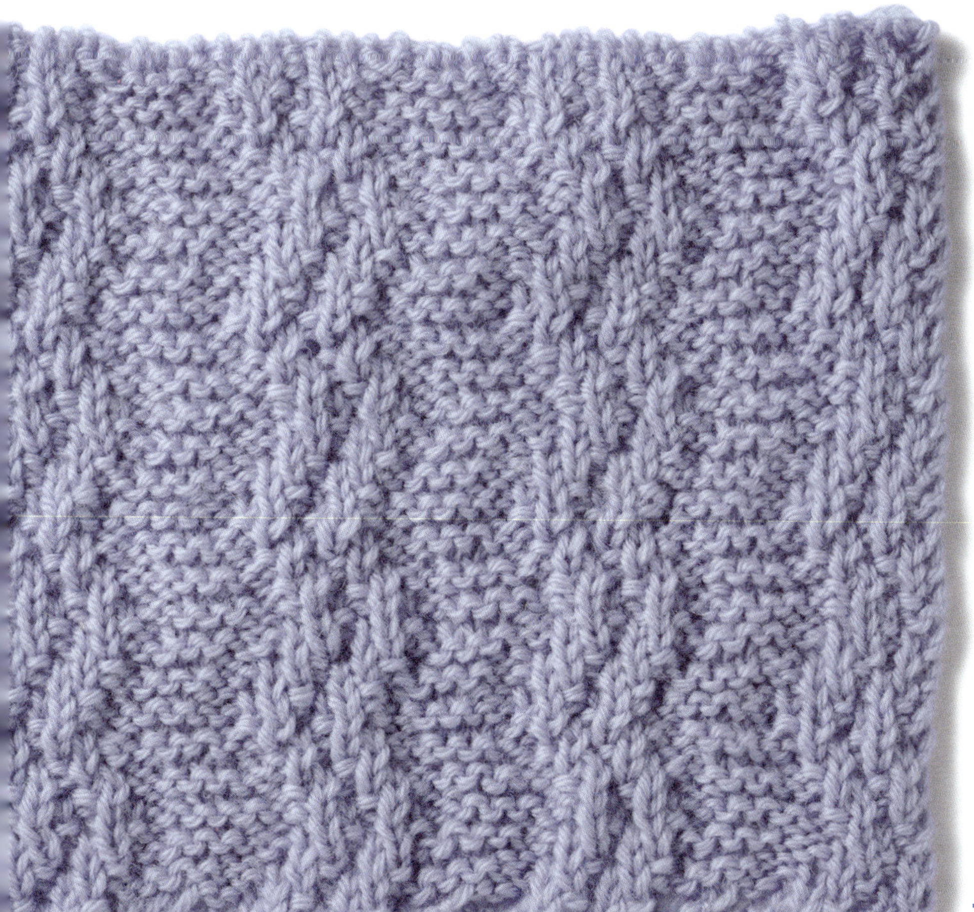

77-b

12 Reihen

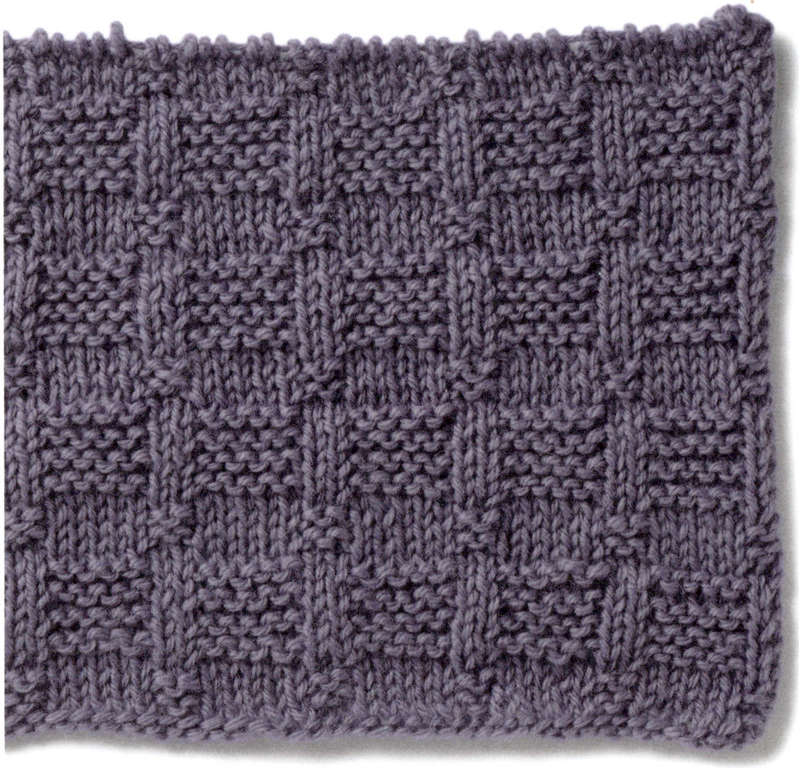

78

Fb. 113

	7	6	5	4	3	2	1
12		–	–	–	–	–	
11							
10		–	–	–	–	–	
9							
8		–	–	–	–	–	
7							
6		–	–	–	–	–	
5							
4	–						–
3							
2	–						–
1							

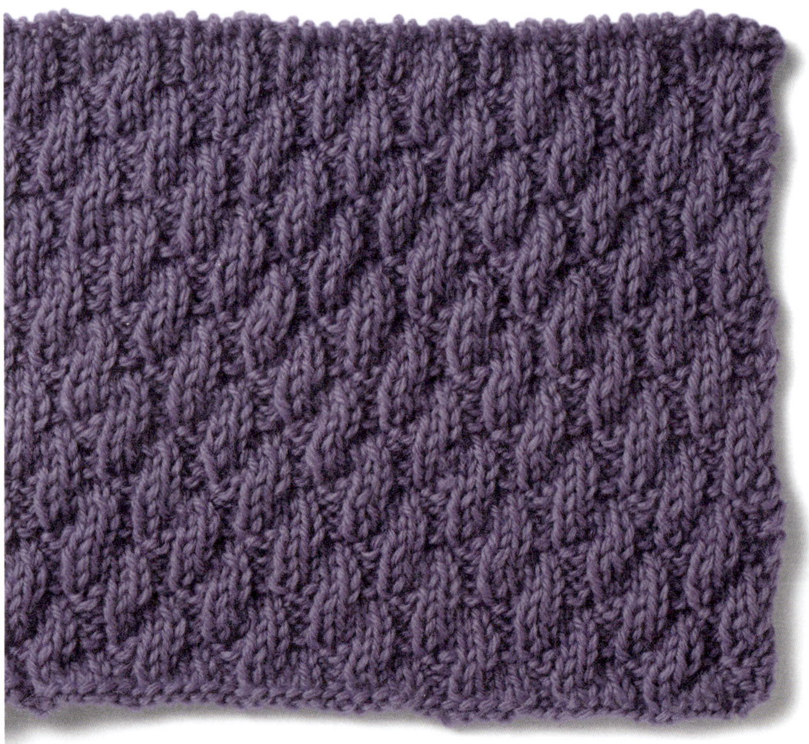

79

Fb. 53

	8	7	6	5	4	3	2	1
12			–	–				
11			–	–				
10			–	–				
9			–	–				
8					–	–		
7					–	–		
6					–	–		
5					–	–		
4	–	–					–	–
3	–	–					–	–
2	–	–					–	–
1	–	–					–	–

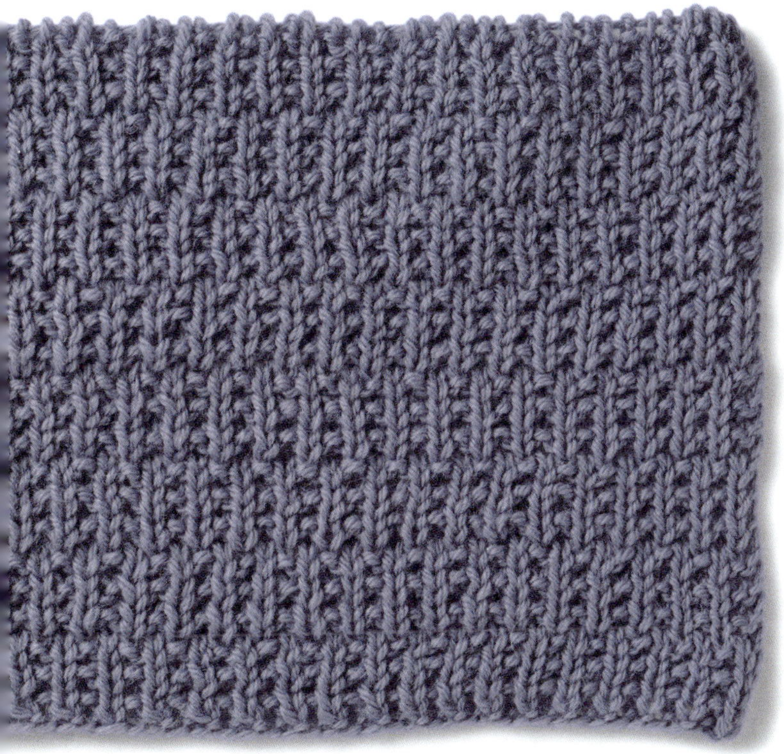

80

Fb. 55

	2	1	
–		–	12
			11
–		–	10
			9
–		–	8
			7
	–		6
			5
	–		4
			3
	–		2
			1

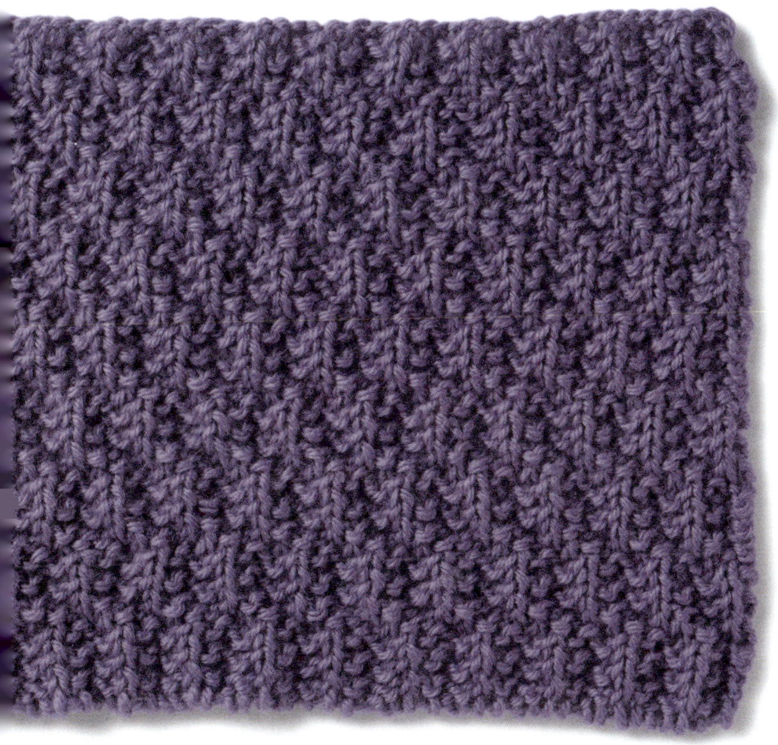

81

Fb. 53

	4			1	
–	–			–	12
–			–	–	11
–	–			–	10
–			–	–	9
–	–			–	8
–			–	–	7
		–	–		6
	–	–			5
		–	–		4
	–	–			3
		–	–		2
	–	–			1

12 Reihen

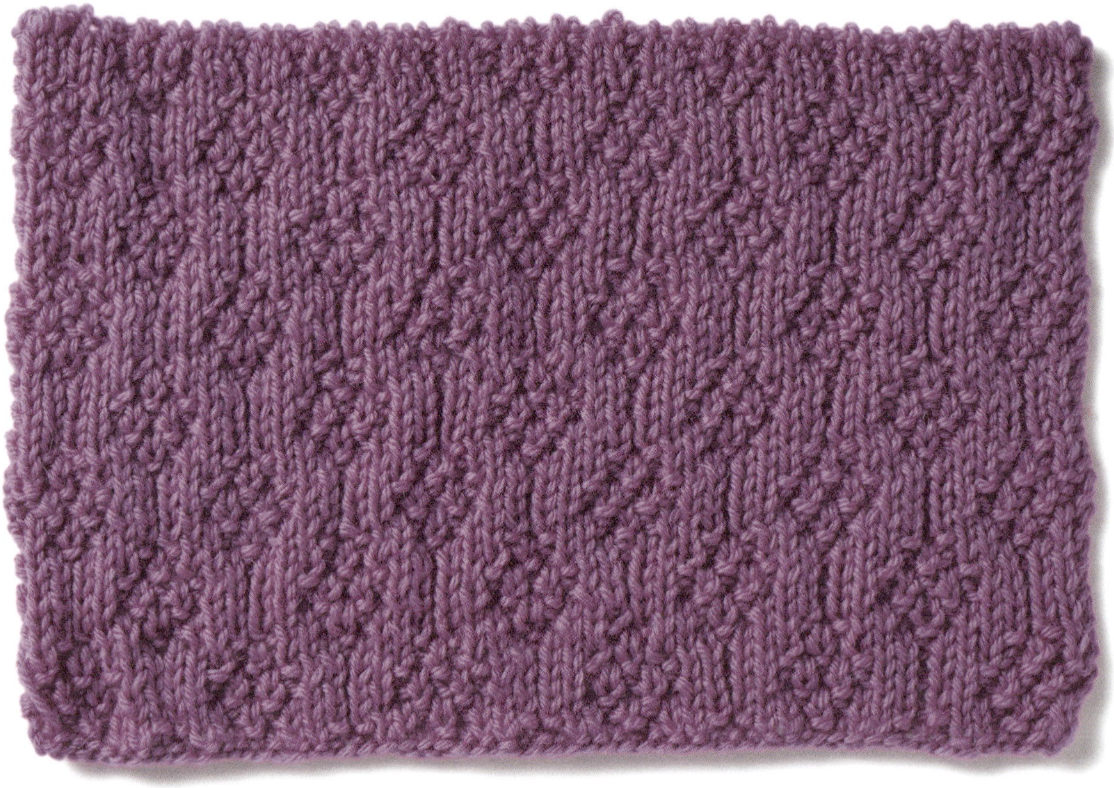

82-a Fb. 60

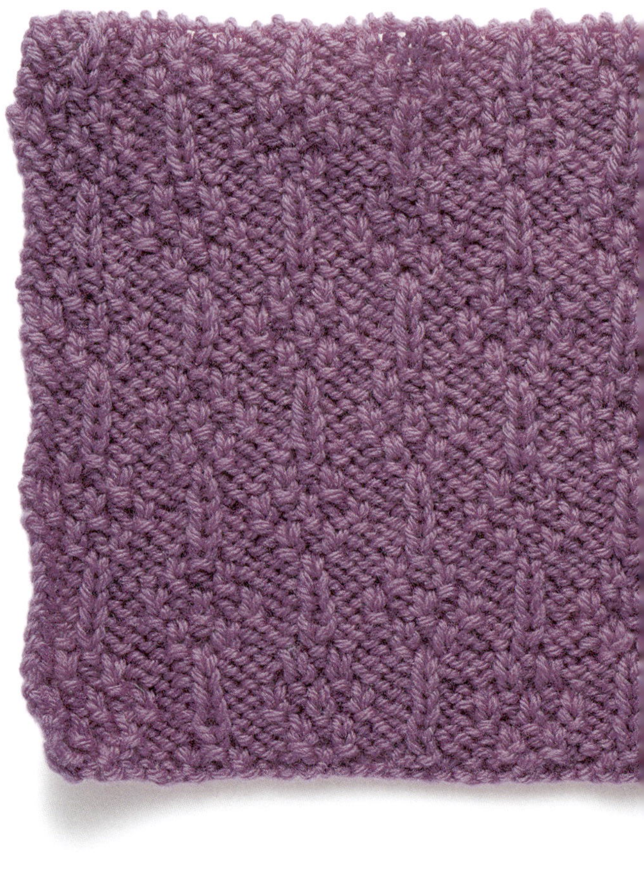

82-b

		–			–		–		–			–			12
		–			–		–		–			–			11
		–				–		–				–			10
		–				–		–				–			9
	–		–				–				–		–		8
	–		–				–				–		–		7
–		–		–			–			–		–		–	6
–		–		–			–			–		–		–	5
	–		–				–				–		–		4
	–		–				–				–		–		3
		–				–		–				–			2
		–				–		–				–			1
					10					5				1	

	12	11	10	9	8	7	6	5	4	3	2	1
12	–	–	–	–	–		–					
11	–	–	–	–			–	–				
10	–	–	–				–	–	–			
9	–	–				–		–	–	–		
8	–				–	–			–	–	–	
7				–	–	–				–	–	–
6	–				–	–			–	–	–	
5	–	–				–		–	–	–		
4	–	–	–				–	–	–			
3	–	–	–	–			–	–				
2	–	–	–	–	–		–					
1	–	–	–	–	–	–						

83

Fb. 60

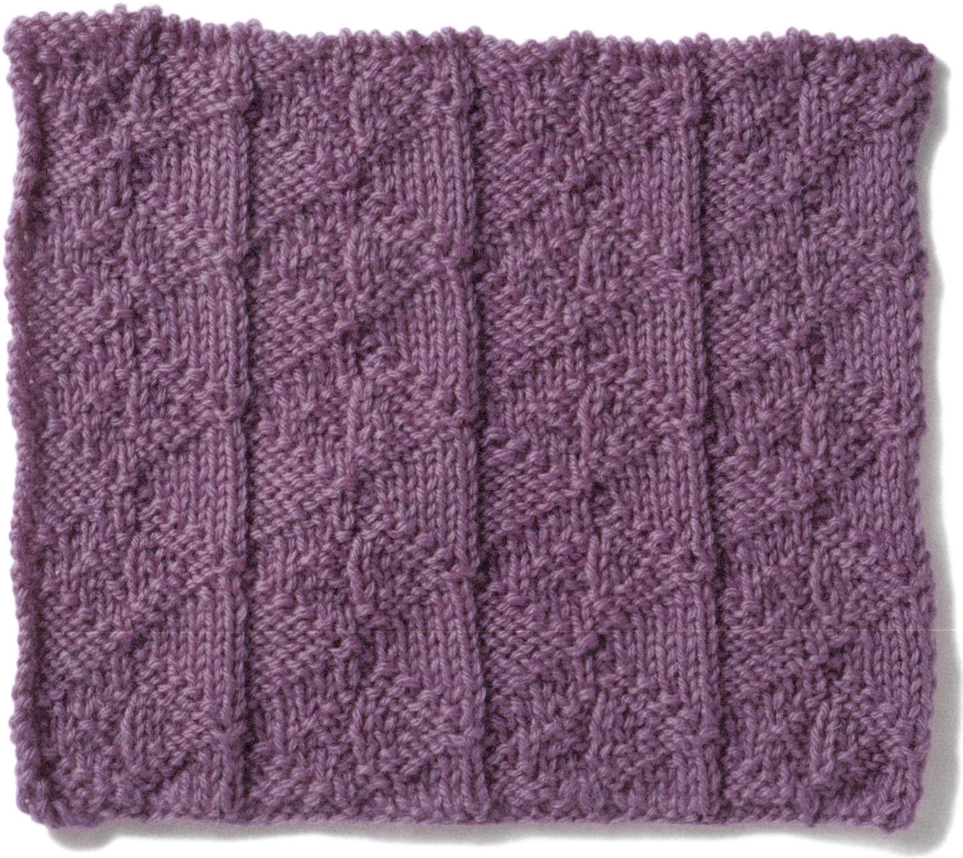

12 Reihen

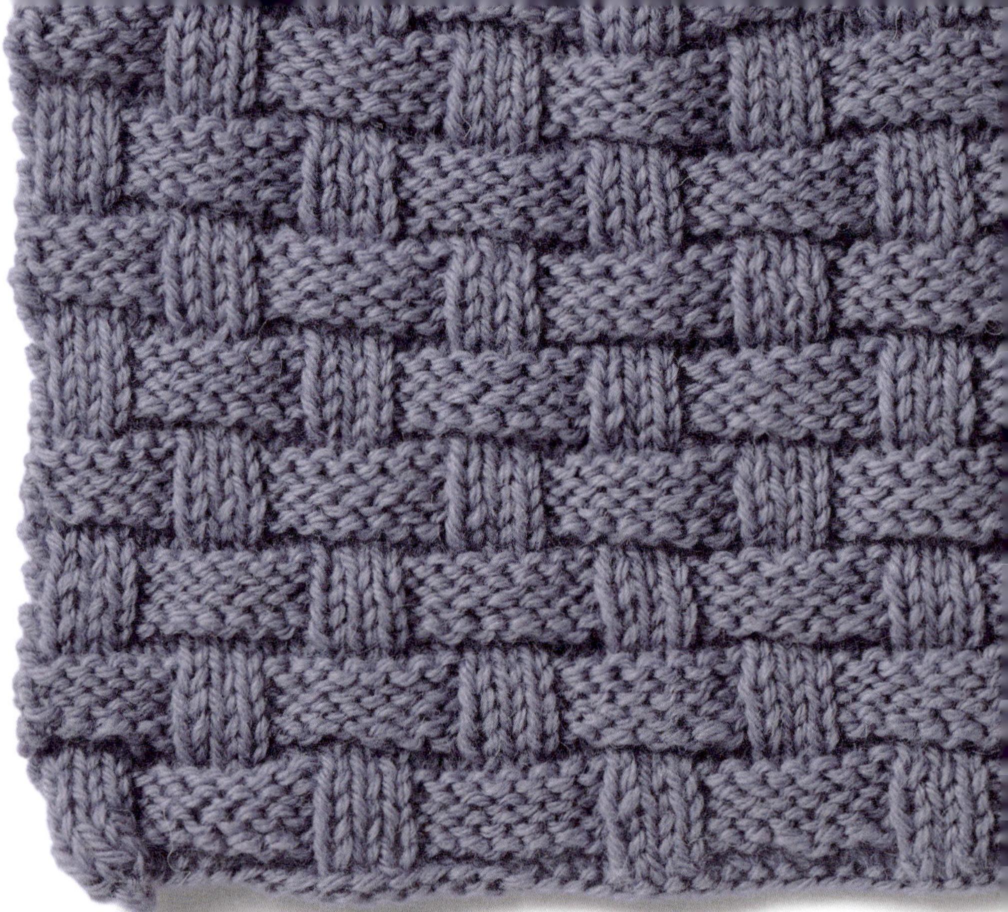

—	—	—	—	—				—	—	—	—	—	12
—	—	—	—	—				—	—	—	—	—	11
—	—	—	—	—				—	—	—	—	—	10
—	—	—	—	—				—	—	—	—	—	9
													8
													7
			—	—	—	—	—	—	—				6
			—	—	—	—	—	—	—				5
			—	—	—	—	—	—	—				4
			—	—	—	—	—	—	—				3
													2
													1
			10					5				1	

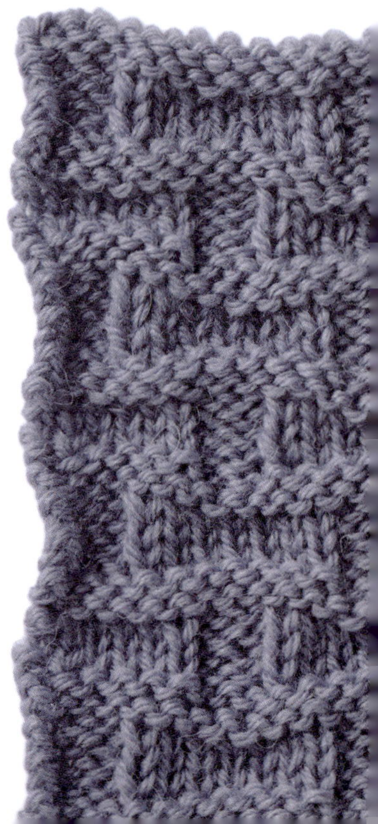

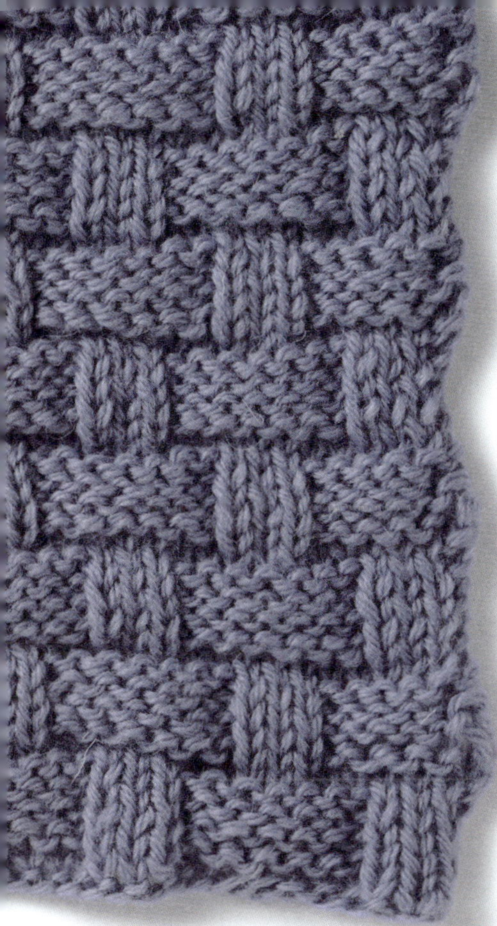

84-a

Fb. 55

84-b

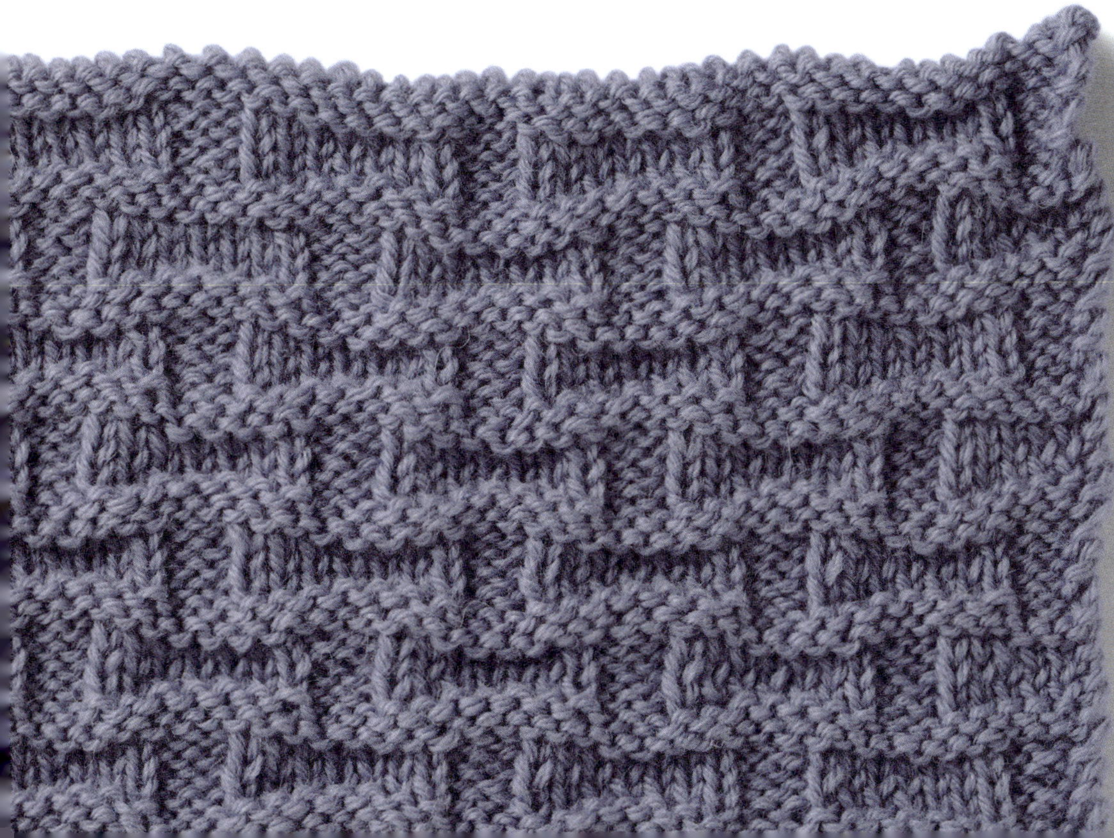

12 Reihen

85-a Fb. 60

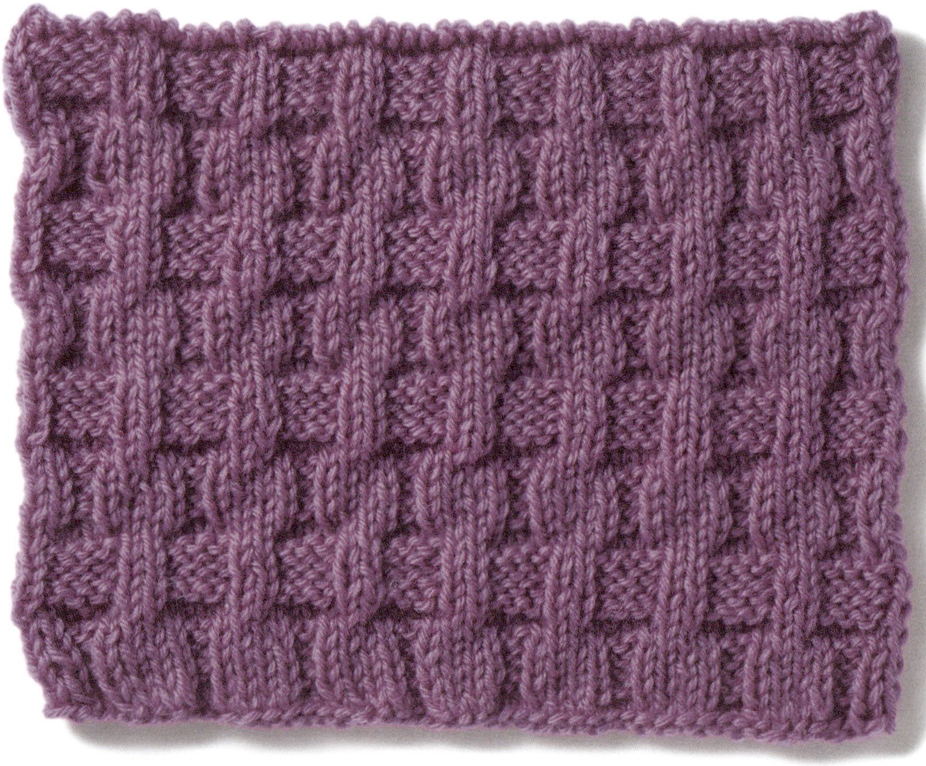

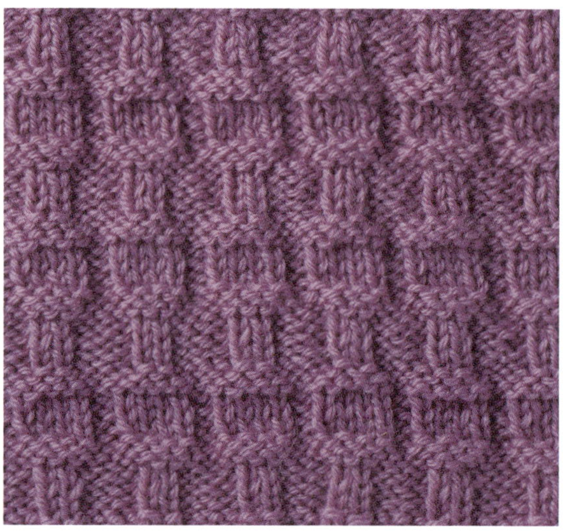

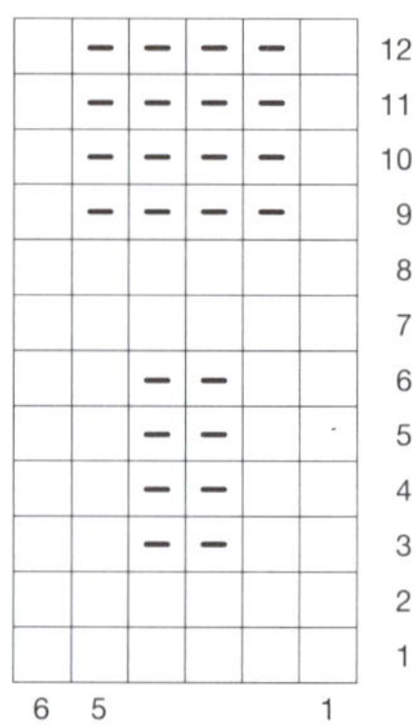

85-b

86-a Fb. 52

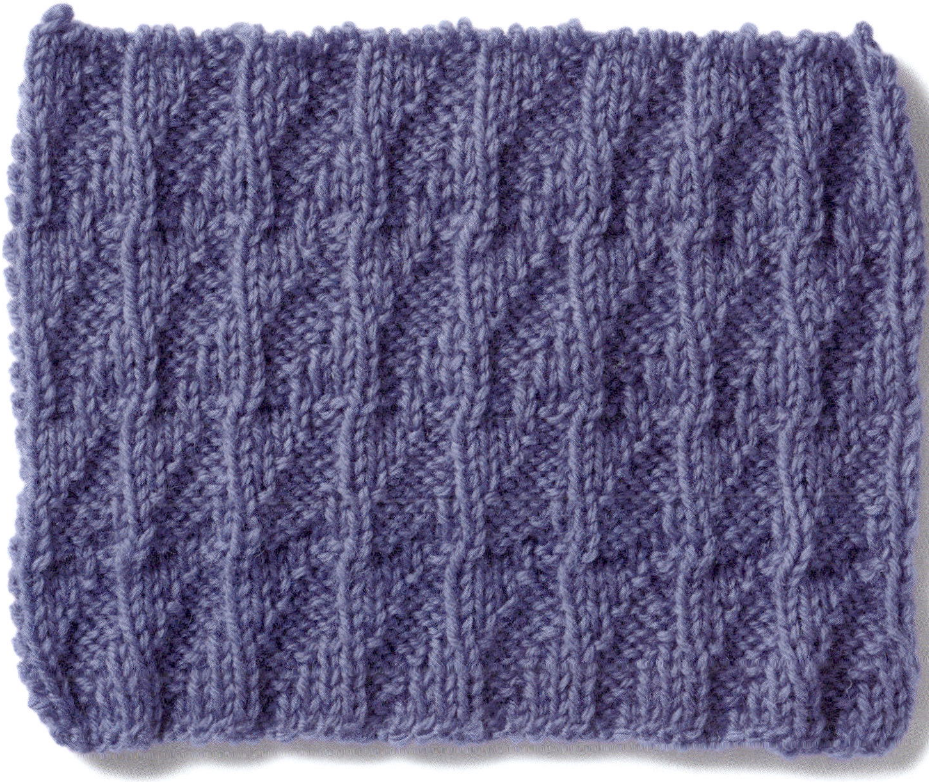

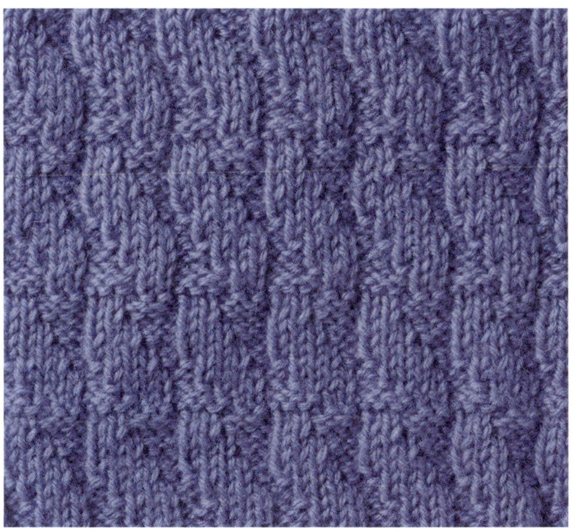

	6	5				1	
				–	–		12
				–	–		11
			–	–	–		10
			–	–	–		9
		–	–	–	–		8
		–	–	–	–		7
	–	–	–	–			6
	–	–	–	–			5
	–	–	–				4
	–	–	–				3
	–	–					2
	–	–					1

86-b

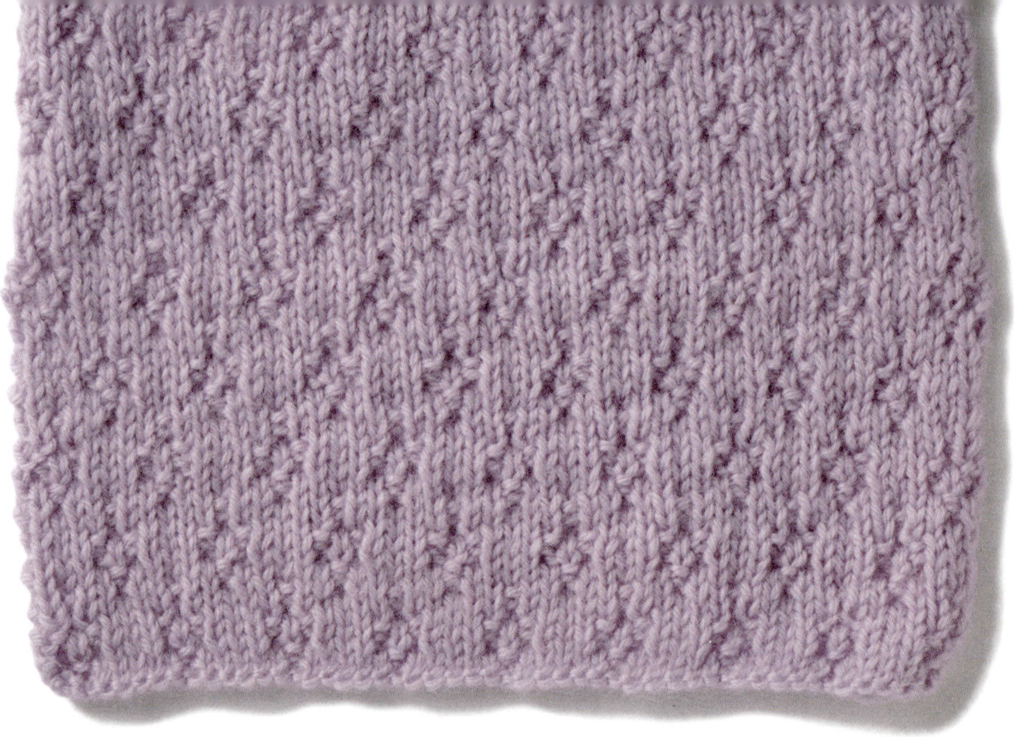

87-a Fb. 59

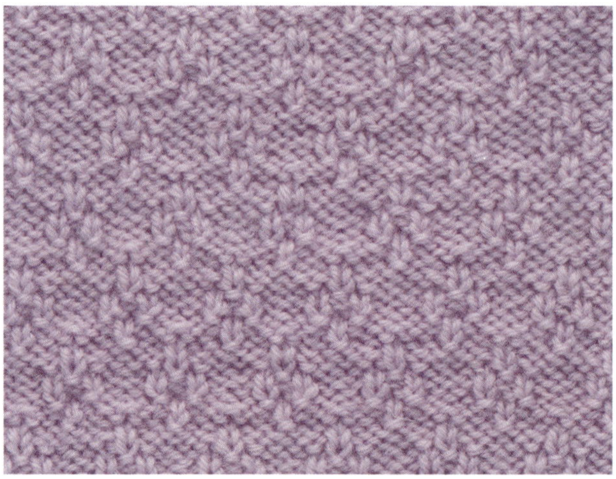

87-b

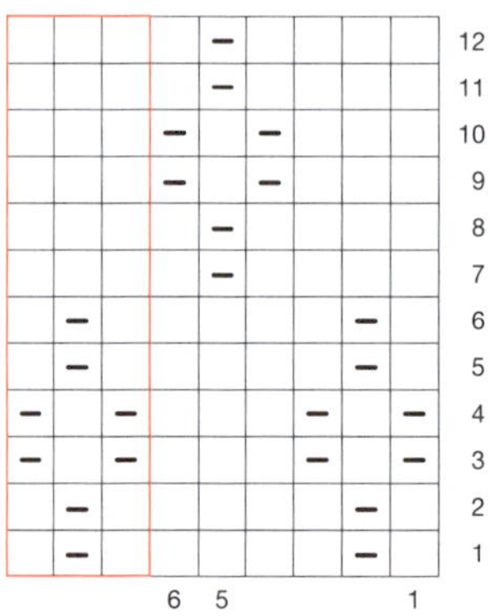

14	13	12	11	10	9	8	7	6	5	4	3	2	1	
				–	–			–	–					12
			–	–	–			–	–	–				11
		–	–	–	–			–	–	–	–			10
	–	–	–	–	–			–	–	–	–	–		9
	–	–	–	–					–	–	–	–		8
	–	–	–							–	–	–		7
	–	–									–	–		6
	–											–		5
		–									–			4
			–							–				3
				–					–					2
					–			–						1

88-a

Fb. 56

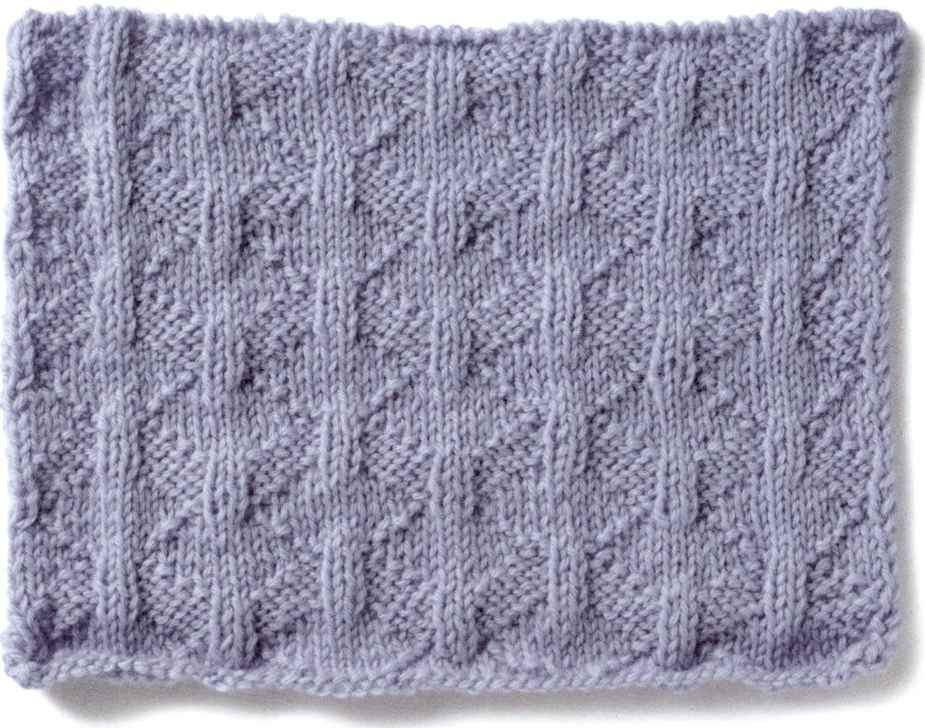

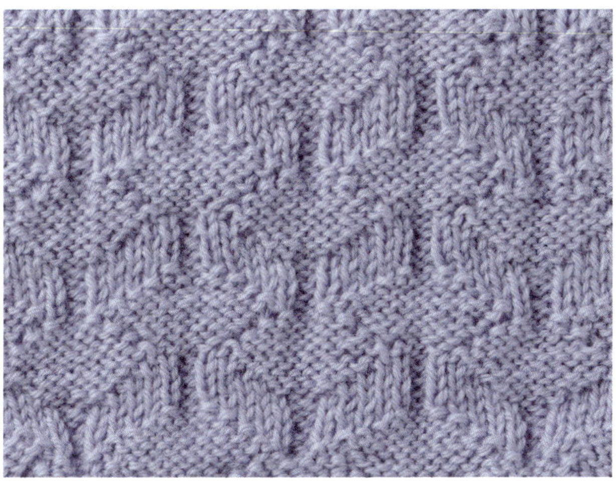

88-b

12 Reihen

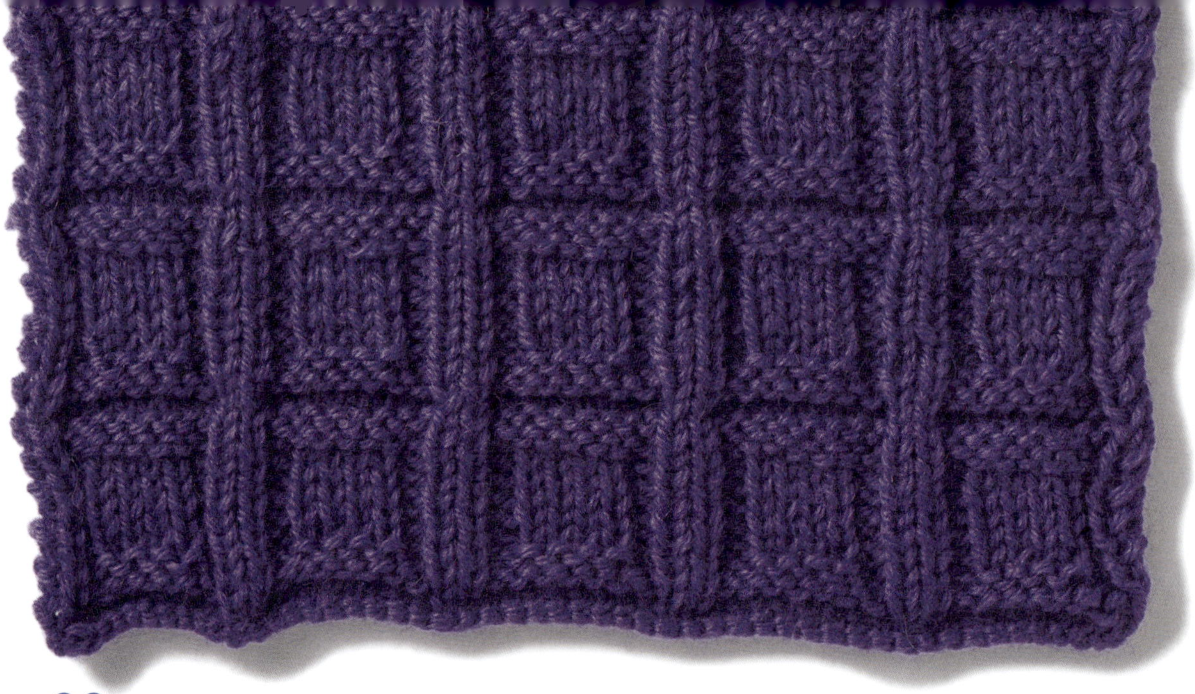

89

Fb. 112

	–	–	–	–	–	–	–	–		12
	–	–	–	–	–	–	–	–		11
	–	–					–	–		10
	–	–					–	–		9
	–	–					–	–		8
	–	–					–	–		7
	–	–					–	–		6
	–	–					–	–		5
	–	–	–	–	–	–	–	–		4
	–	–	–	–	–	–	–	–		3
										2
										1
10					5				1	

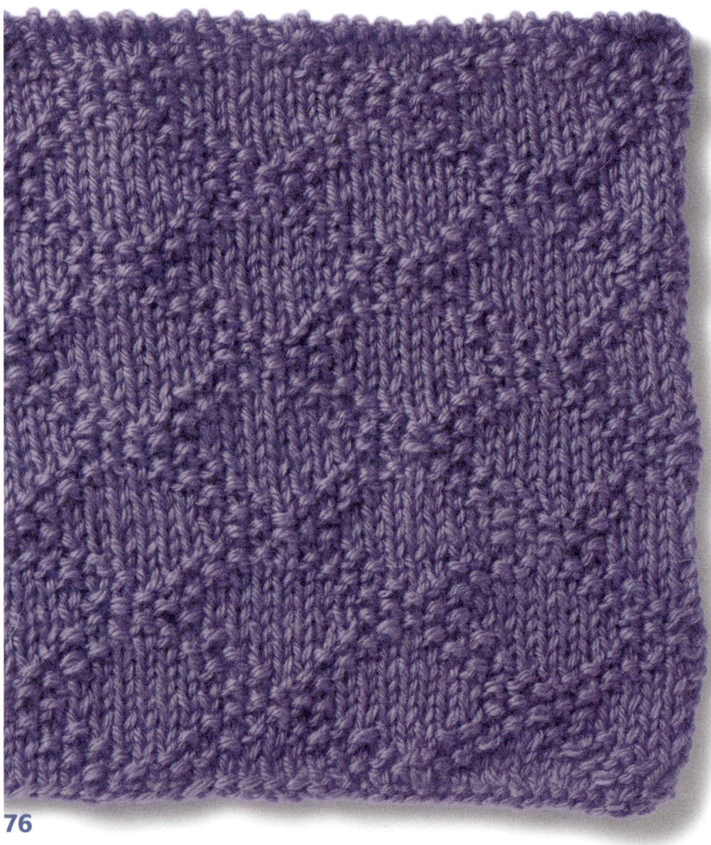

90

Fb. 52

–		–								–		–	12
	–		–						–		–		11
		–		–				–		–			10
			–		–		–		–				9
				–		–		–					8
					–		–						7
				–		–		–					6
			–		–		–		–				5
		–		–				–		–			4
	–		–						–		–		3
–		–								–		–	2
	–										–		1
	12		10					5				1	

14-18 Reihen

Jedes der folgenden Muster läuft über 14–18 Reihen.
Damit wird das Stricken etwas komplexer und
die Muster vielfältiger.

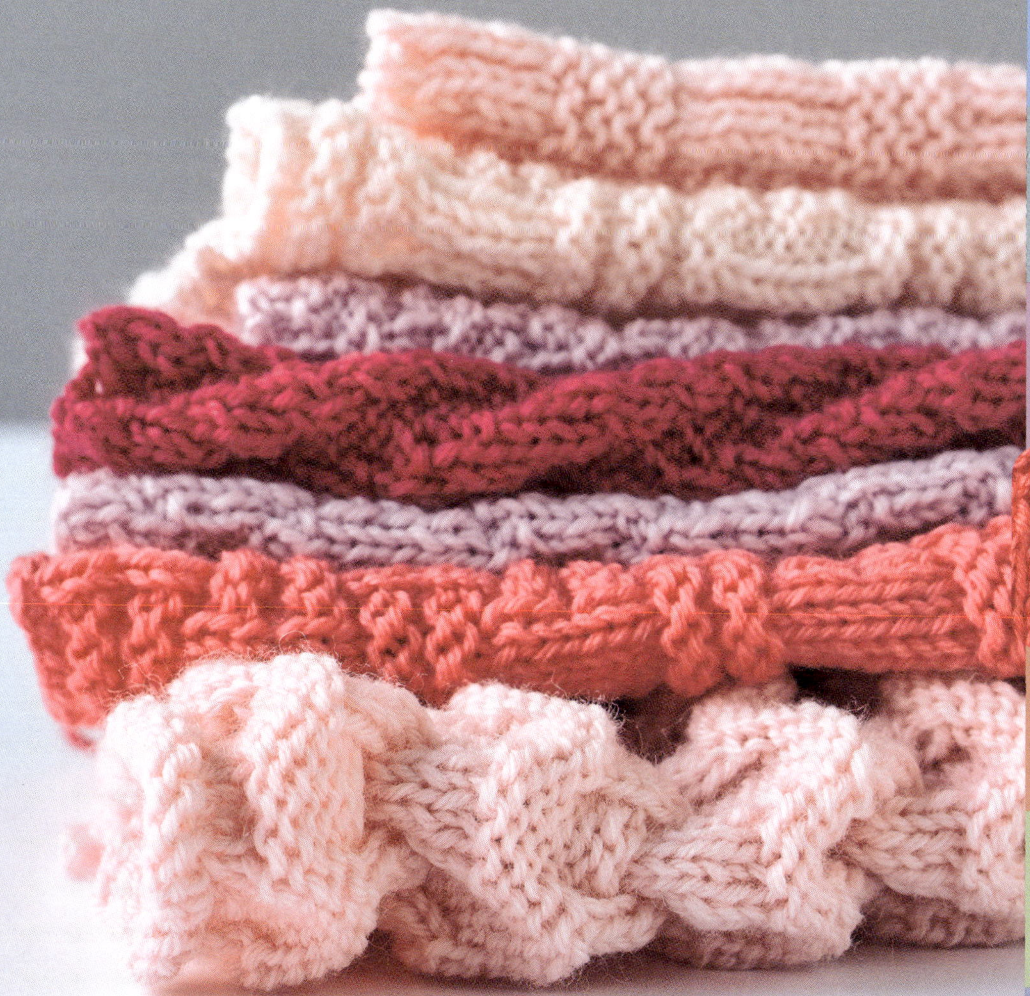

91-a

Fb. 68

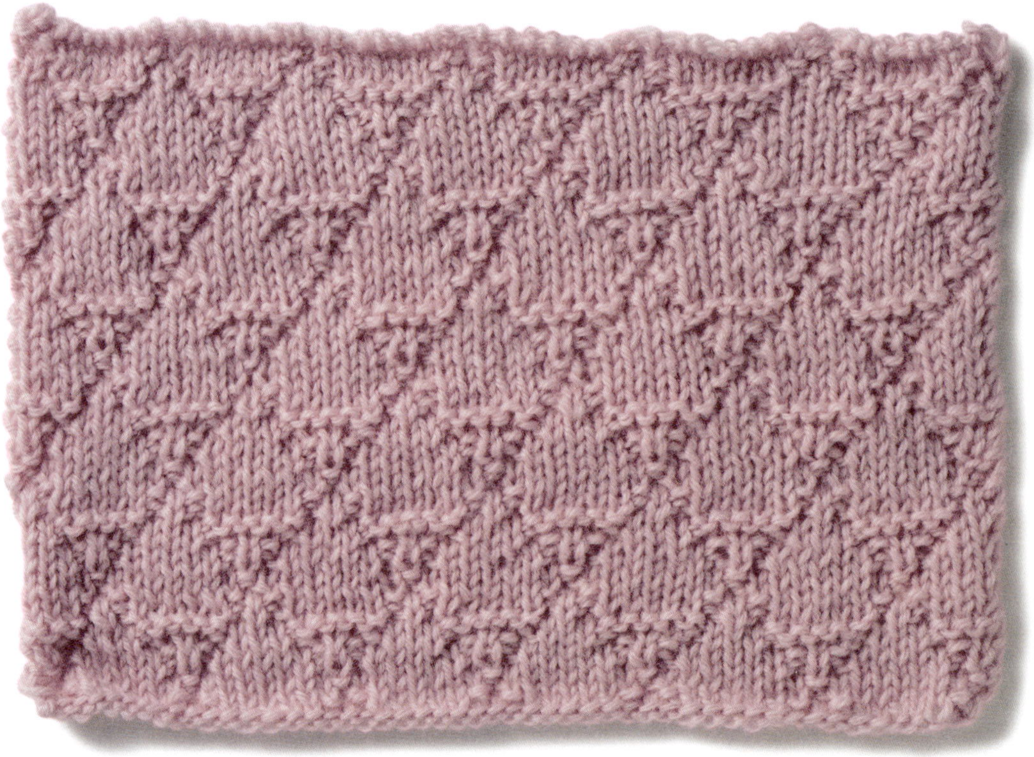

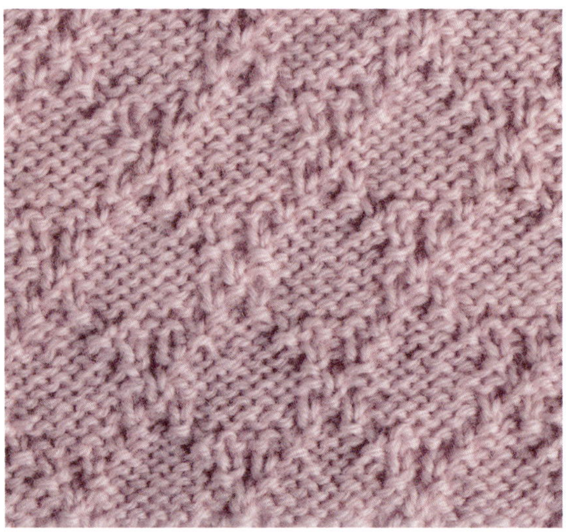

	8			5				1	Reihe
		–	–	–	–	–			16
		–				–			15
			–		–				14
			–		–				13
				–					12
				–					11
			–		–				10
			–		–				9
–	–	–				–	–	–	8
		–				–			7
	–						–		6
	–						–		5
–								–	4
–								–	3
	–						–		2
	–						–		1

91-b

92-a Fb. 68

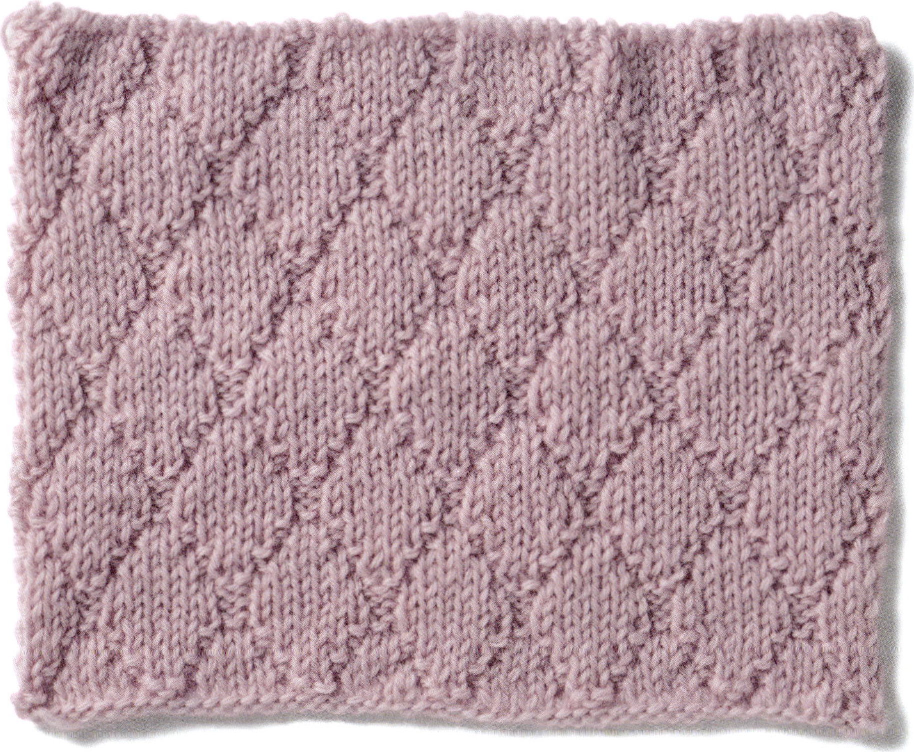

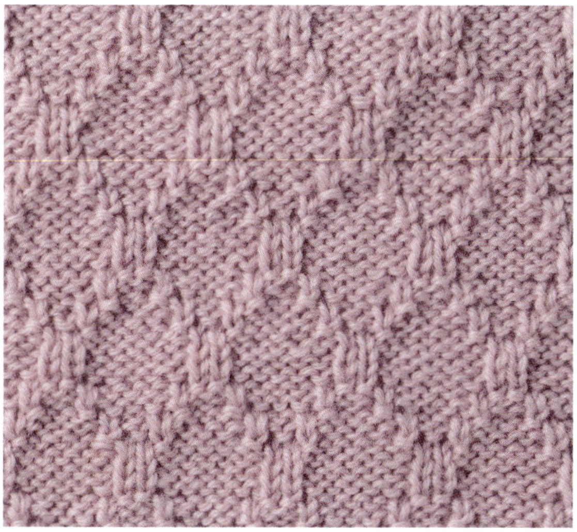

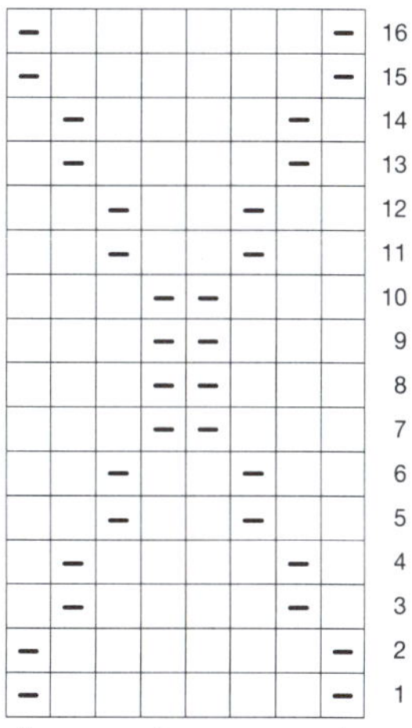

92-b

14–18 Reihen

							15					10					5				1	
	–	–	–	–	–				–		–				–	–	–	–	–			16
	–	–	–	–	–			–		–		–			–	–	–	–	–			15
	–	–	–	–	–				–		–				–	–	–	–	–			14
	–	–	–	–	–			–		–		–			–	–	–	–	–			13
	–	–	–	–	–				–		–				–	–	–	–	–			12
	–	–	–	–	–			–		–		–			–	–	–	–	–			11
																						10
																						9
		–		–				–	–	–	–	–				–		–				8
	–		–		–			–	–	–	–	–			–		–		–			7
		–		–				–	–	–	–	–				–		–				6
	–		–		–			–	–	–	–	–			–		–		–			5
		–		–				–	–	–	–	–				–		–				4
	–		–		–			–	–	–	–	–			–		–		–			3
																						2
																						1

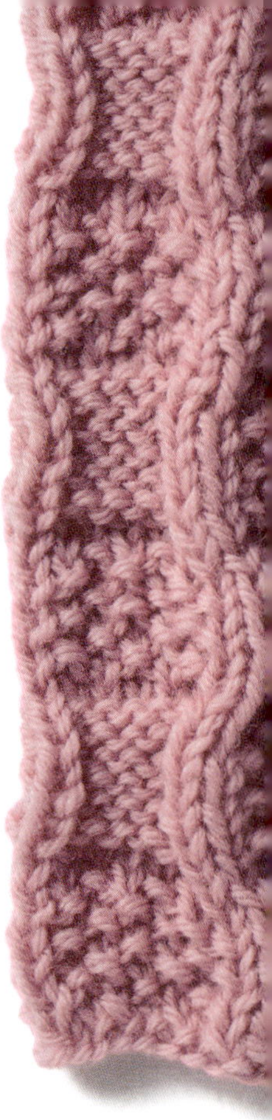

93
Fb. 67

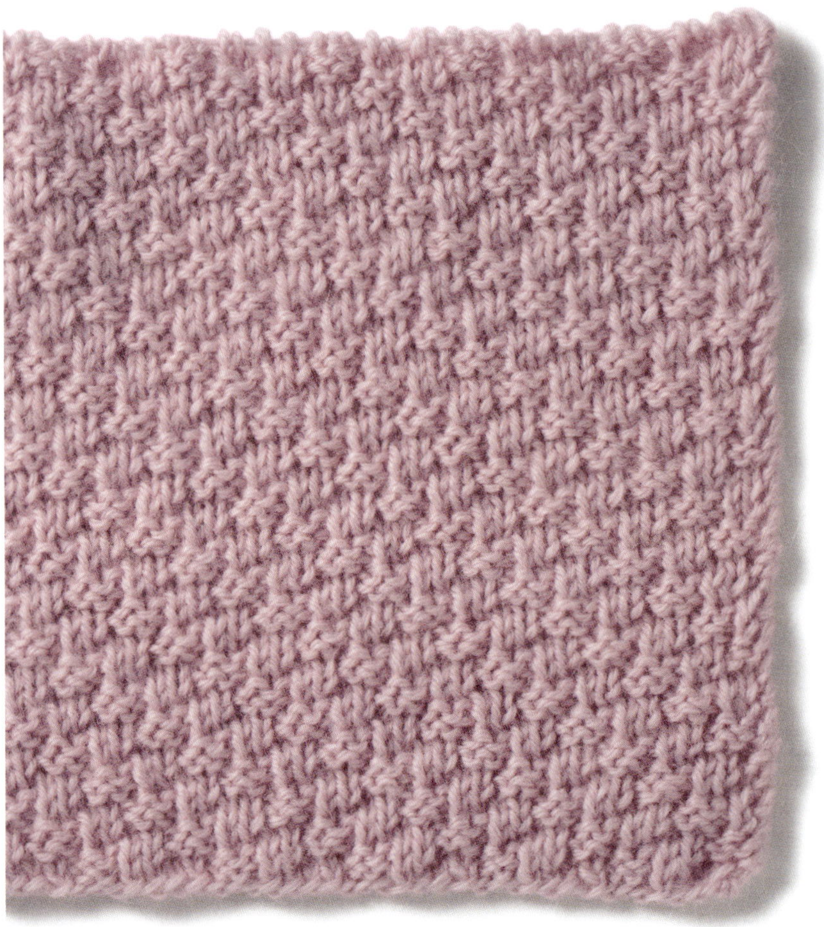

94
Fb. 68

				7		5				1	
–	–				–	–	–	–			14
–	–				–	–	–	–			13
			–	–	–	–				–	12
			–	–	–	–				–	11
	–	–	–	–				–	–	–	10
	–	–	–	–				–	–	–	9
–	–	–				–	–	–	–		8
–	–	–				–	–	–	–		7
–				–	–	–	–				6
–				–	–	–	–				5
		–	–	–	–				–	–	4
		–	–	–	–				–	–	3
–	–	–	–				–	–	–	–	2
–	–	–	–				–	–	–	–	1

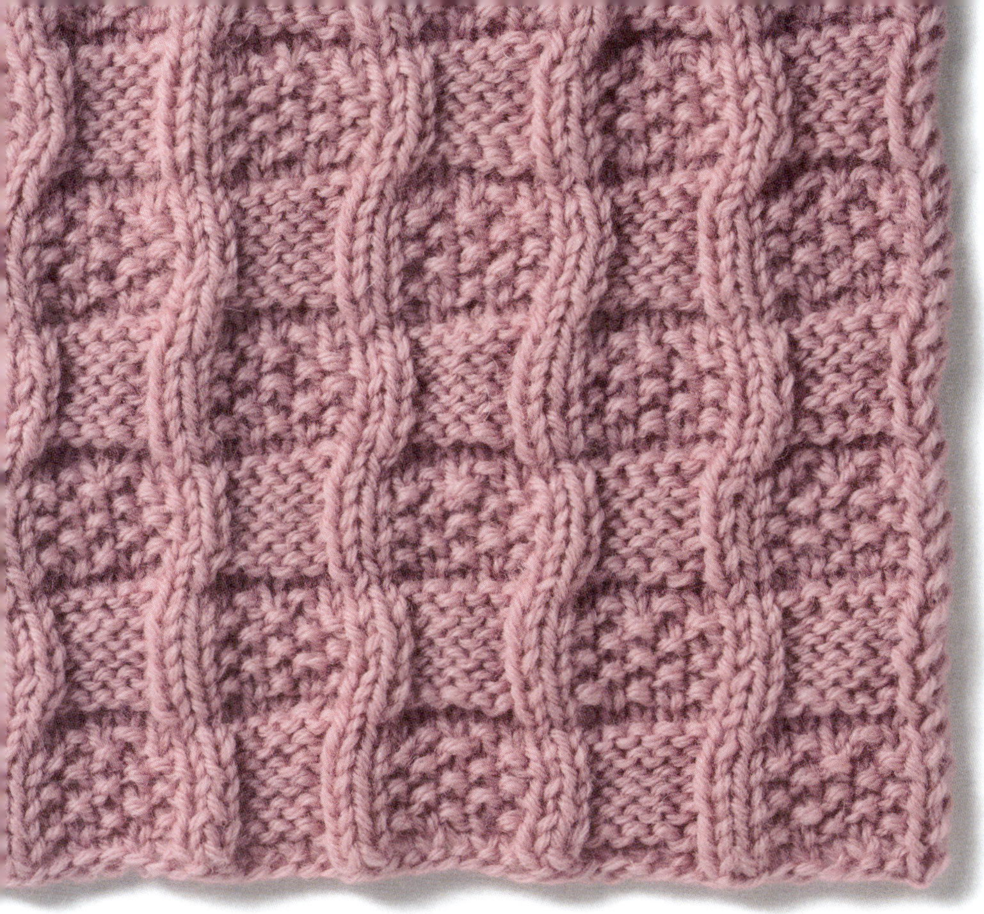

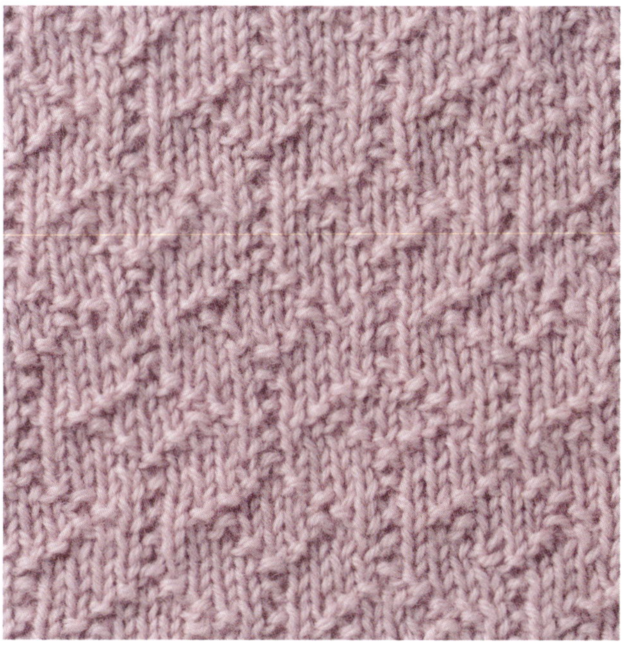

95

Fb. 68

–		–						–		–	14
			–				–				13
–				–		–				–	12
					–						11
–										–	10
	–				–				–		9
		–						–			8
			–		–		–				7
		–						–			6
	–				–				–		5
–										–	4
					–						3
–				–		–				–	2
			–				–				1
	10					5				1	

14–18 Reihen

96-a

Fb. 70

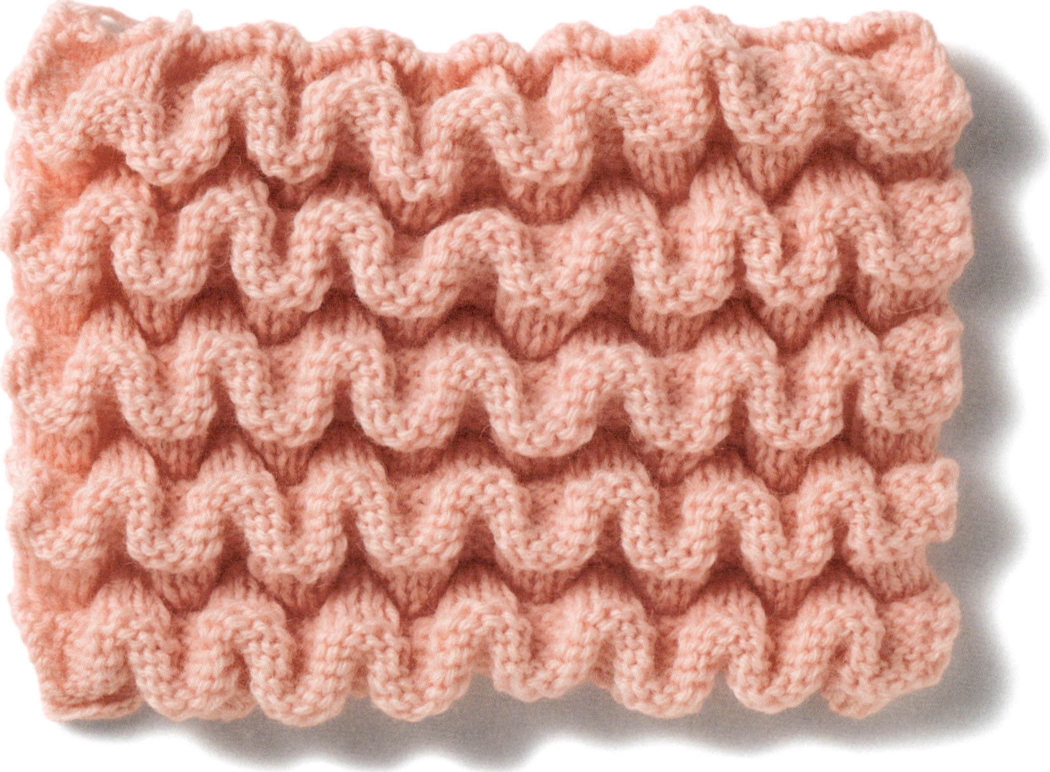

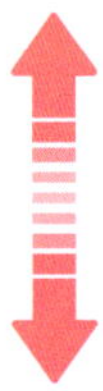

96-b

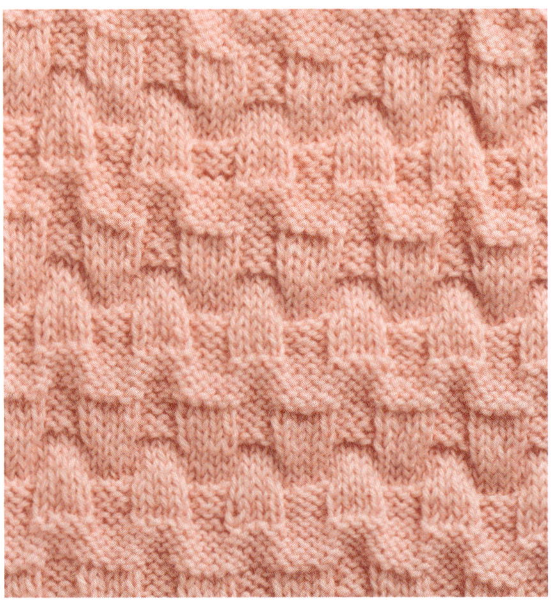

						8			5			1
16												
15												
14												
13												
12	–	–	–	–					–	–	–	–
11	–	–	–	–					–	–	–	–
10	–	–	–	–					–	–	–	–
9	–	–	–	–					–	–	–	–
8	–	–	–	–	–	–	–	–	–	–	–	–
7	–	–	–	–	–	–	–	–	–	–	–	–
6	–	–	–	–	–	–	–	–	–	–	–	–
5	–	–	–	–	–	–	–	–	–	–	–	–
4					–	–	–	–				
3					–	–	–	–				
2					–	–	–	–				
1					–	–	–	–				

97-a

Fb. 67

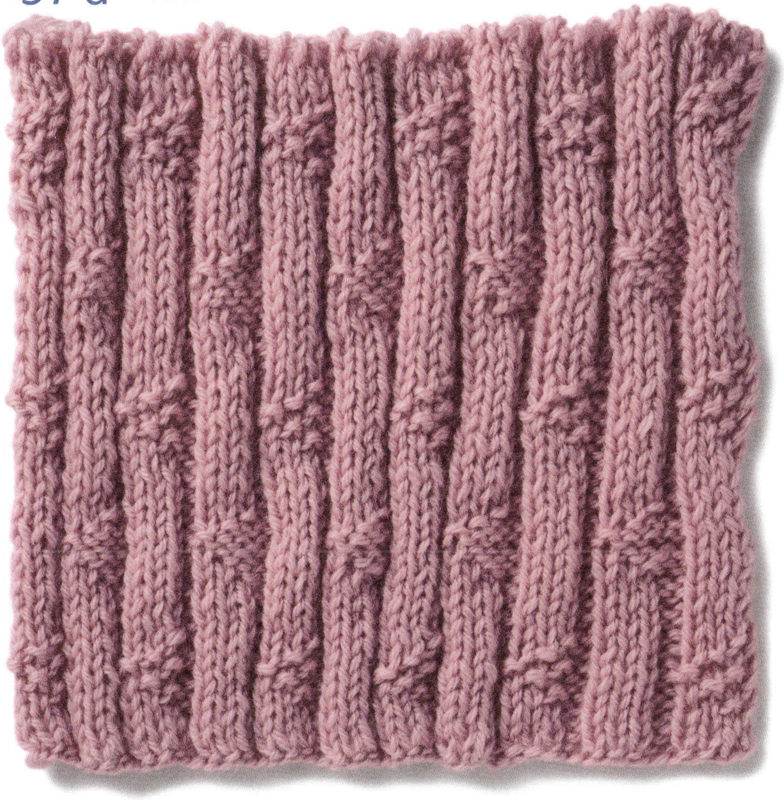

ziehen

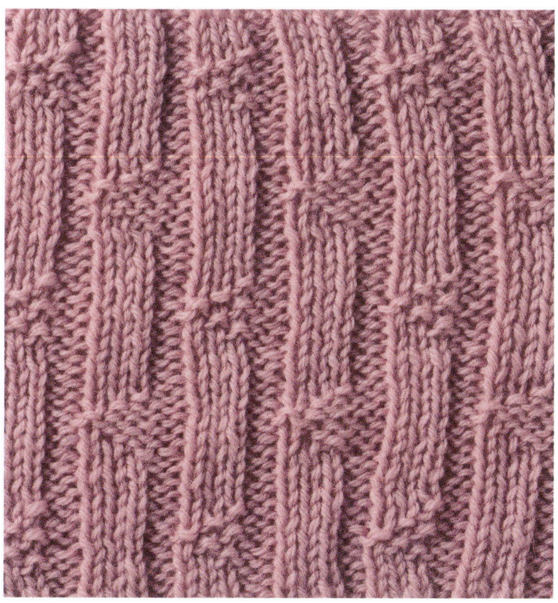

97-b

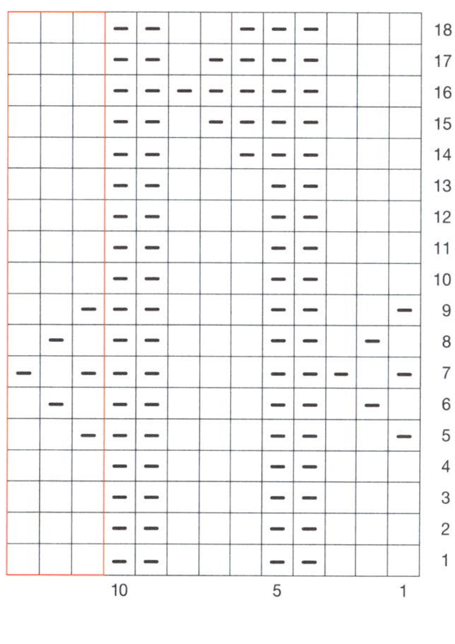

14-18 Reihen

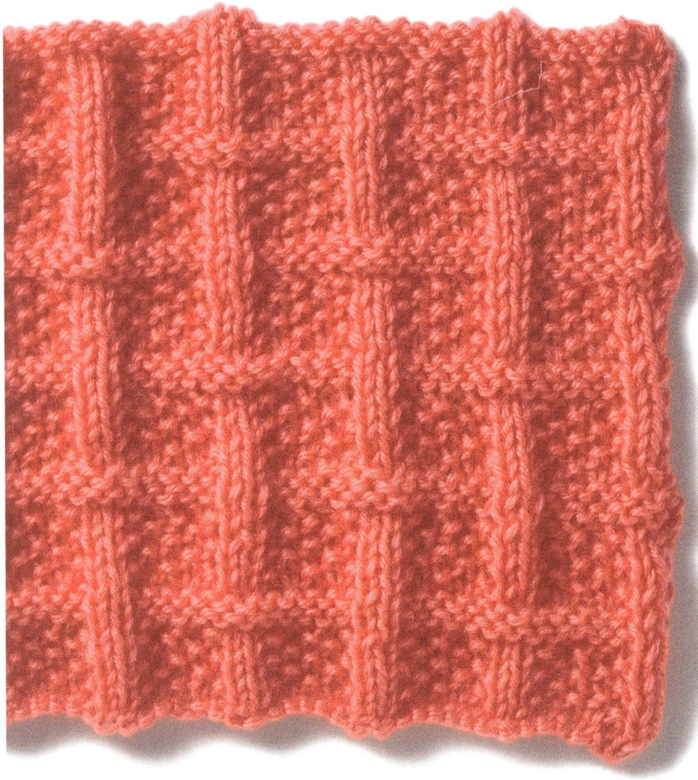

98

Fb. 72

																18
–	–	–	–	–	–	–			–	–	–	–	–	–	–	17
–	–	–	–	–	–	–			–	–	–	–	–	–	–	16
			–		–					–		–				15
		–		–		–			–		–		–			14
			–		–					–		–				13
		–		–		–			–		–		–			12
			–		–					–		–				11
		–		–		–			–		–		–			10
																9
		–	–	–	–	–	–	–	–	–	–	–	–			8
		–	–	–	–	–	–	–	–	–	–	–	–			7
			–		–					–		–				6
		–		–		–			–		–		–			5
			–		–					–		–				4
		–		–		–			–		–		–			3
			–		–					–		–				2
		–		–		–			–		–		–			1
		14				10					5				1	

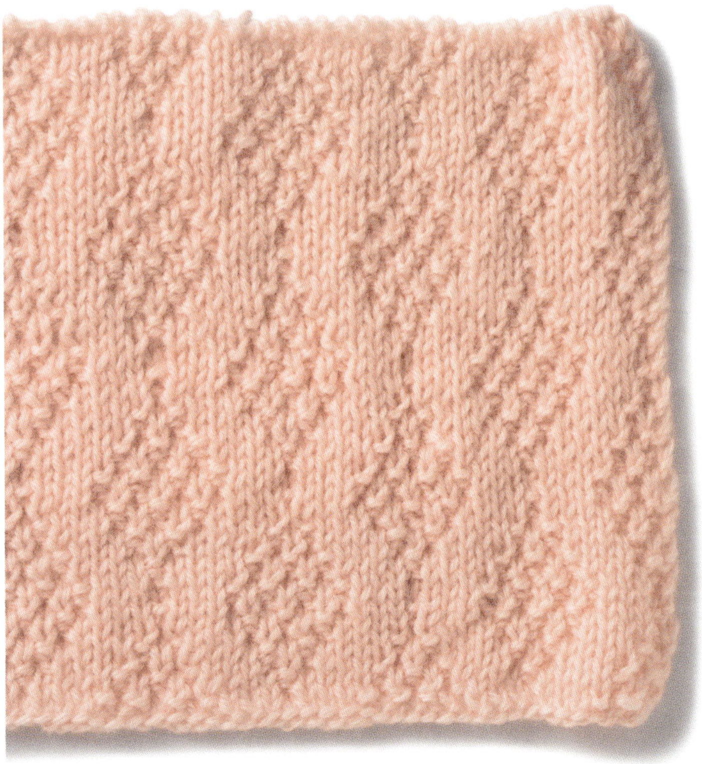

99

Fb. 69

–		–					–					–		–	16
–		–					–					–		–	15
	–					–		–					–		14
	–					–		–					–		13
–					–		–		–					–	12
–					–		–		–					–	11
				–		–		–		–					10
				–		–		–		–					9
–					–		–		–					–	8
–					–		–		–					–	7
	–					–		–					–		6
	–					–		–					–		5
–		–					–					–		–	4
–		–					–					–		–	3
	–		–								–		–		2
	–		–								–		–		1
	14				10					5				1	

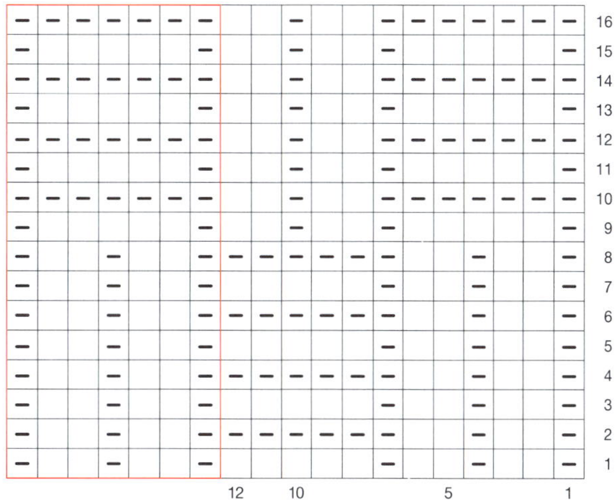

100-a

Fb. 70

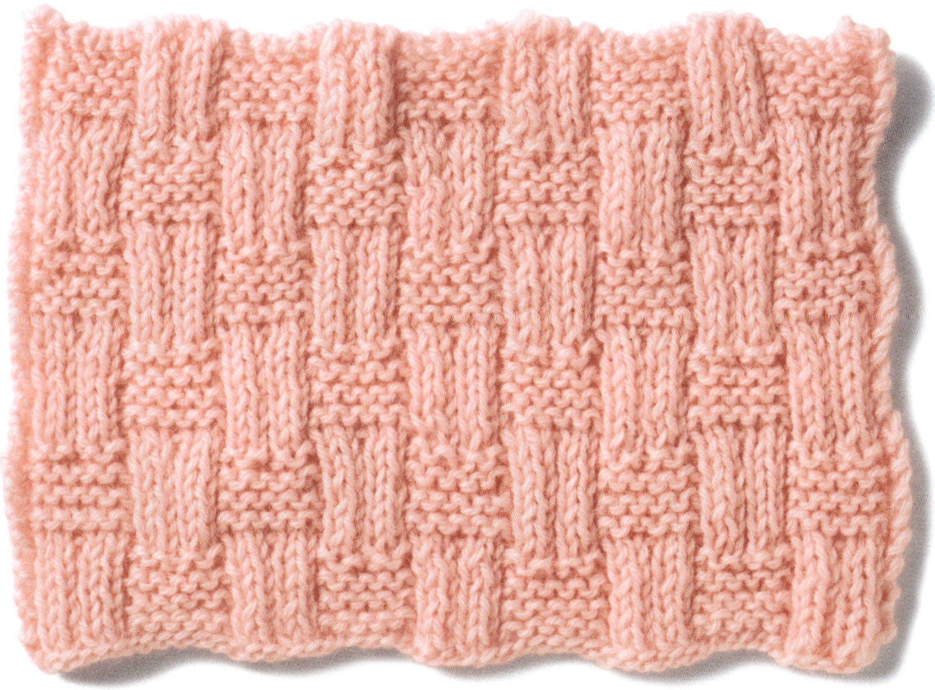

100-b

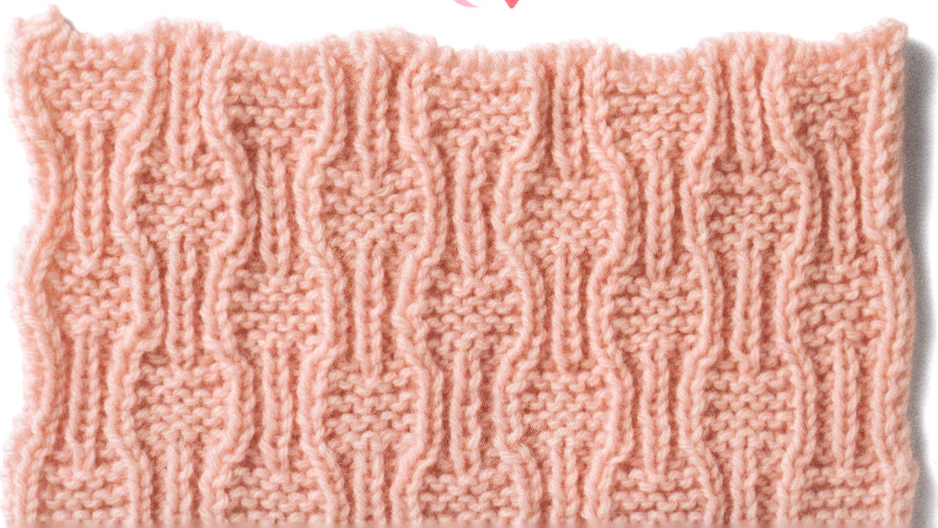

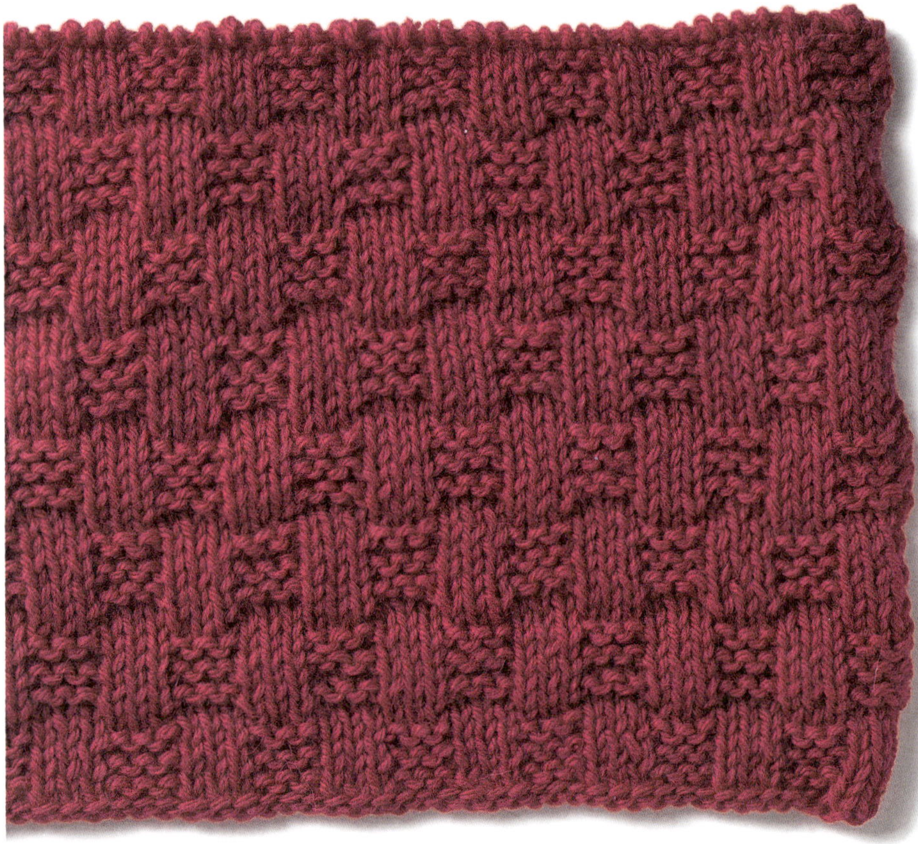

101

Fb. 114

			6	5				1	
									14
–	–	–				–	–	–	13
									12
–	–	–				–	–	–	11
									10
–	–	–				–	–	–	9
									8
									7
			–	–	–				6
									5
			–	–	–				4
									3
			–	–	–				2
									1

102

Fb. 114

			10					5				1	
–		–	–	–	–	–	–	–	–	–		–	14
			–	–	–	–	–	–	–				13
–		–	–	–	–	–	–	–	–	–		–	12
			–	–	–	–	–	–	–				11
–		–	–						–	–		–	10
			–						–				9
–		–	–						–	–		–	8
			–						–				7
–		–	–						–	–		–	6
			–						–				5
–		–	–						–	–		–	4
			–						–				3
–		–	–						–	–		–	2
			–						–				1

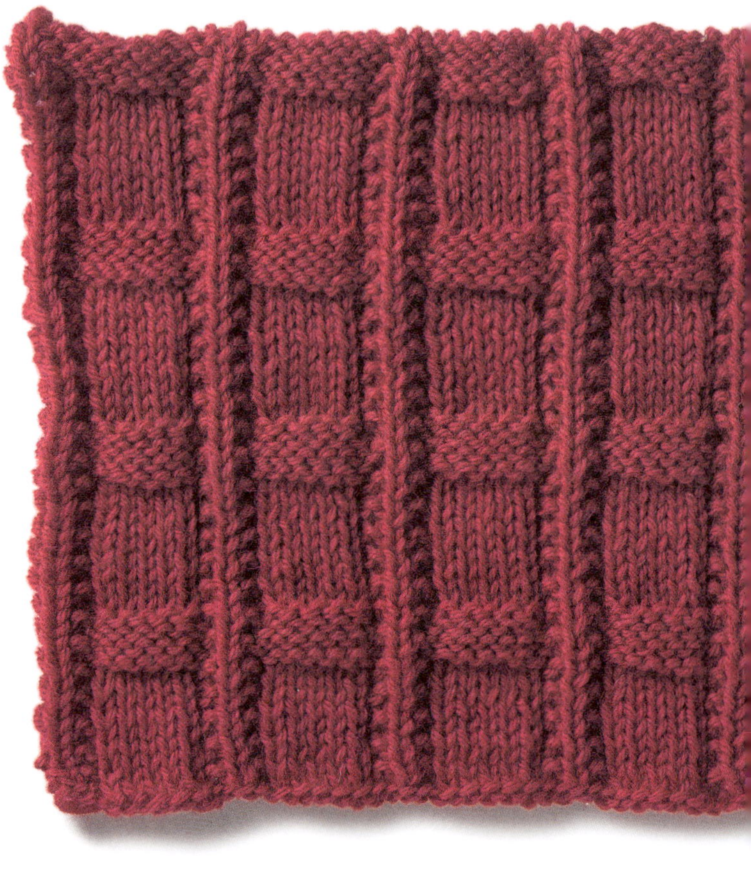

103

Fb. 114

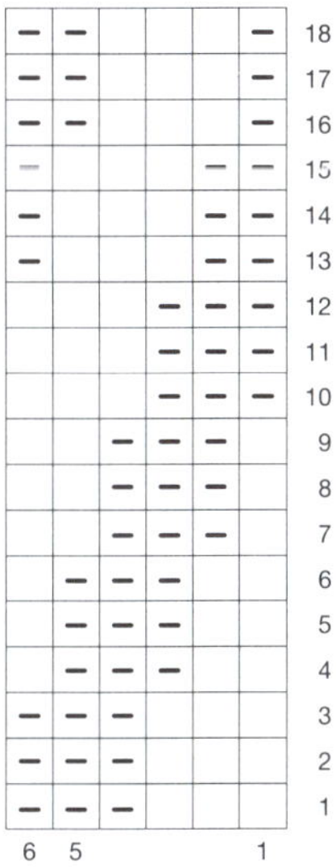

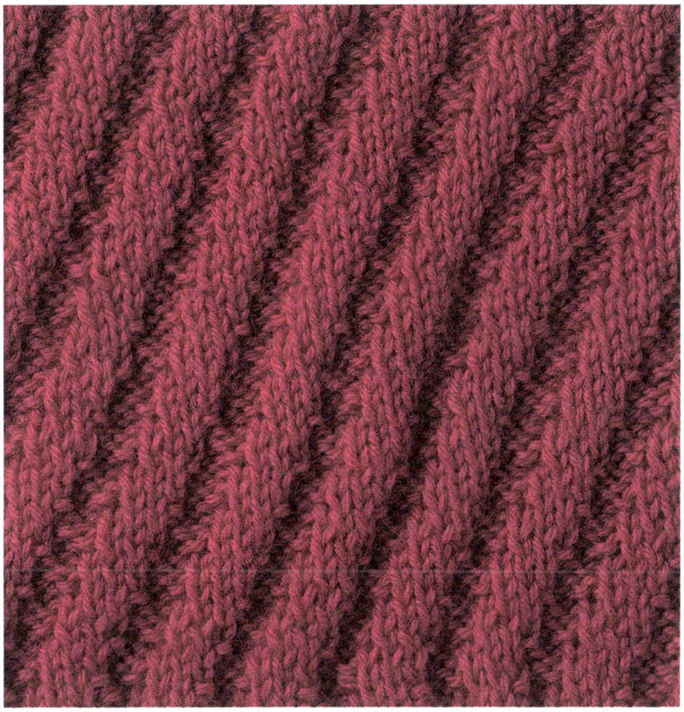

104

Fb. 114

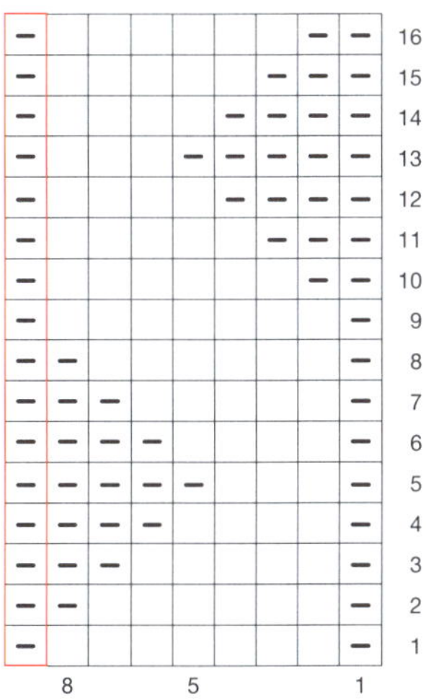

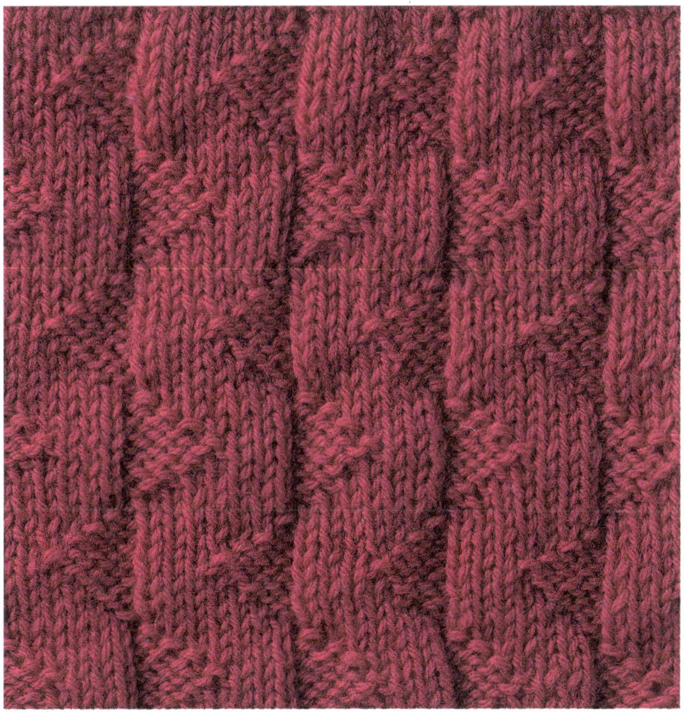

14–18 Reihen

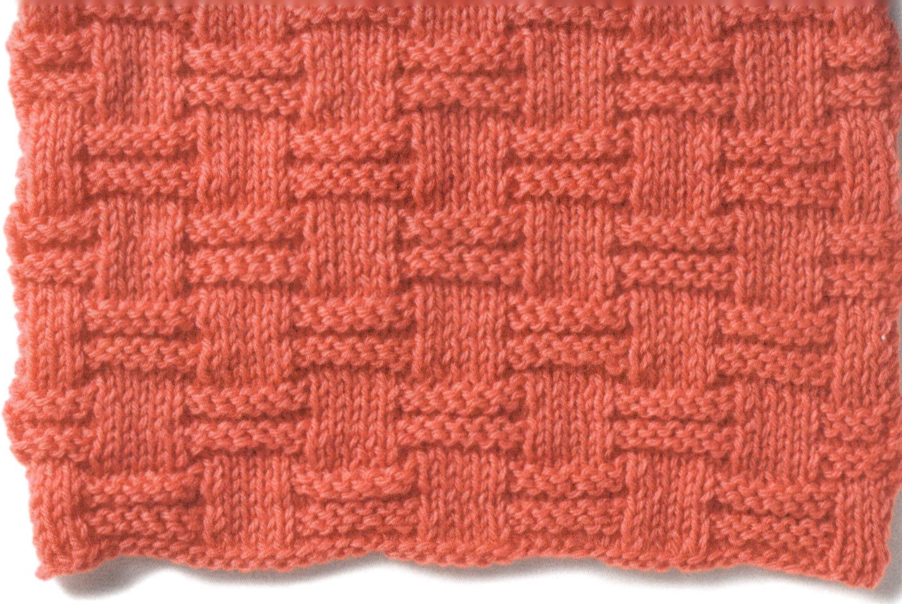

105
Fb. 72

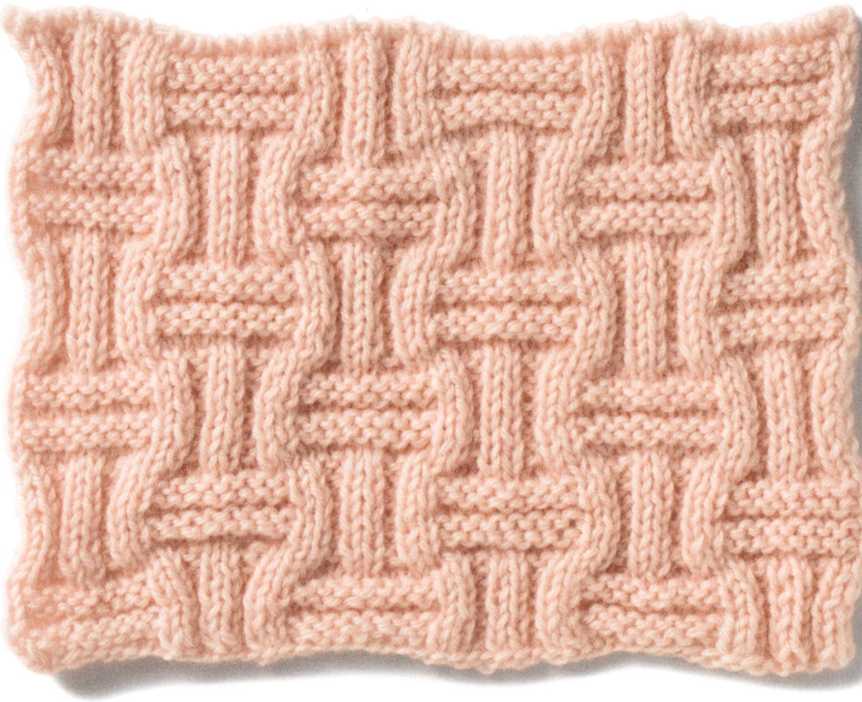

106
Fb. 69

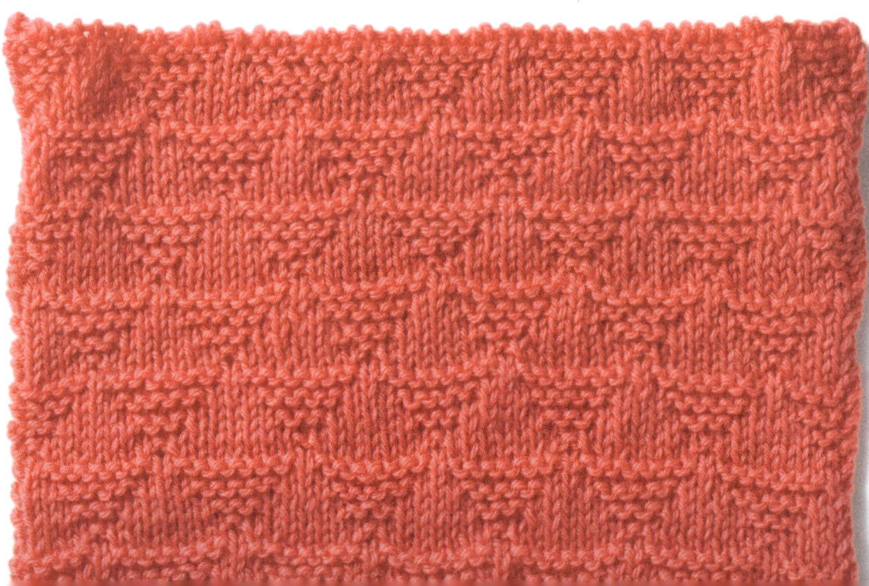

107
Fb. 72

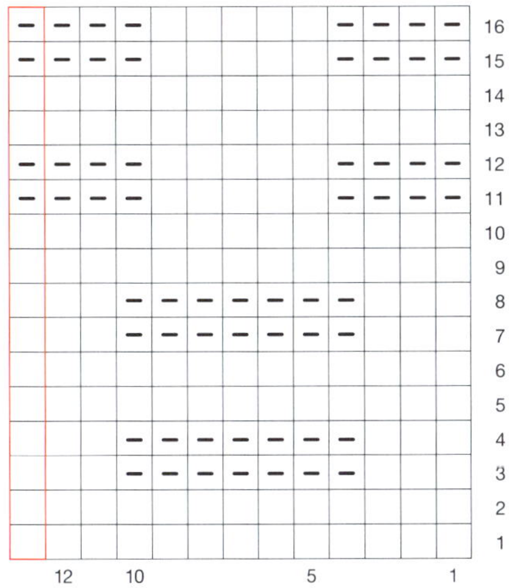
16
15
14
13
12
11
10
9
8
7
6
5
4
3
2
1
12 10 5 1

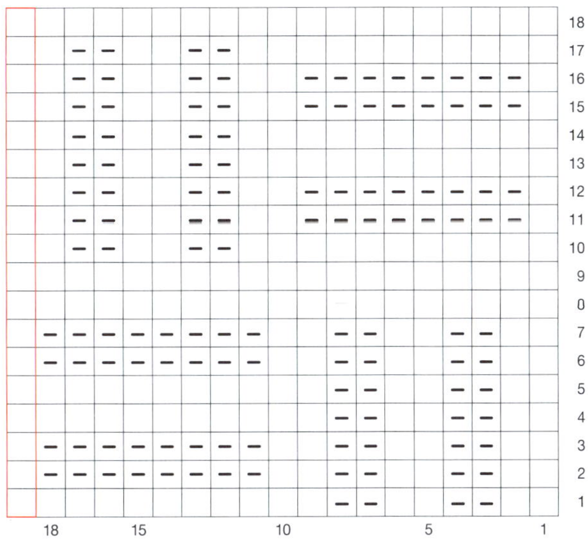
18
17
16
15
14
13
12
11
10
9
0
7
6
5
4
3
2
1
18 15 10 5 1

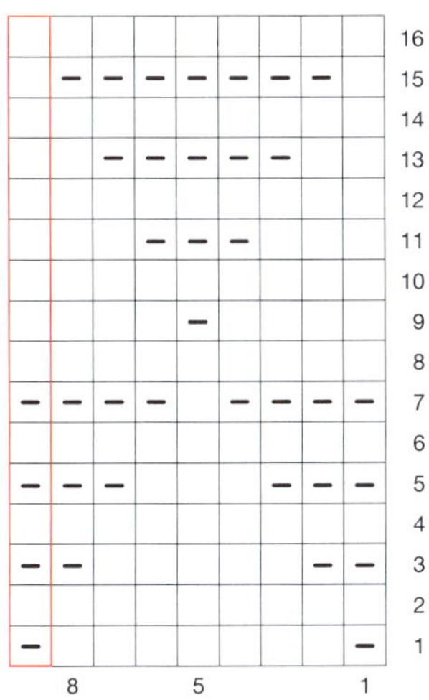
16
15
14
13
12
11
10
9
8
7
6
5
4
3
2
1
8 5 1

14-18 Reihen

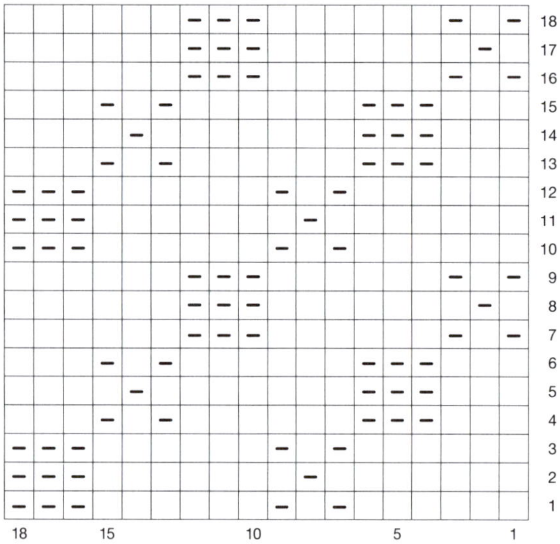

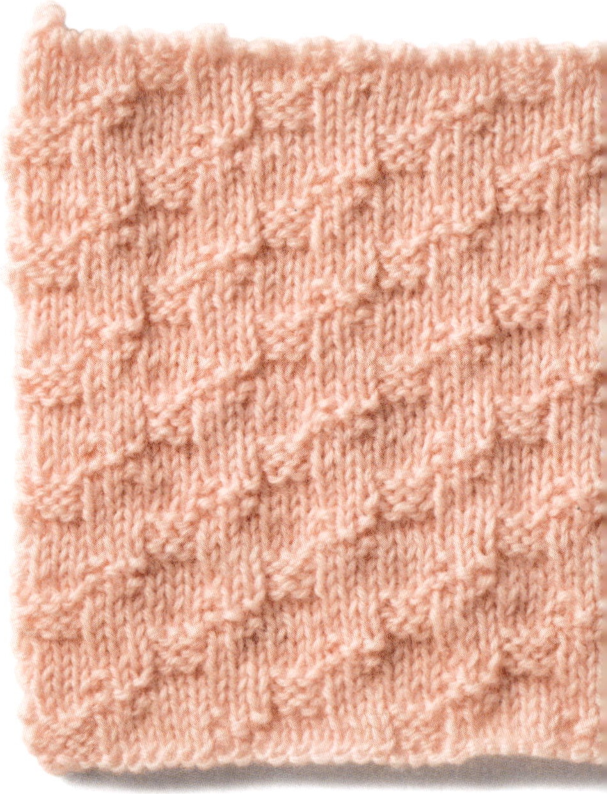

108

Fb. 69

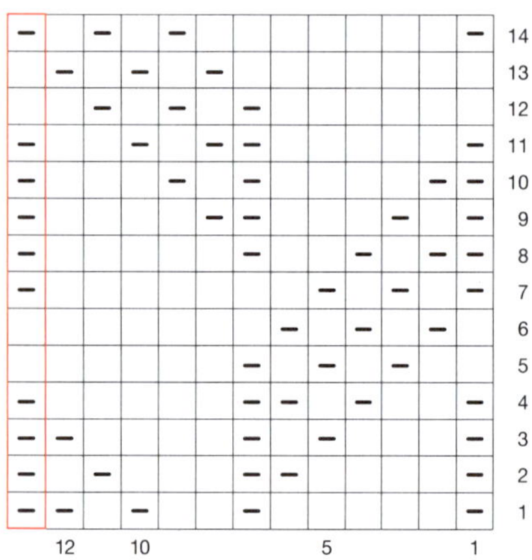

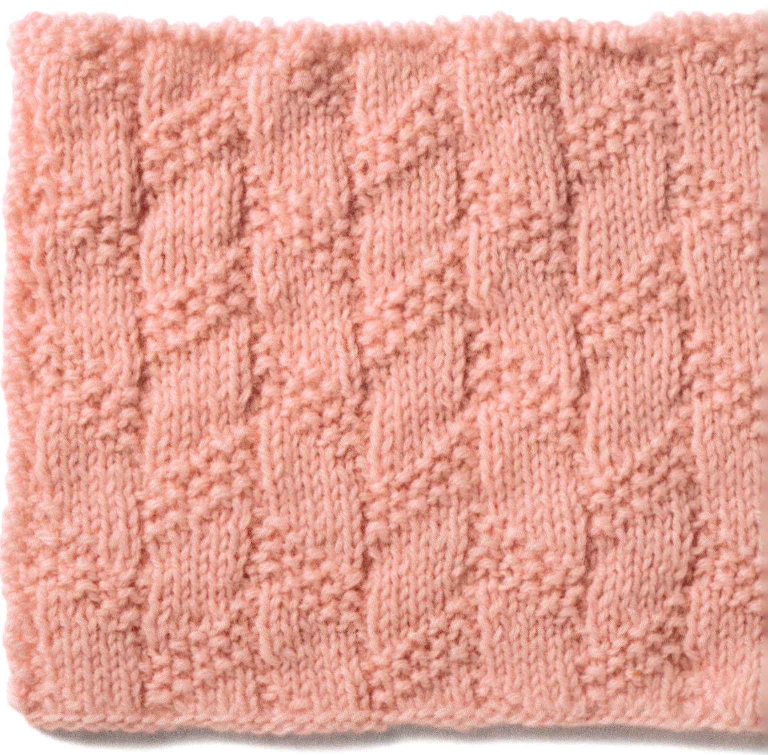

109

Fb. 70

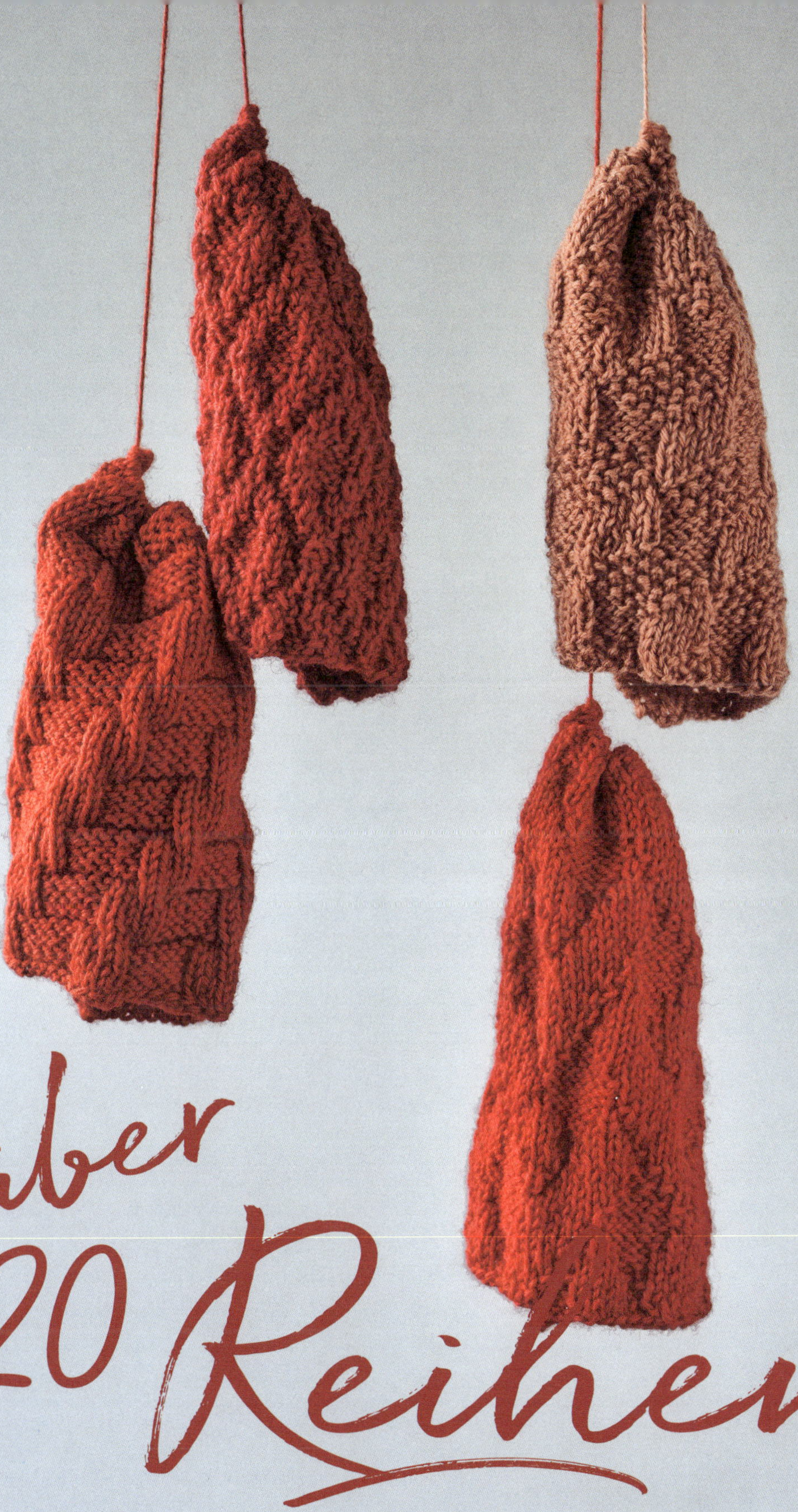

über 20 Reihen

Diese Muster bestehen aus mehr als 20 Reihen.
Einige wirken wie Flechtmuster!

110-a

Fb. 73

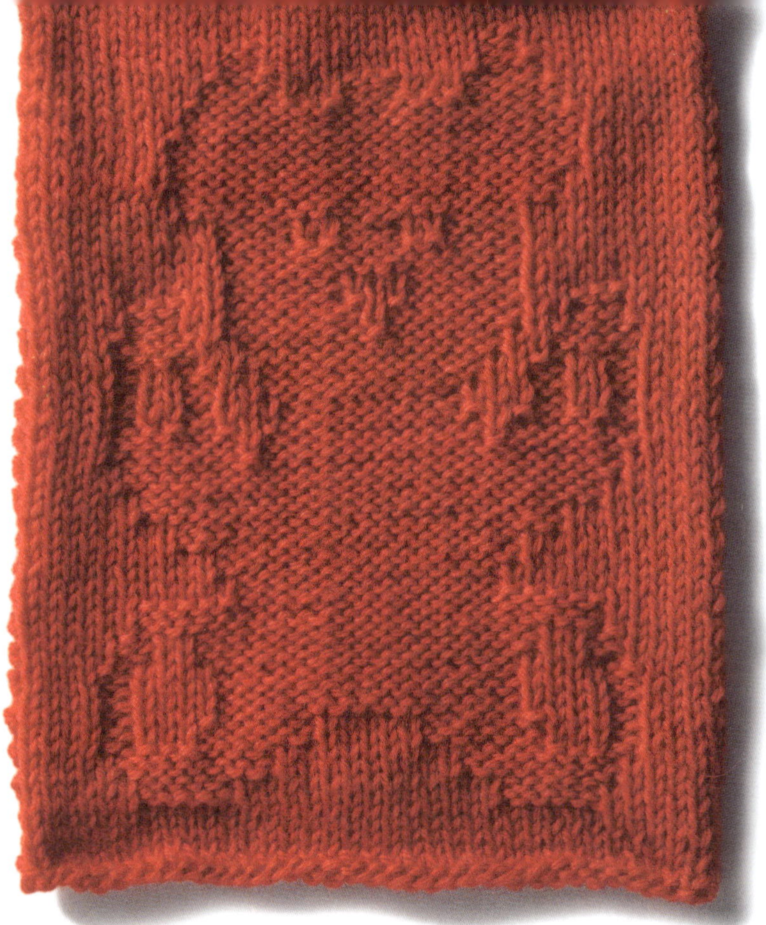

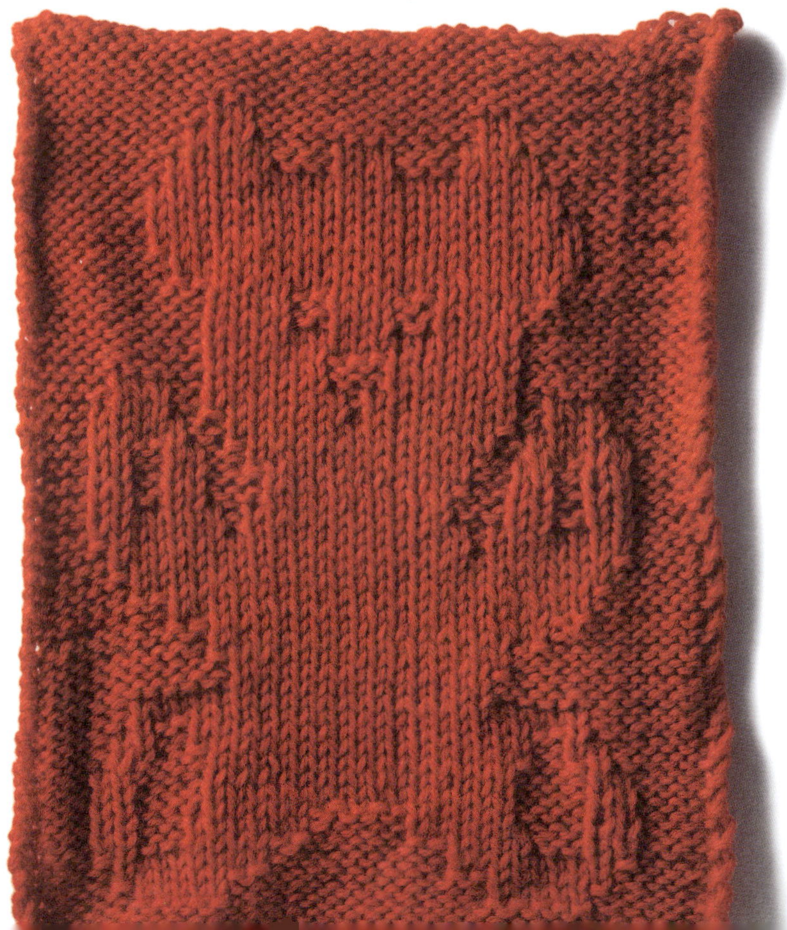

110-b

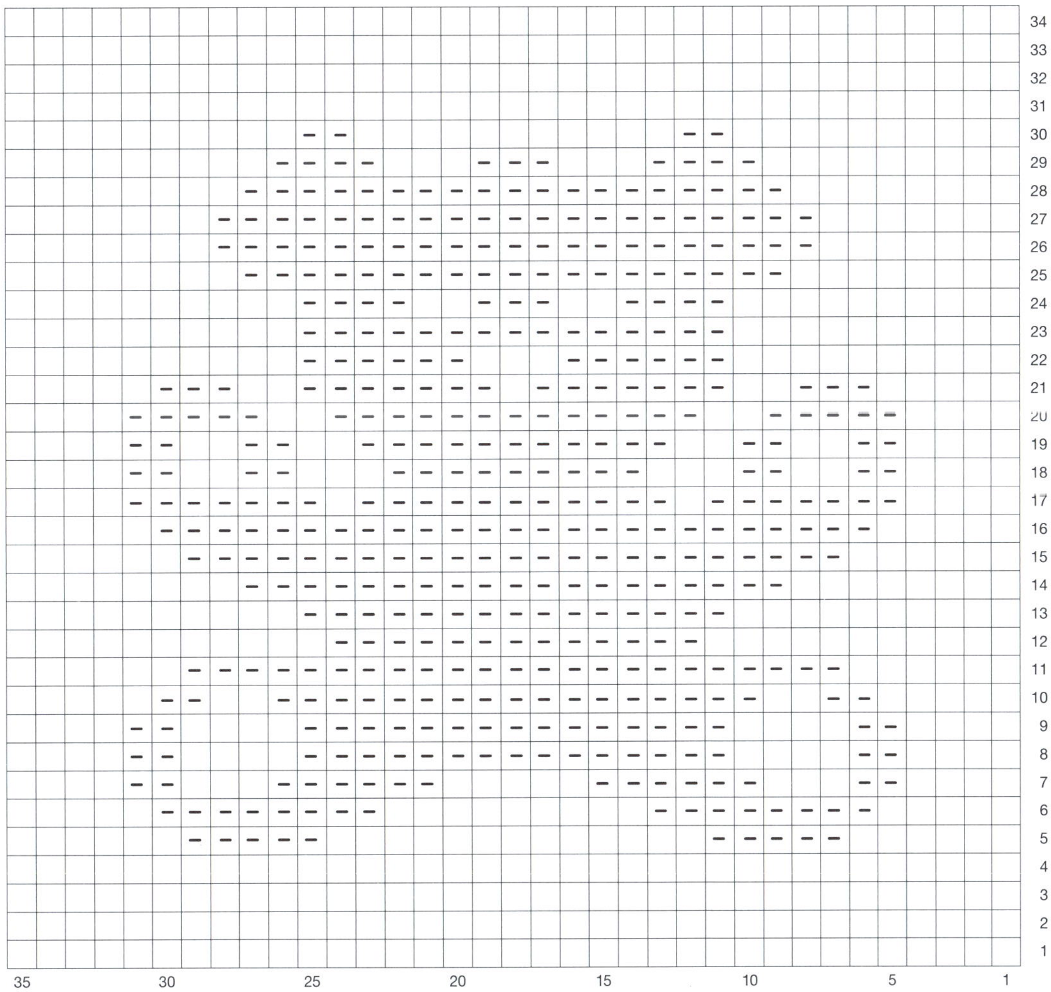

111
Fb. 74

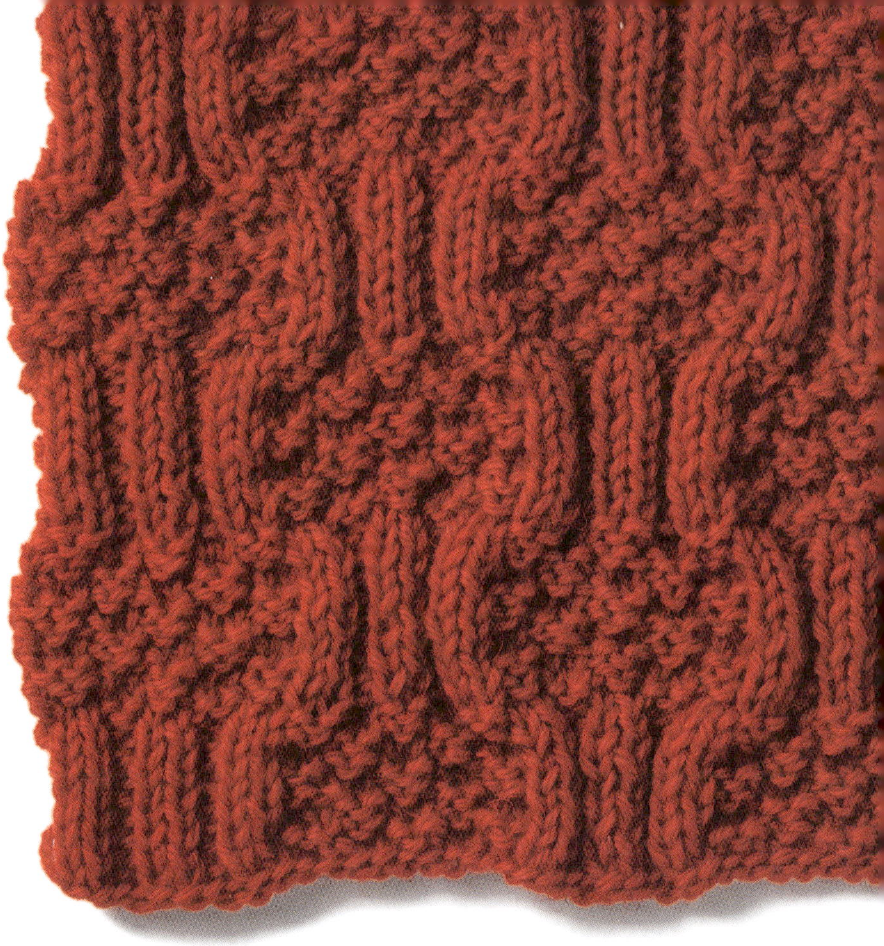

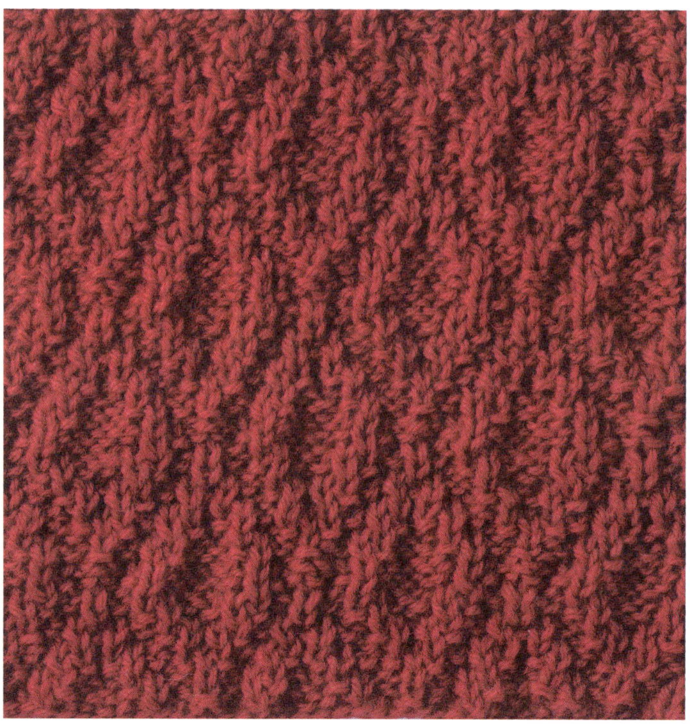

112 Fb. 75

–	–			–	–		–	–			–	–	20
–	–			–	–		–	–			–	–	19
–			–	–				–	–			–	18
–			–	–				–	–			–	17
		–	–			–			–	–			16
		–	–			–			–	–			15
	–	–			–	–	–			–	–		14
	–	–			–	–	–			–	–		13
–	–			–	–	–	–	–			–	–	12
–	–			–	–	–	–	–			–	–	11
	–	–			–	–	–			–	–		10
	–	–			–	–	–			–	–		9
		–	–			–			–	–			8
		–	–			–			–	–			7
–			–	–				–	–			–	6
–			–	–				–	–			–	5
–	–			–	–		–	–			–	–	4
–	–			–	–		–	–			–	–	3
–	–	–			–	–	–			–	–	–	2
–	–	–			–	–	–			–	–	–	1
	12		10					5				1	

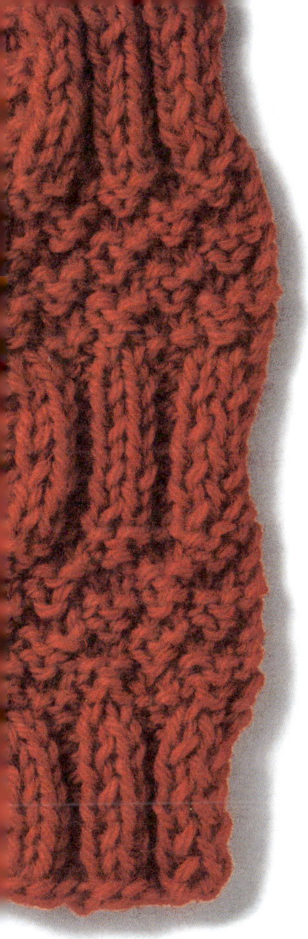

20	19	18	17	16	15	14	13	12	11	10	9	8	7	6	5	4	3	2	1	
		–	–			–	–			–	–			–	–			–	–	20
		–	–			–	–			–	–			–	–			–	–	19
		–	–			–	–					–	–			–	–			18
		–	–			–	–					–	–			–	–			17
		–	–			–	–			–	–			–	–			–	–	16
		–	–			–	–			–	–			–	–			–	–	15
		–	–			–	–					–	–			–	–			14
		–	–			–	–					–	–			–	–			13
		–	–			–	–			–	–			–	–			–	–	12
		–	–			–	–			–	–			–	–			–	–	11
–	–			–	–			–	–			–	–			–	–			10
–	–			–	–			–	–			–	–			–	–			9
		–	–			–	–					–	–			–	–			8
		–	–			–	–					–	–			–	–			7
–	–			–	–			–	–			–	–			–	–			6
–	–			–	–			–	–			–	–			–	–			5
		–	–			–	–					–	–			–	–			4
		–	–			–	–					–	–			–	–			3
–	–			–	–			–	–			–	–			–	–			2
–	–			–	–			–	–			–	–			–	–			1

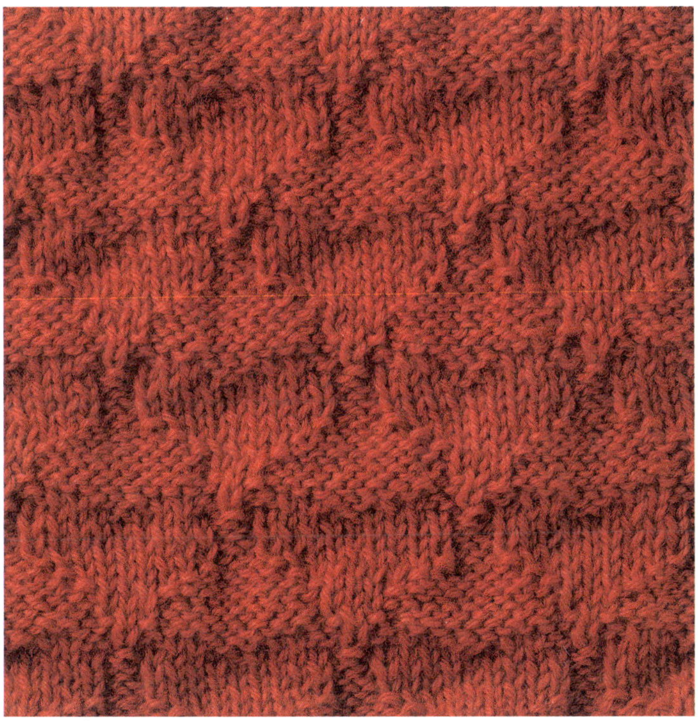

113 Fb. 73

12	11	10	9	8	7	6	5	4	3	2	1	
–					–	–	–					20
					–	–	–					19
					–	–	–					18
					–	–	–					17
				–	–	–	–	–				16
			–	–	–	–	–	–	–			15
		–	–	–	–	–	–	–	–	–		14
		–	–	–	–	–	–	–	–	–		13
	–	–	–	–	–	–	–	–	–	–	–	12
	–	–			–	–	–			–	–	11
–	–					–					–	10
–	–										–	9
–	–										–	8
–	–										–	7
–	–	–								–	–	6
–	–	–	–						–	–	–	5
–	–	–	–	–				–	–	–	–	4
–	–	–	–	–				–	–	–	–	3
–	–	–	–	–	–		–	–	–	–	–	2
–	–			–	–		–	–			–	1

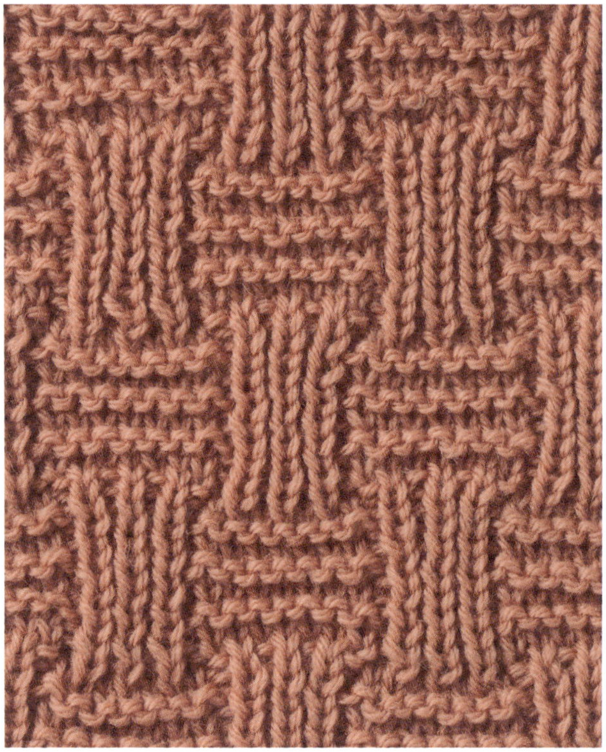

114

Fb. 79

	14				10					5				1	
	–		–								–		–		22
	–		–								–		–		21
	–		–	–	–	–	–	–	–	–	–		–		20
	–		–								–		–		19
	–		–								–		–		18
	–		–	–	–	–	–	–	–	–	–		–		17
	–		–								–		–		16
	–		–								–		–		15
	–		–	–	–	–	–	–	–	–	–		–		14
	–		–								–		–		13
	–		–								–		–		12
				–		–		–		–					11
				–		–		–		–					10
–	–	–	–	–		–		–		–	–	–	–	–	9
				–		–		–		–					8
				–		–		–		–					7
–	–	–	–	–		–		–		–	–	–	–	–	6
				–		–		–		–					5
				–		–		–		–					4
–	–	–	–	–		–		–		–	–	–	–	–	3
				–		–		–		–					2
				–		–		–		–					1

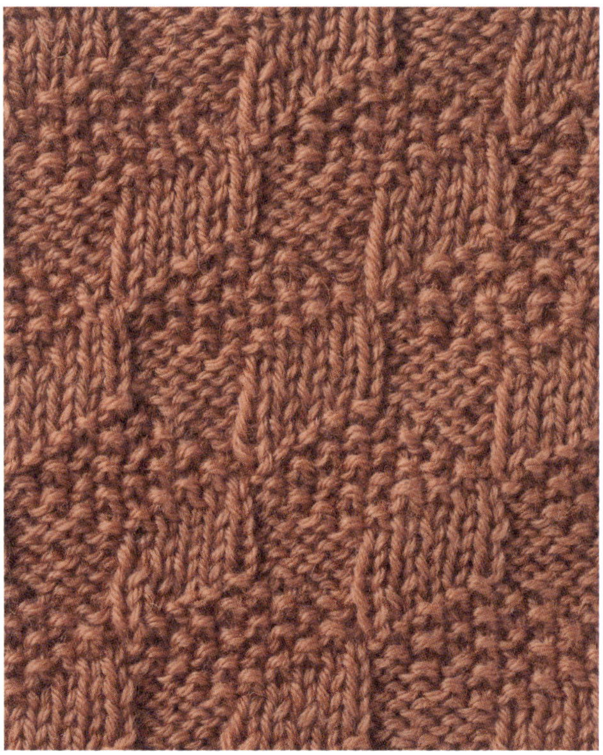

115

Fb. 115

					10					5				1	
	–		–		–		–		–		–		–		20
–		–			–	–		–		–		–			19
	–				–	–	–		–		–				18
–					–	–	–	–		–					17
					–	–	–	–	–						16
					–	–	–	–	–						15
				–		–	–	–	–					–	14
			–		–		–	–	–				–		13
		–		–		–		–	–			–		–	12
	–		–		–		–		–		–		–		11
–		–		–		–		–		–		–		–	10
–	–		–		–		–			–	–		–		9
–	–	–		–		–				–	–	–		–	8
–	–	–	–		–					–	–	–	–		7
–	–	–	–	–						–	–	–	–	–	6
–	–	–	–	–						–	–	–	–	–	5
	–	–	–	–					–		–	–	–	–	4
–		–	–	–				–		–		–	–	–	3
	–		–	–			–		–		–		–	–	2
–		–		–		–		–		–		–		–	1

116-a

Fb. 79

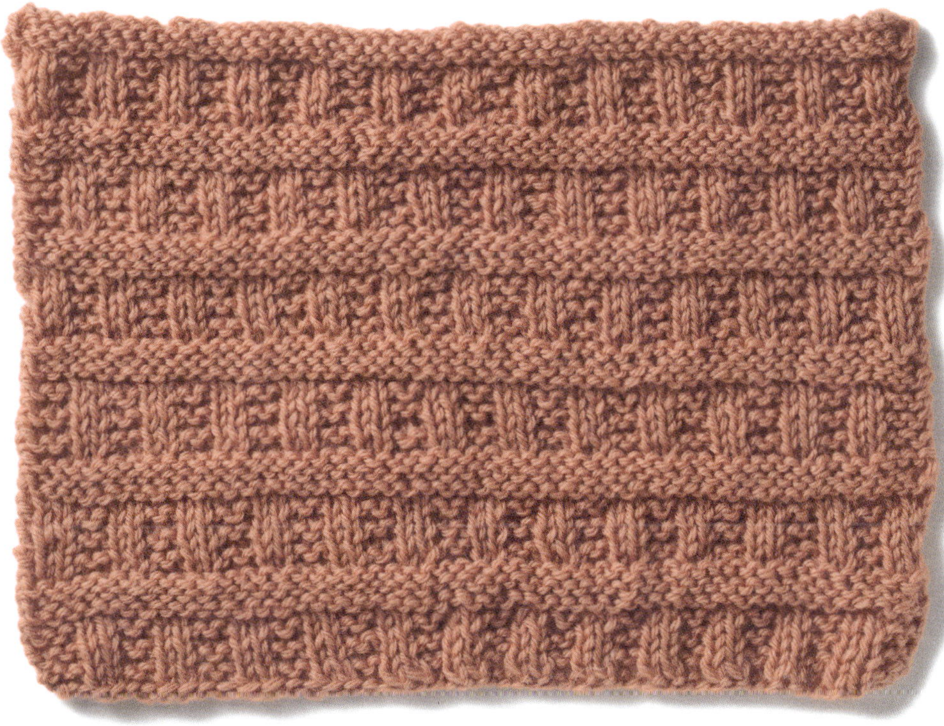

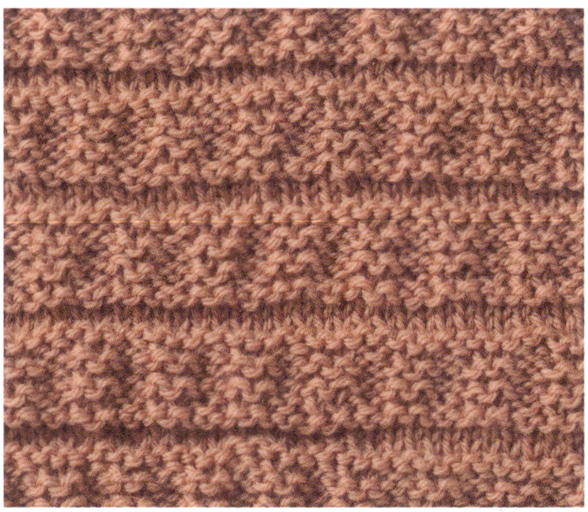

116-b

		4			1	
–	–	–	–	–	–	20
–	–	–	–	–	–	19
–	–	–	–	–	–	18
						17
		–	–			16
						15
		–	–			14
						13
		–	–			12
						11
–	–	–	–	–	–	10
–	–	–	–	–	–	9
–	–	–	–	–	–	8
						7
–	–			–	–	6
						5
–	–			–	–	4
						3
–	–			–	–	2
						1

117

Fb. 65

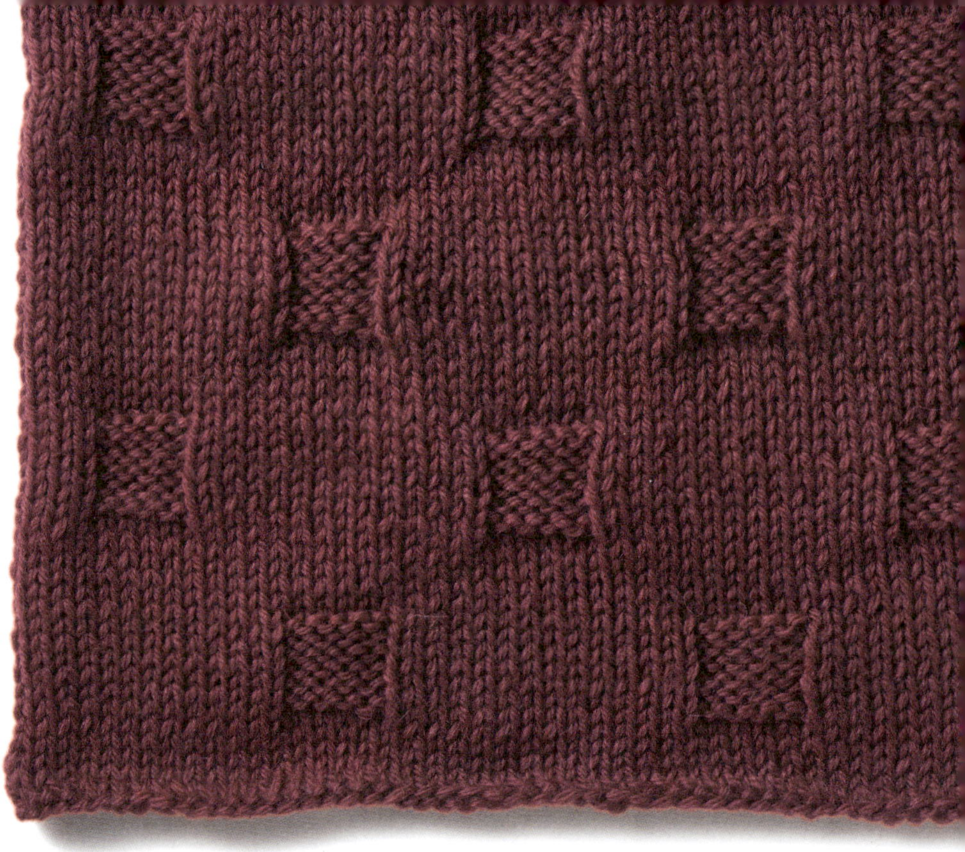

				10					5				1	
		–	–	–	–	–	–					–	–	30
		–	–	–	–	–	–					–	–	29
		–	–	–	–	–	–					–	–	28
		–	–	–	–	–	–					–	–	27
														26
														25
–	–	–	–	–	–					–	–	–	–	24
–	–	–	–	–	–					–	–	–	–	23
–	–	–	–	–	–					–	–	–	–	22
–	–	–	–	–	–					–	–	–	–	21
														20
														19
–	–	–	–					–	–	–	–	–	–	18
–	–	–	–					–	–	–	–	–	–	17
–	–	–	–					–	–	–	–	–	–	16
–	–	–	–					–	–	–	–	–	–	15
														14
														13
–	–					–	–	–	–	–	–			12
–	–					–	–	–	–	–	–			11
–	–					–	–	–	–	–	–			10
–	–					–	–	–	–	–	–			9
														8
														7
				–	–	–	–	–	–					6
				–	–	–	–	–	–					5
				–	–	–	–	–	–					4
				–	–	–	–	–	–					3
														2
														1

118-a

Fb. 74

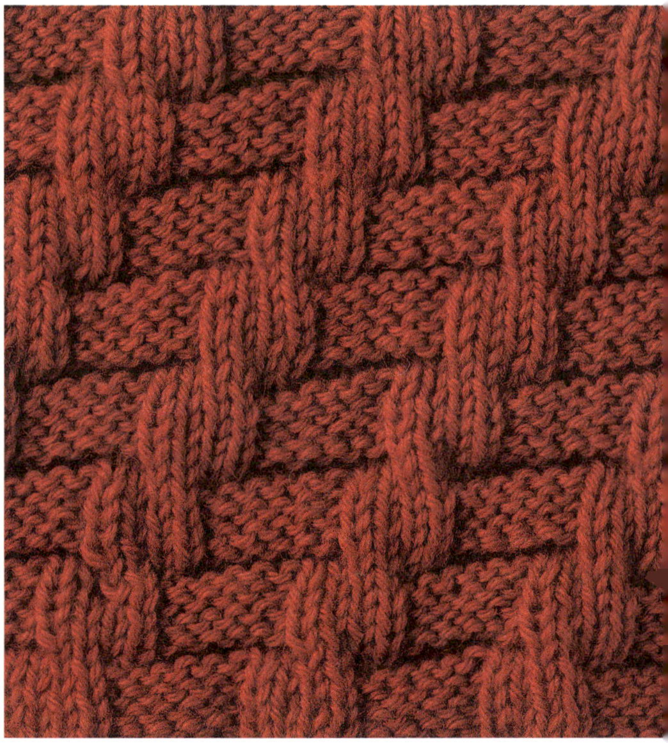

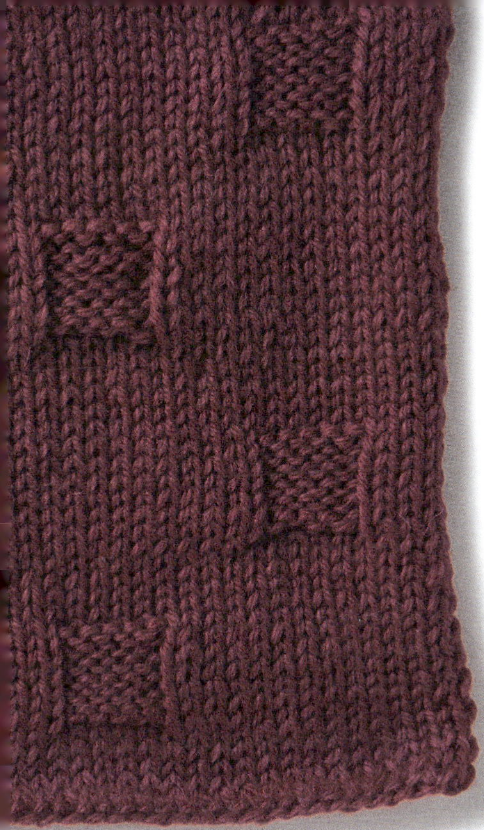

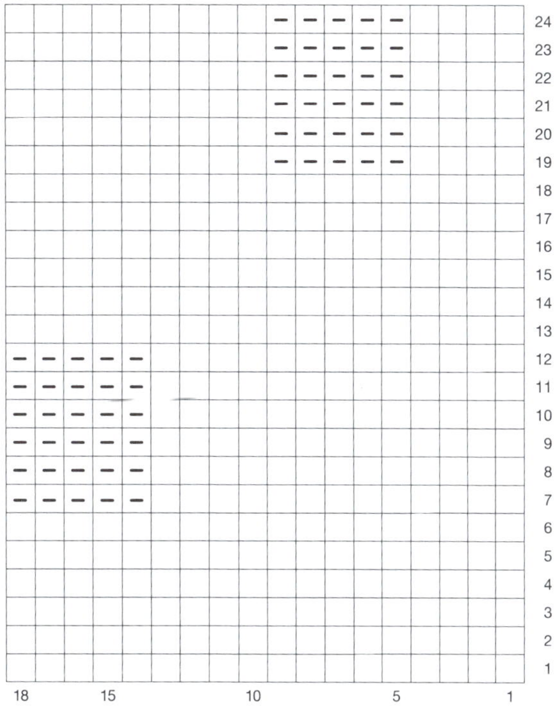

118-b

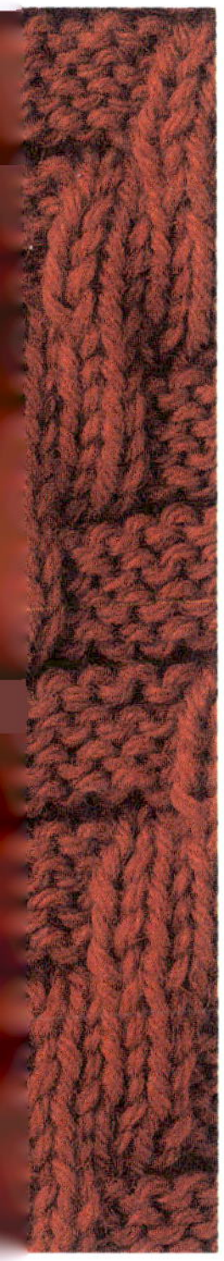

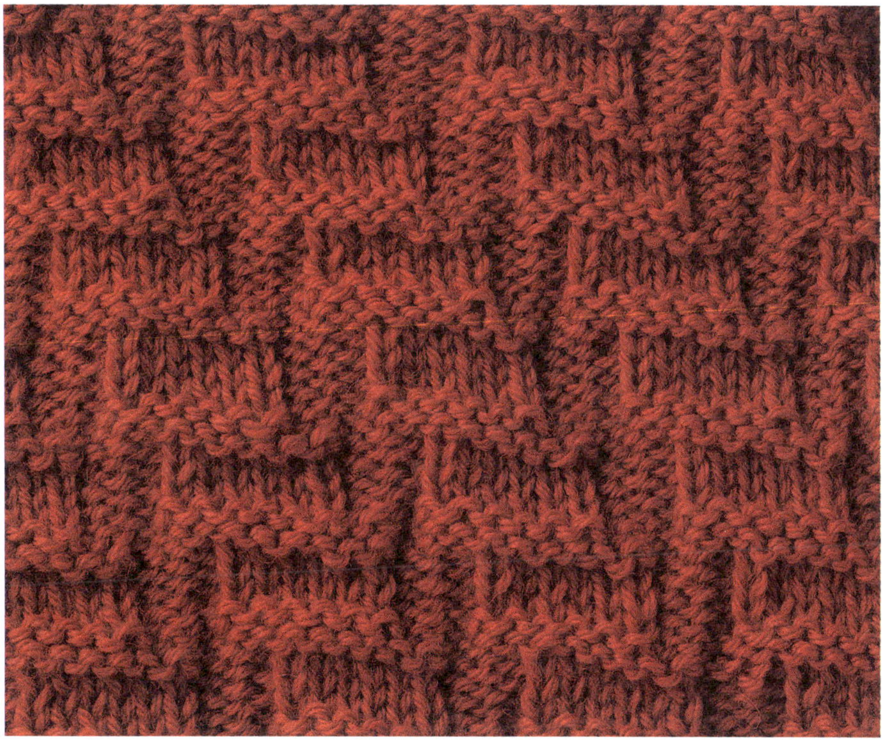

über 20 Reihen

12		10					5				1	
		–	–	–	–	–	–	–				24
		–	–	–	–	–	–	–				23
			–	–	–	–	–		–			22
			–	–	–	–	–		–			21
				–	–	–				–		20
				–	–	–				–		19
					–						–	18
					–						–	17
–				–						–	–	16
–				–						–	–	15
–	–		–						–	–	–	14
–	–		–						–	–	–	13
–	–	–						–	–	–	–	12
–	–	–						–	–	–	–	11
–	–						–		–	–	–	10
–	–						–		–	–	–	9
–						–				–	–	8
–						–				–	–	7
					–						–	6
					–						–	5
–				–	–	–						4
–				–	–	–						3
	–		–	–	–	–	–					2
	–		–	–	–	–	–					1

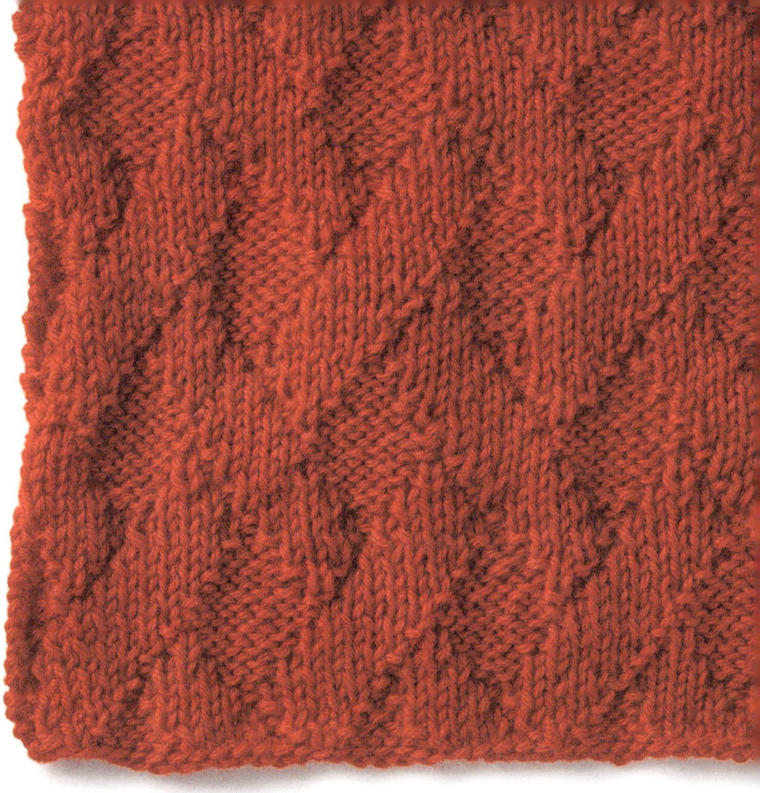

119

Fb. 73

120-a

Fb. 117

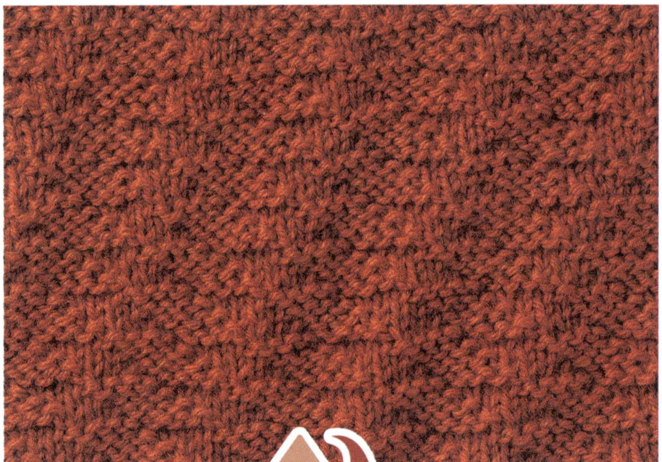

120-b

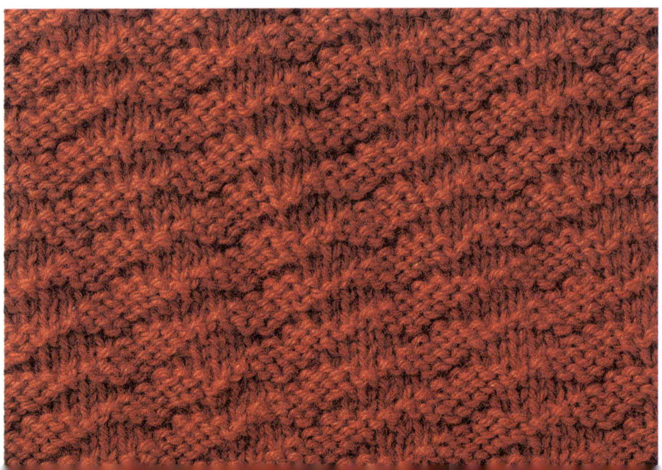

8			5				1	
				–	–	–	–	32
–					–	–	–	31
–	–					–	–	30
–	–	–					–	29
			–	–	–	–		28
				–	–	–	–	27
–					–	–	–	26
–	–					–	–	25
		–	–	–	–			24
			–	–	–	–		23
				–	–	–	–	22
–					–	–	–	21
	–	–	–	–				20
		–	–	–	–			19
			–	–	–	–		18
				–	–	–	–	17
–	–	–	–					16
	–	–	–	–				15
		–	–	–	–			14
			–	–	–	–		13
–	–	–					–	12
–	–	–	–					11
	–	–	–	–				10
		–	–	–	–			9
–	–					–	–	8
–	–	–					–	7
–	–	–	–					6
	–	–	–	–				5
–					–	–	–	4
–	–					–	–	3
–	–	–					–	2
–	–	–	–					1

PROJEKTE

In diesen Projekten kommen einige der 120 vorgestellten Muster zum Einsatz. In verschiedenen Garnarten und -stärken wirken sie ganz unterschiedlich.

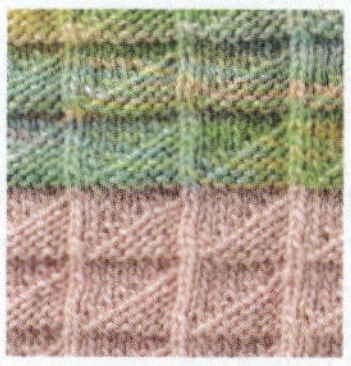

S. 102/S. 116

Zickzack-Tuch

Muster Nr. 48 (S. 42)

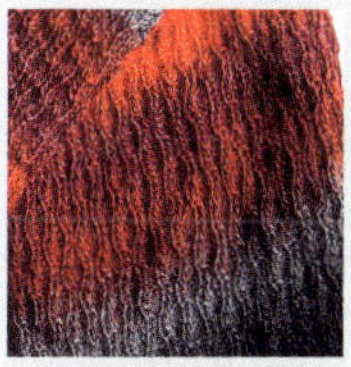

S. 104/S. 118

Wellenschal

Muster Nr. 52 (S. 45)

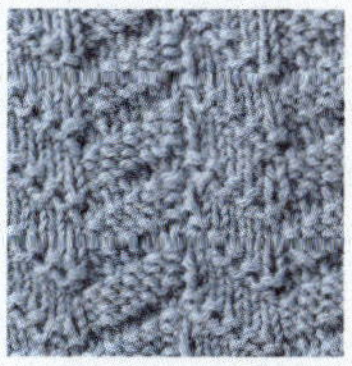

S. 106/S. 119

Haarband

Muster Nr. 45 (S. 40)

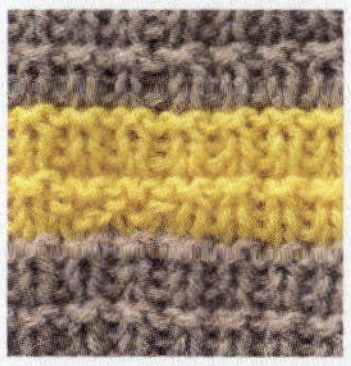

S. 107/S. 120

Handwärmer

Muster Nr. 18 (S. 19)

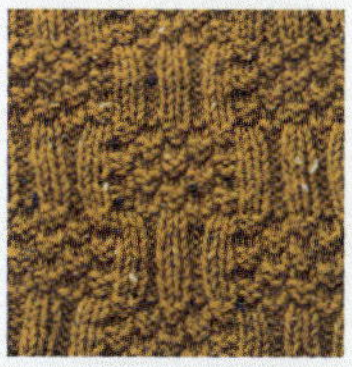

S. 108/S. 122

Decke

Muster Nr. 111 (S. 94)

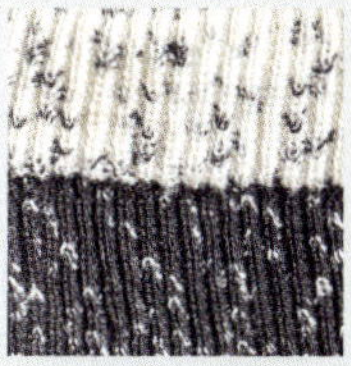

S. 109/S. 121

Falscher Patentloop

Muster Nr. 12 (S. 15)

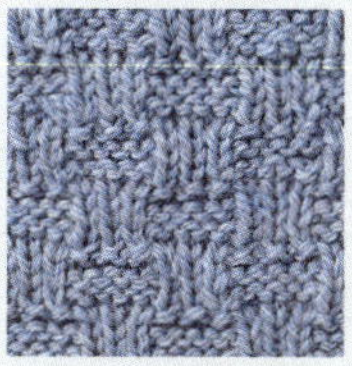

S. 110/S. 124

Snood

Muster Nr. 73 (S. 60)

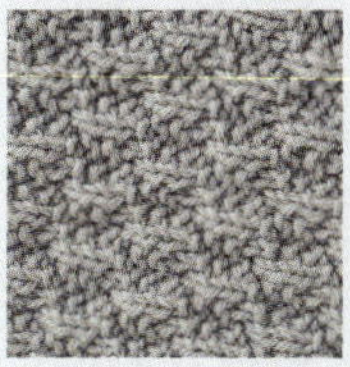

S. 112/S. 125

Poncho

Muster Nr. 81 (S. 67)

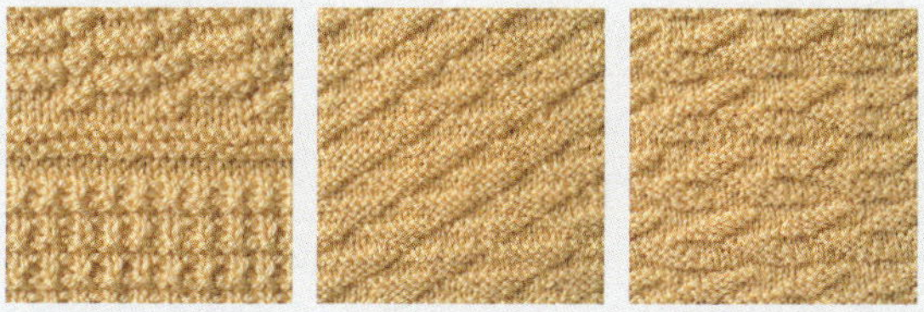

S. 114/S. 126

Rechts-Links-Schal

Muster Nr. 17 (S. 18), Nr. 18 (S. 19), Nr. 51(S. 44), Nr. 70(S. 58)

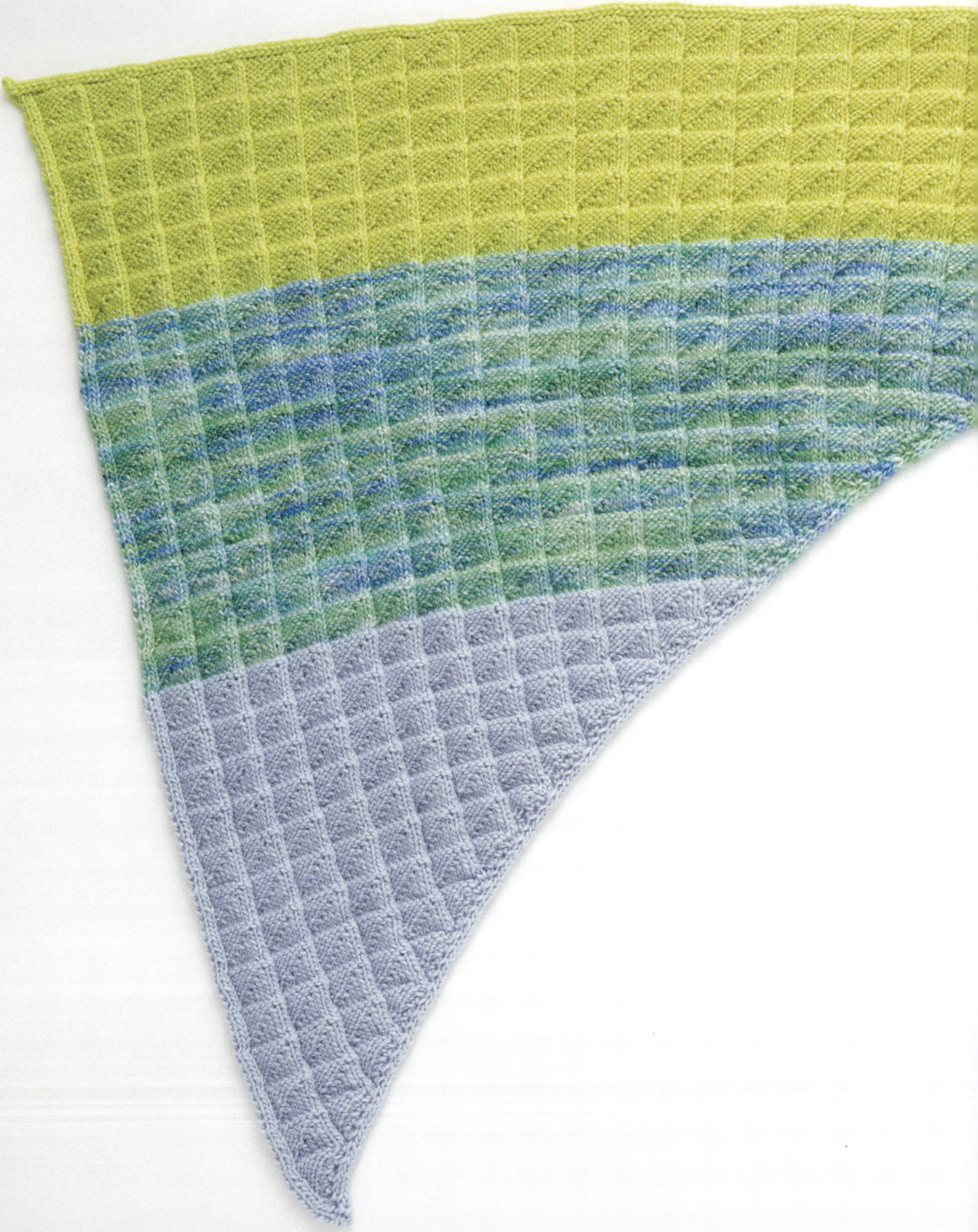

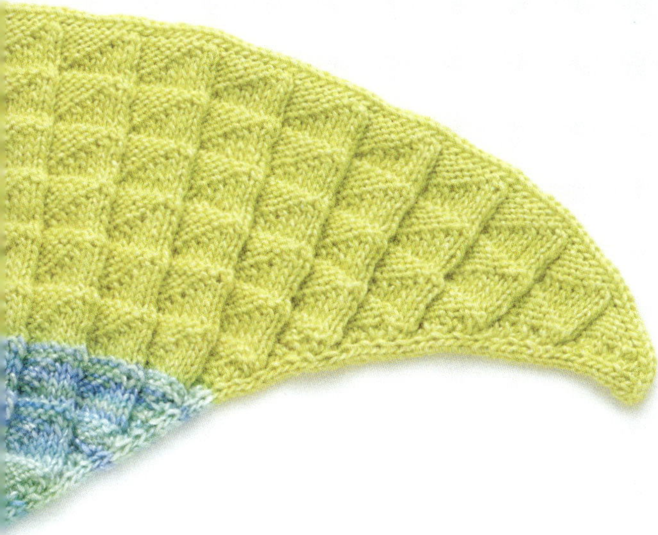

ZICKZACK-TUCH

Ein herrlich weiches Dreieckstuch aus drei verschiedenen Garnen. Besonders charmant ist hier das Muster, das von Weitem einem Karomuster ähnelt, tatsächlich aber aus Dreiecken besteht.

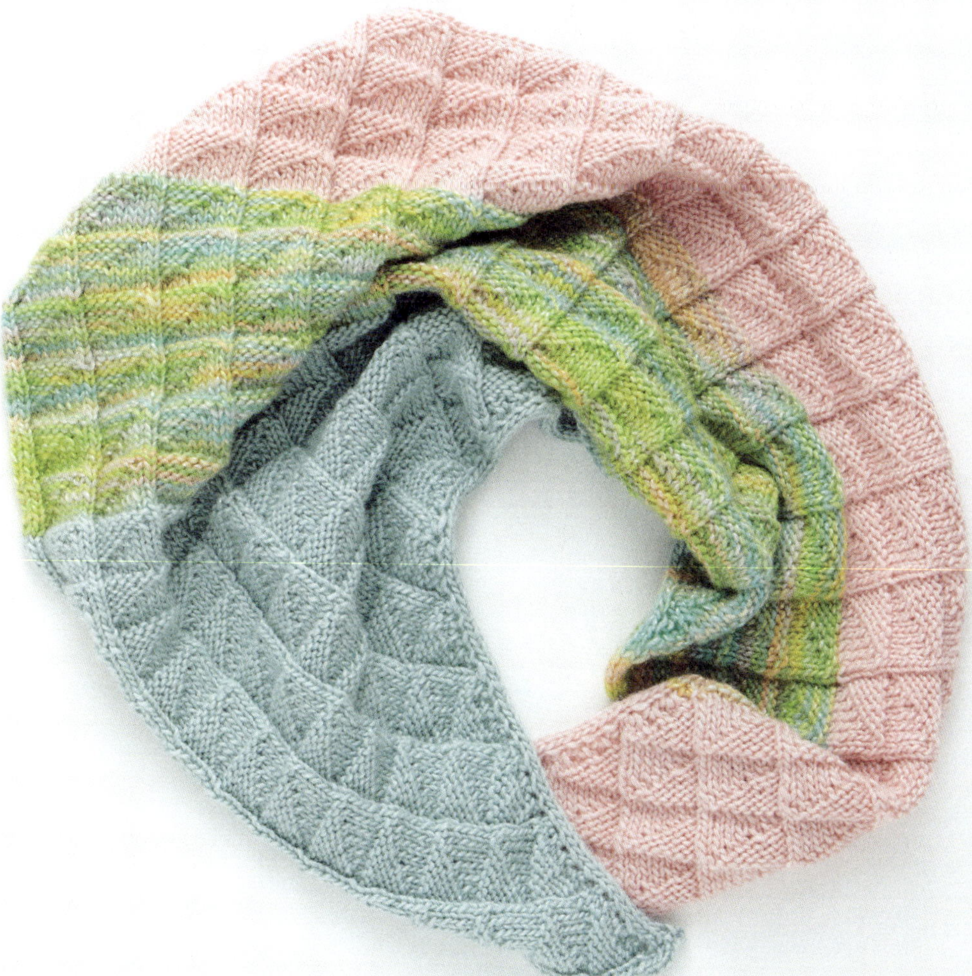

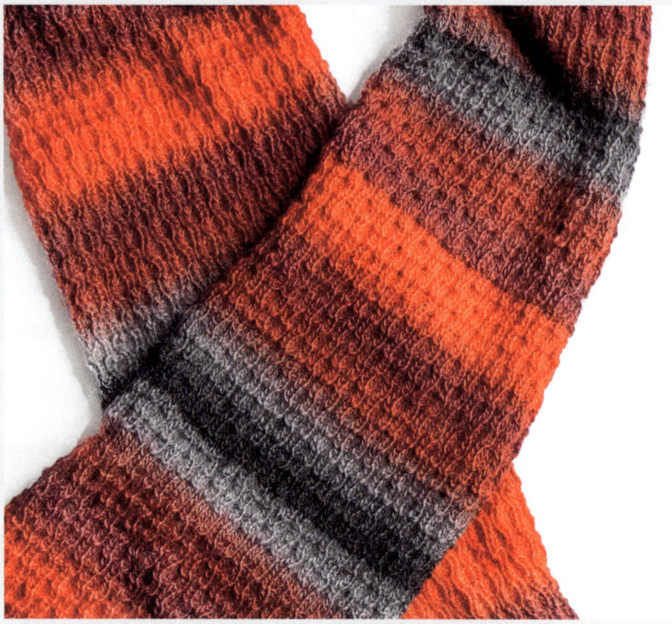

WELLENSCHAL

Der Clou an diesem Schal ist das sanfte Wellenmuster, das man erst auf den zweiten Blick genauer erkennt.

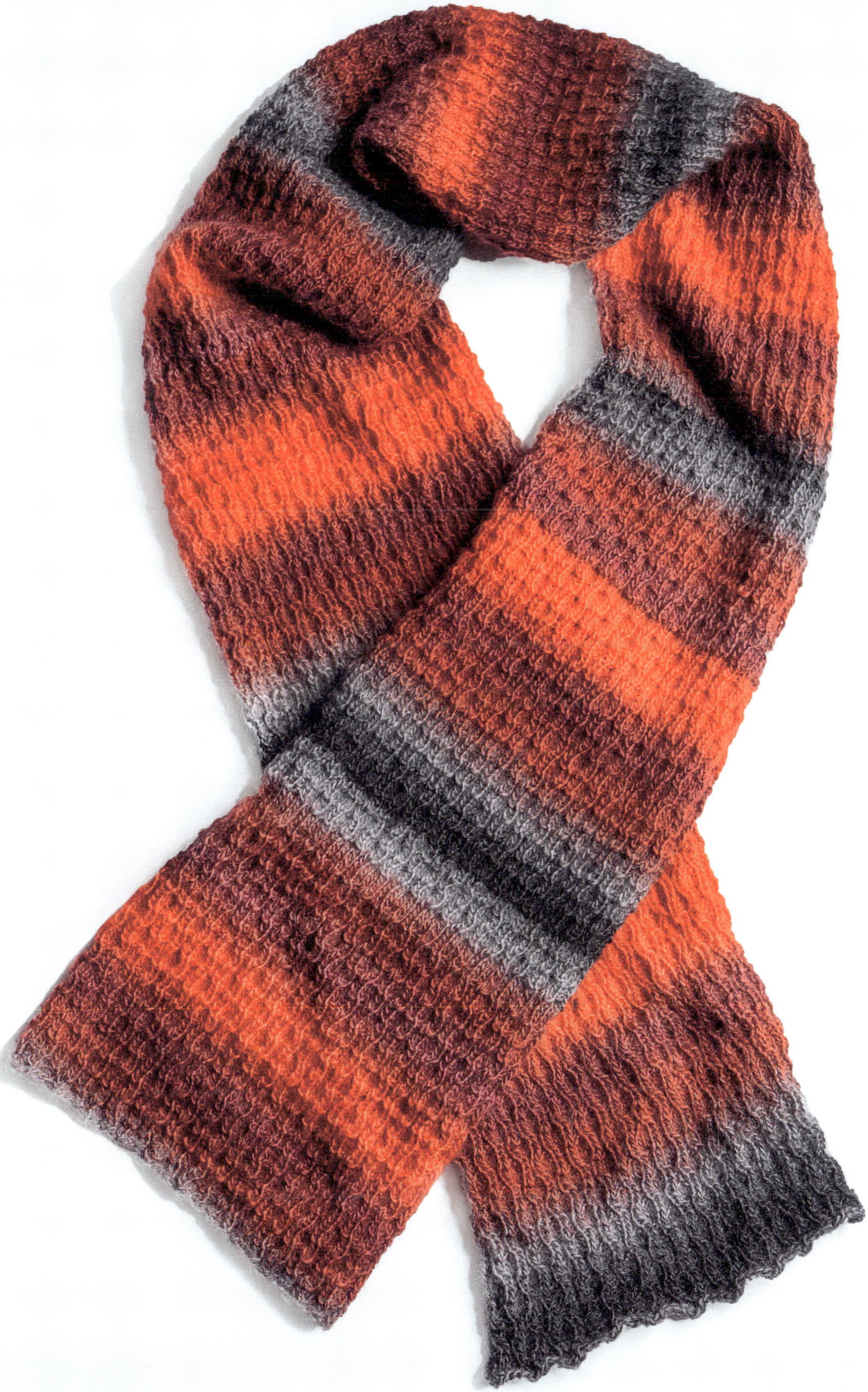

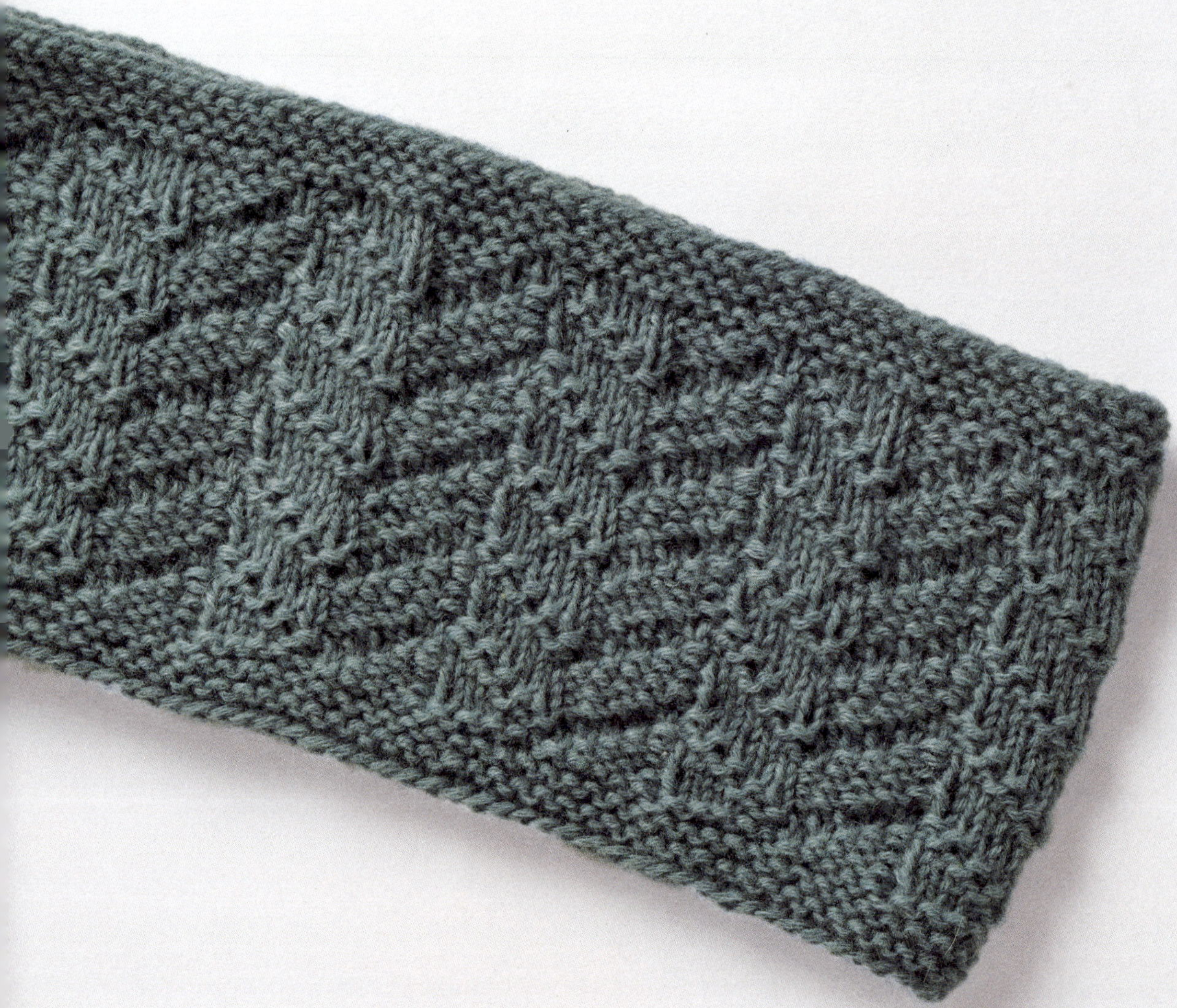

HAARBAND

In diesem Zickzackmuster bilden rechte und linke Maschen einen kräftigen Kontrast. Am schönsten wirkt es in hellen, zarten Farben zu jeder Art von Kleidung.

HANDWÄRMER

Die beiden Farben der weichen Wolle bringen Abwechslung in dieses einfache Muster. Bei solchen kleinen Projekten sorgt eine dünnere Garnstärke für ein feineres Erscheinungsbild.

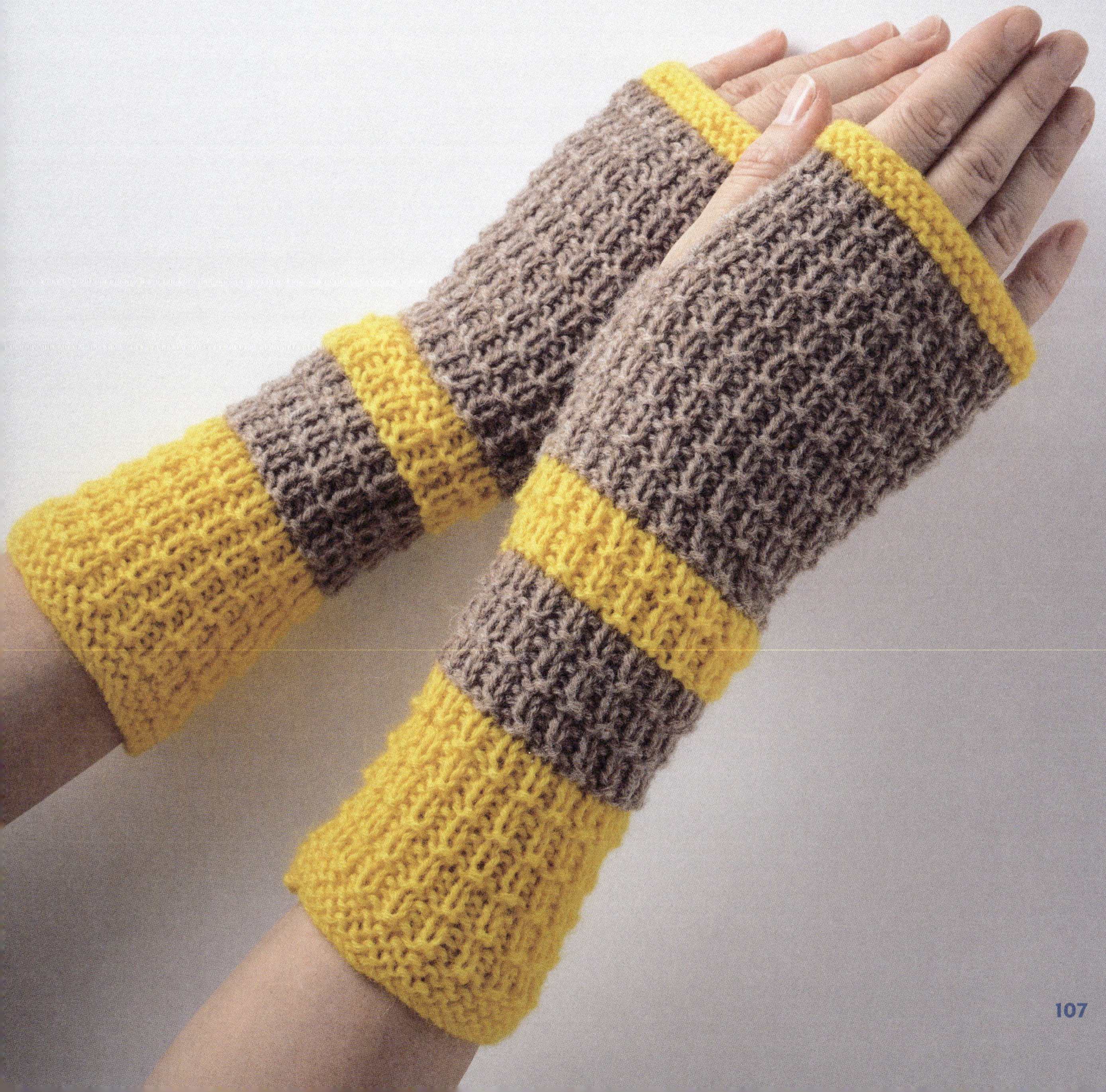

DECKE

Hier werden ein Streifen- und ein Karomuster kombiniert. In dicker Wolle kommt das Muster am besten zur Geltung.

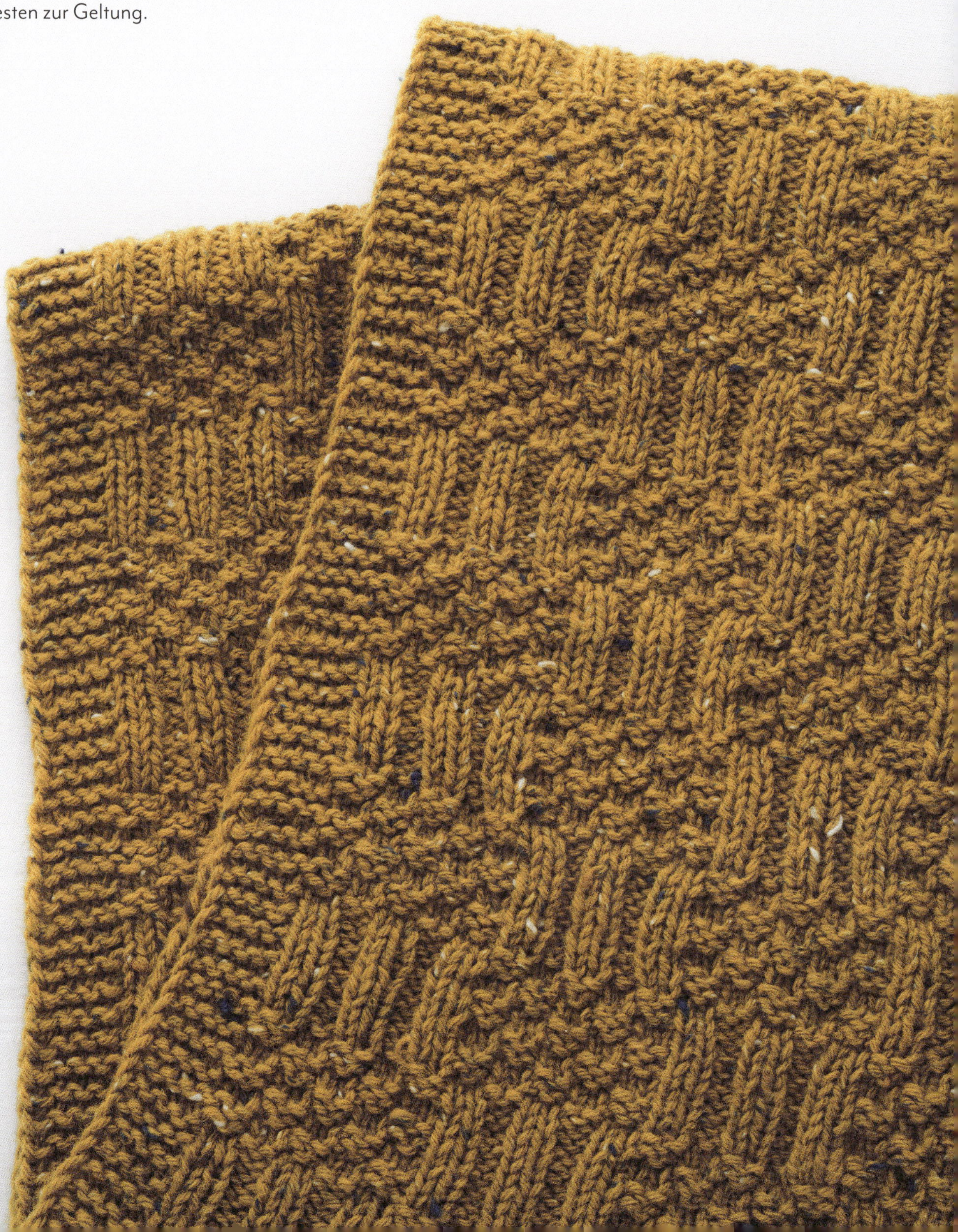

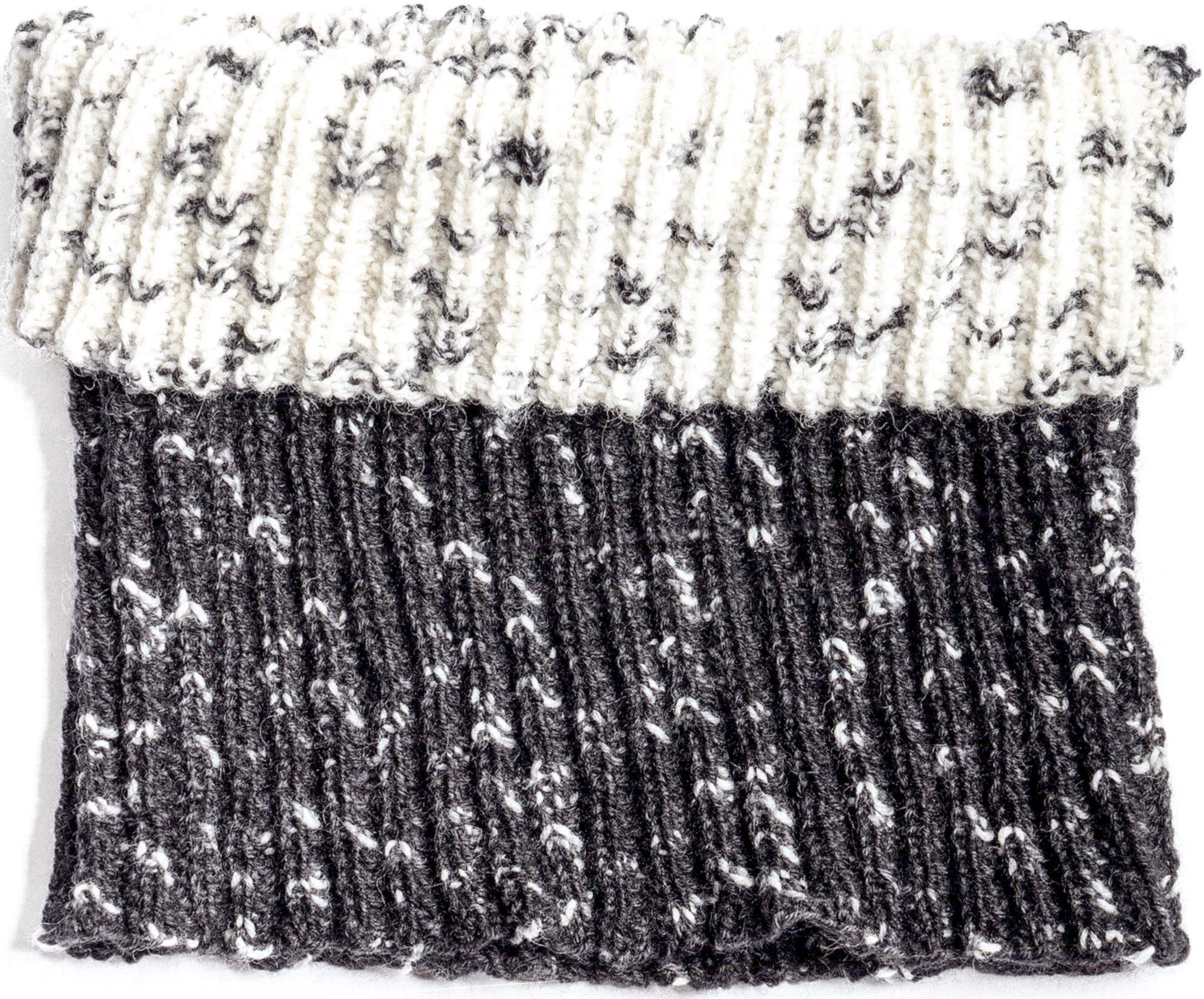

FALSCHER PATENTLOOP

Das Muster mit den eindrucksvollen Längsrippen sieht von beiden Seiten gleich aus und eignet sich besonders gut für einen Loop. Garnstärke und Länge lassen sich nach Belieben variieren.

SNOOD

Senkrechte und waagerechte Elemente ergeben hier eine Art Flechtmuster. Dank der großzügigen Länge eignet sich der Snood auch gut als Nierenwärmer.

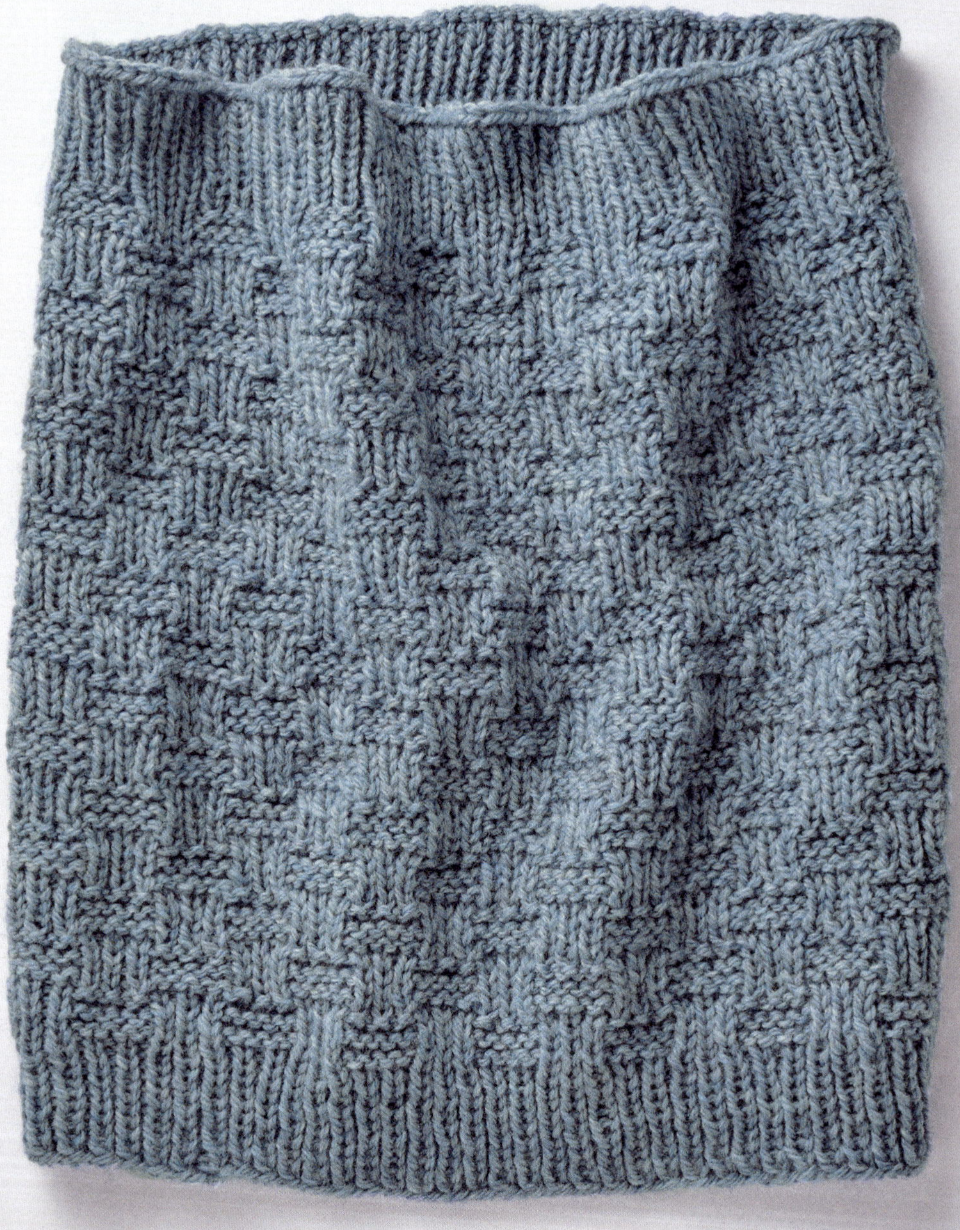

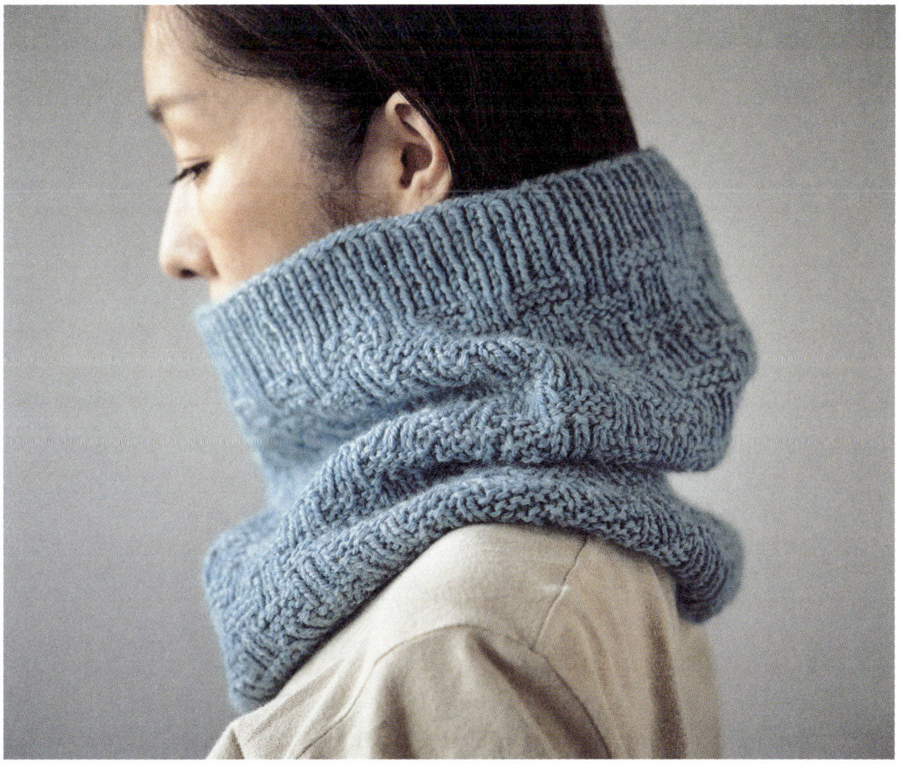

Projekte

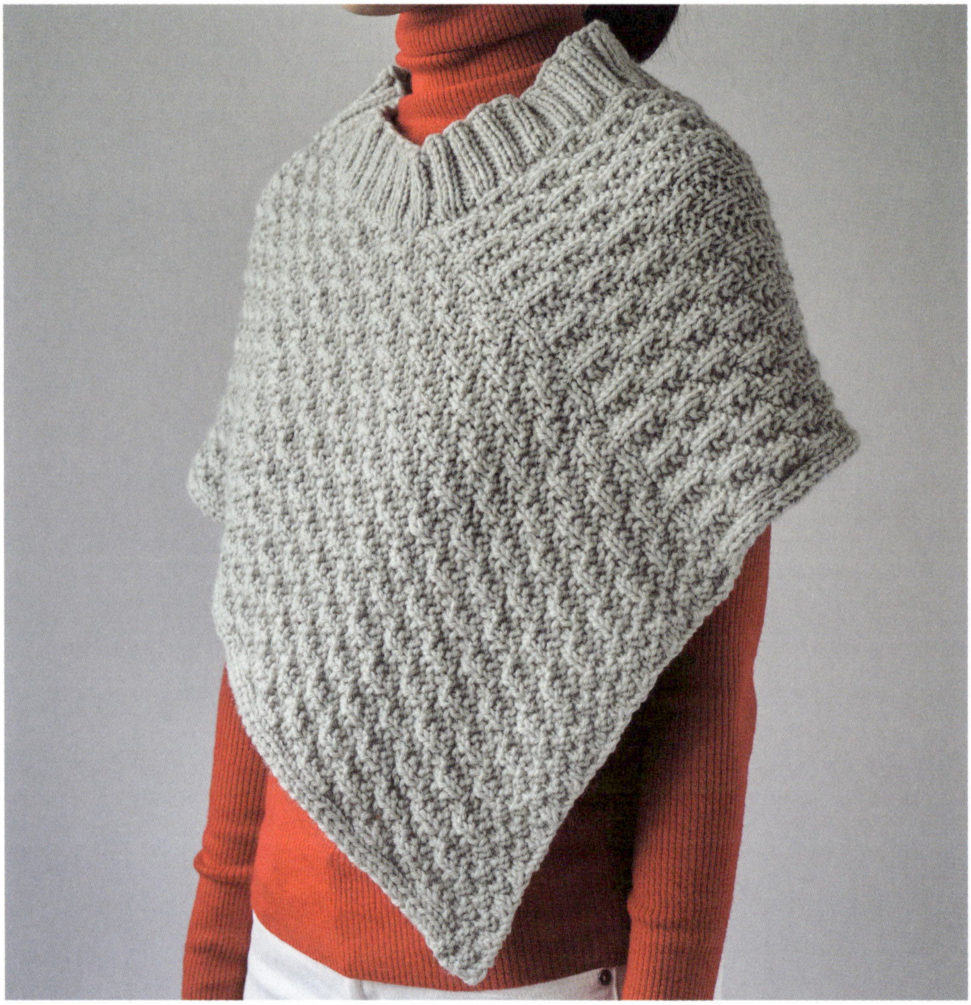

PONCHO

Dieser einfache Poncho wird gerade gestrickt und dann so zusammengenäht, dass sich ein dreieckiger Halsausschnitt ergibt. Durch die unterschiedliche Laufrichtung wirkt das Muster viel komplexer als es ist.

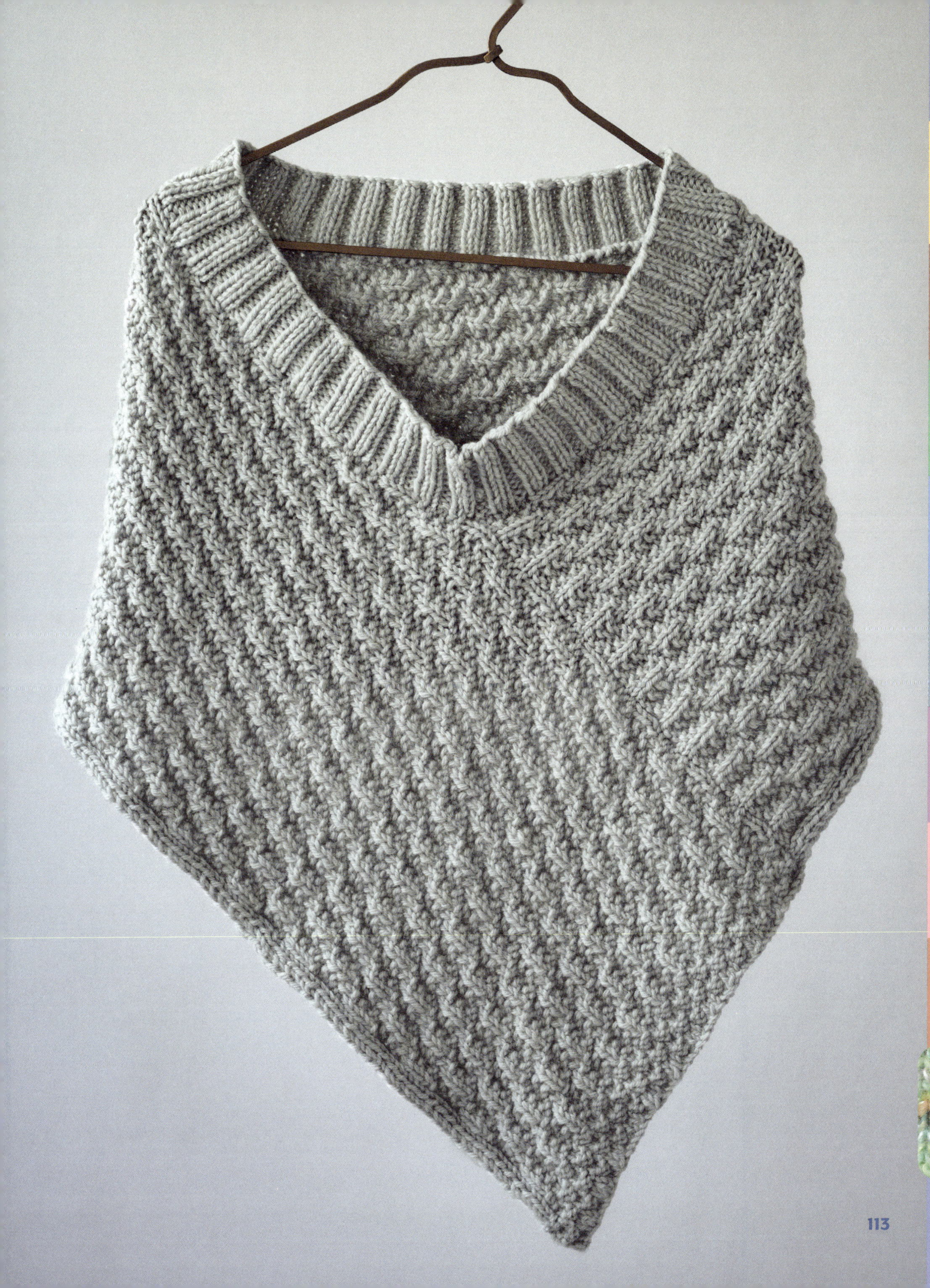

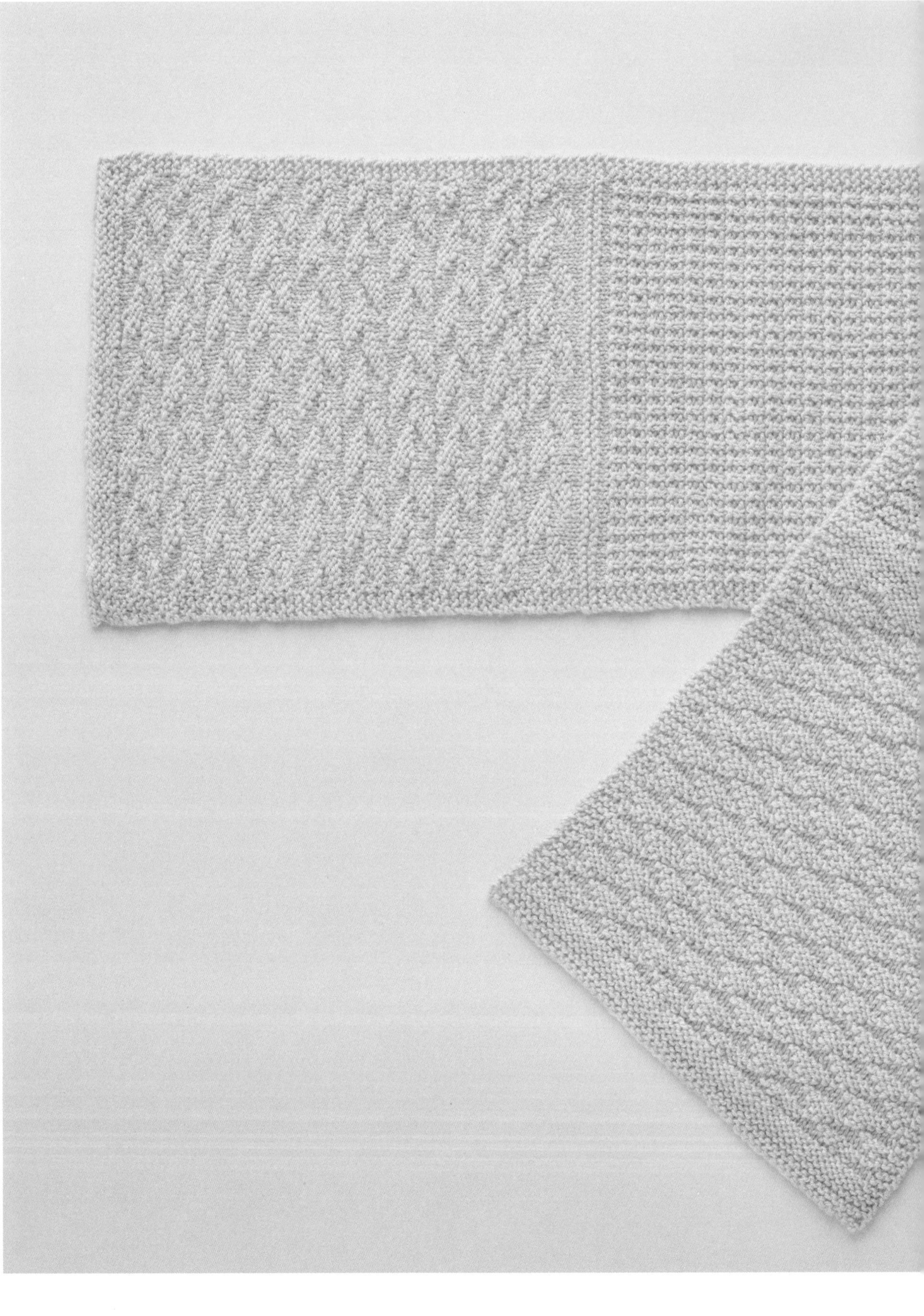

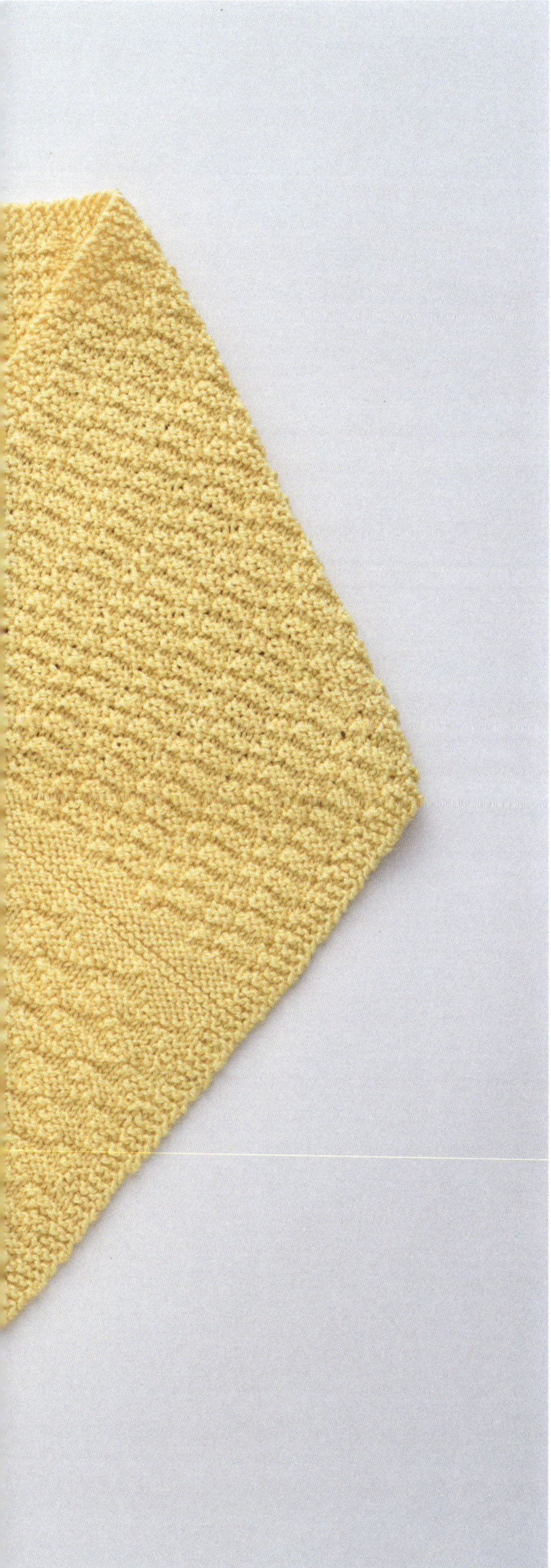

RECHTS-LINKS-SCHAL

In diesem Sommerschal kommen gleich vier Wendemuster zum Einsatz. Dank des Seidengarns lässt er sich das ganze Jahr über gut tragen und fühlt sich wunderbar leicht an.

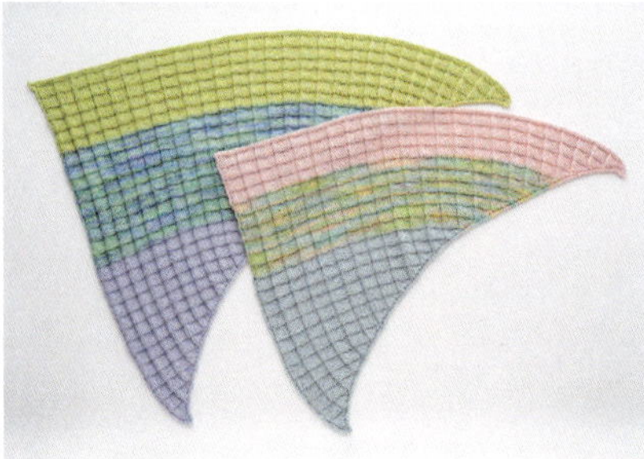

Zickzack-Tuch

Muster Nr. 48/S. 42 Foto S. 102

Garn:
groß: Yanagiyarn, Bloom Melody (80 % Wolle, 20 % Seide, 115 m/50 g), Farbe: 4 - 100 g; 8 - 100 g; 25 - 50 g
klein: Yanagiyarn Bloom Melody (80 % Wolle, 20 % Seide, 115 m/50 g), Farbe: 11 - 50 g; 21 - 50 g; 26 - 50 g
Nadeln: Stricknadeln 4 mm, Stopfnadel
Maschenprobe: 21 M x 29,5 R im Muster = 10 x 10 cm
Maße: siehe Diagramm

Strickdiagramm

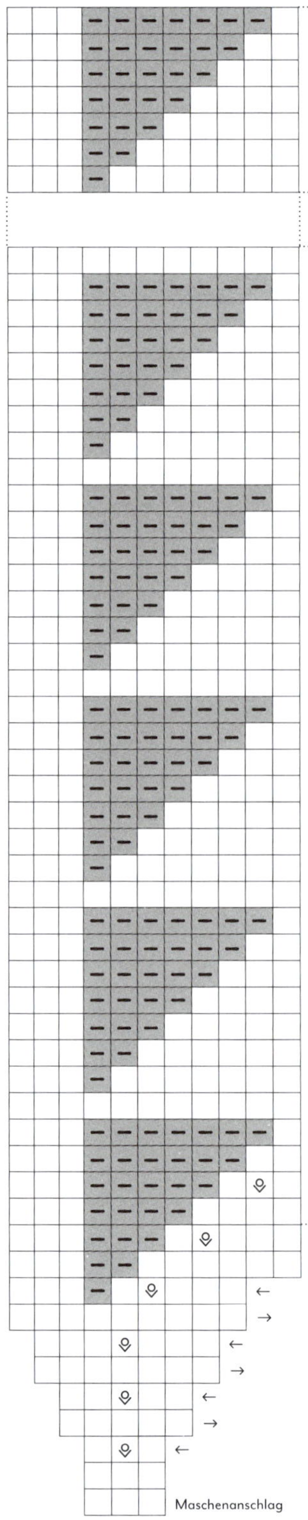

Anleitung

1. 3 M anschlagen und 231 R (groß) bzw. 191 R (klein) im Muster stricken, dabei zunehmen wie im Diagramm angegeben.

2. Mit Kordelrand oder glatt rechts abketten.

3 M re aus 1 M herausstricken

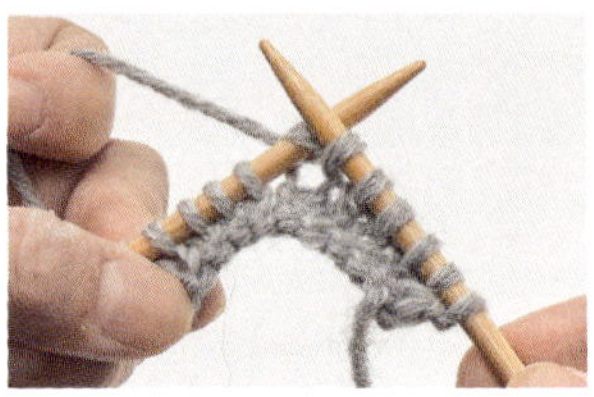

1 Mit der rechten Nadel von vorne links in die M stechen, Faden holen.

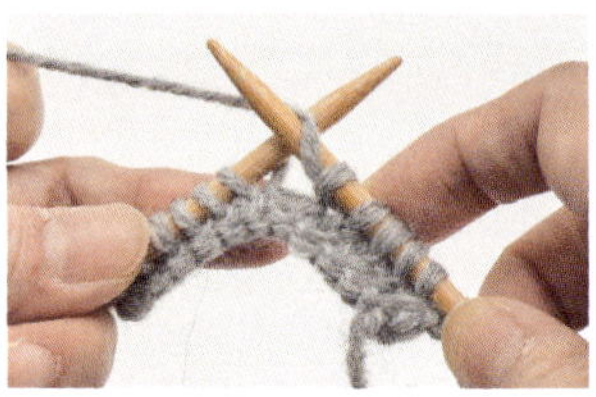

2 1 Umschlag auf die rechte Nadel nehmen.

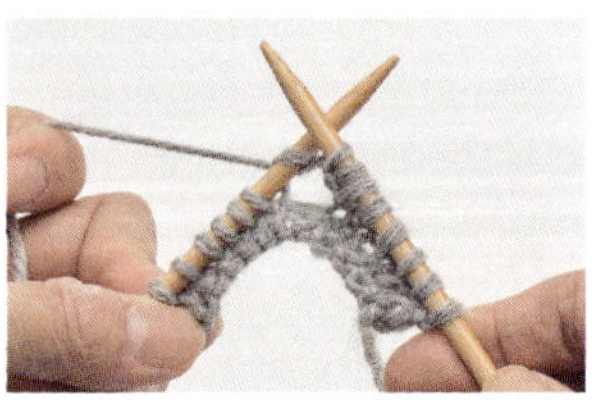

3 Wieder in dieselbe M einstechen, Faden holen.

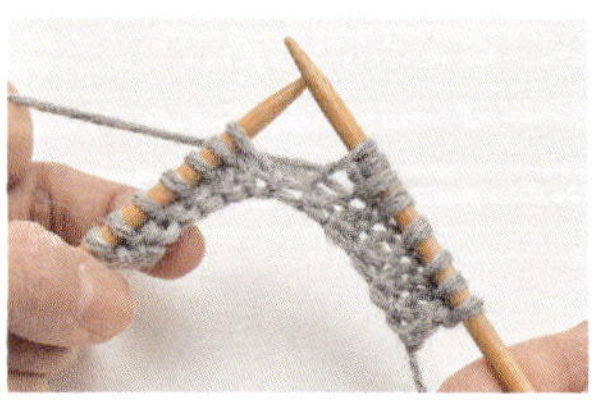

4 M von der linken Nadel gleiten lassen. Es wurden 2 M zugenommen.

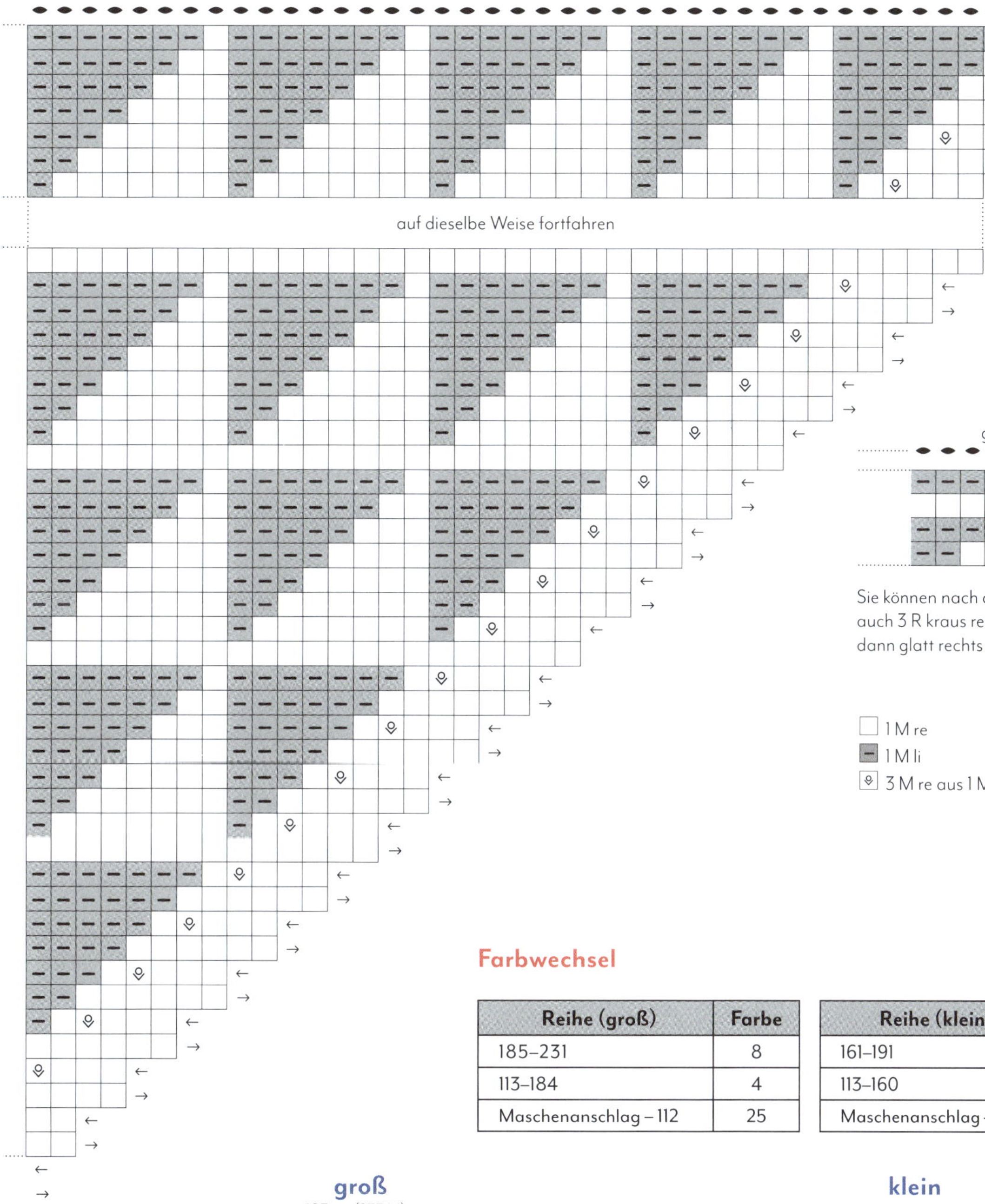

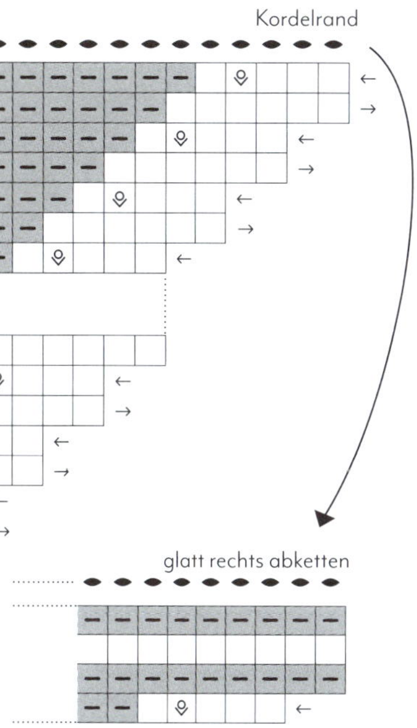

Sie können nach der letzten Reihe auch 3 R kraus rechts stricken und dann glatt rechts abketten.

- ☐ 1 M re
- ▬ 1 M li
- ♁ 3 M re aus 1 M herausstricken

Farbwechsel

Reihe (groß)	Farbe
185–231	8
113–184	4
Maschenanschlag – 112	25

Reihe (klein)	Farbe
161–191	21
113–160	11
Maschenanschlag – 112	19

groß

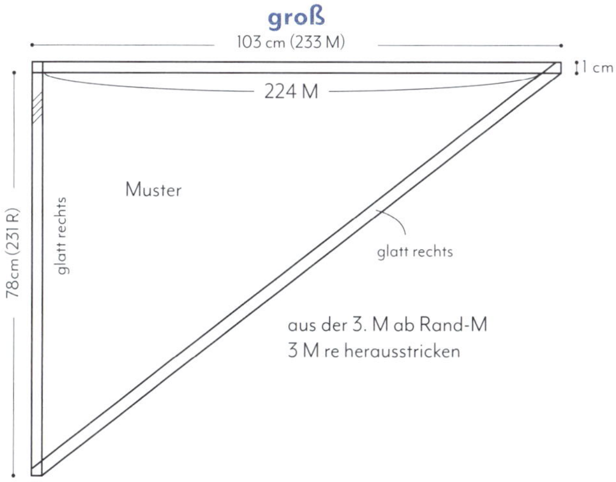

klein

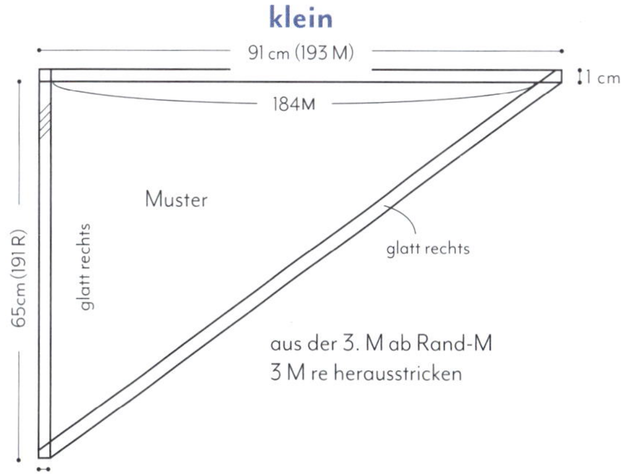

Wellenschal

Muster Nr. 52/S. 45 Foto S. 104

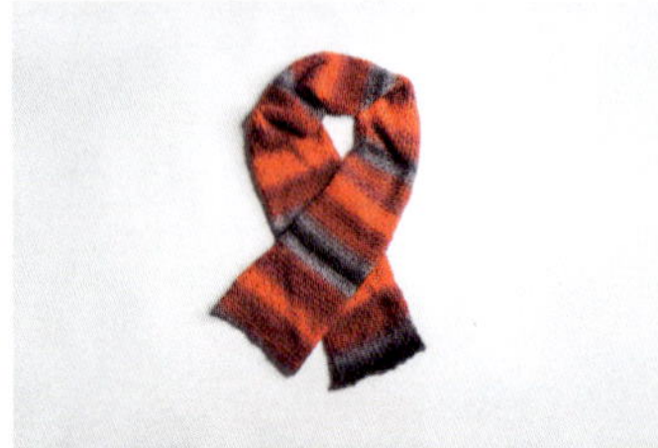

Garn: Garnmanufaktur, Samba (75 % Schurwolle superwash, 25 % Polyamid, 210 m/50 g), Farbe: 4216, 150 g
Nadeln: Stricknadeln 2,5 mm
Maschenprobe: (glatt rechts) 28 M x 40 R= 10 x 10 cm
Maße: ca. 20 cm x 120 cm

Anleitung

1. 76 Maschen mit 2,5-mm-Nadel anschlagen.
2. Im Grundmuster in Hin- und Rückreihen stricken (siehe Diagramm).
3. Nach ca. 120 cm alle Maschen locker abketten.

Strickdiagramm

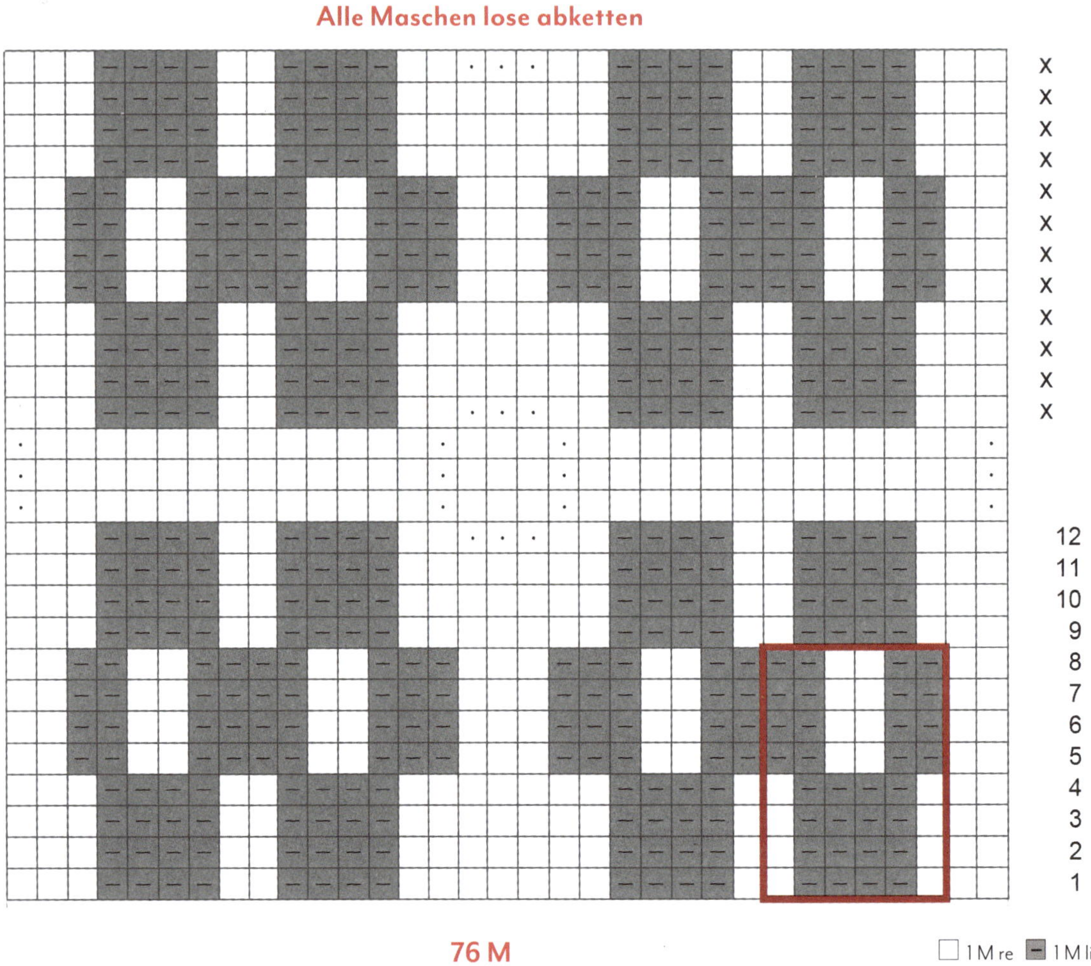

Haarband

Muster Nr. 45/S. 40 Foto S. 106

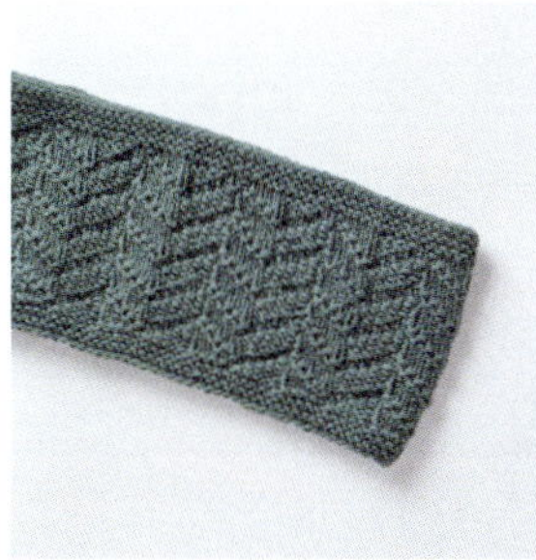

Garn: DARUMA Airy Wool Alpaca
(80 % Merino, 20 % Baby Alpaca, 100 m/30 g), Farbe: blaugrau (5) 25 g
Nadeln: Stricknadeln 3,5 mm, Stopfnadel
Maschenprobe: 22 M x 37,5 R im Muster = 10 x 10 cm
Maße: siehe Diagramm

Anleitung

1. 110 M anschlagen und zur Runde schließen. 6 R kraus rechts, 30 R im Muster, 6 R kraus rechts stricken (siehe Strickdiagramm).

2. Glatt rechts abketten.

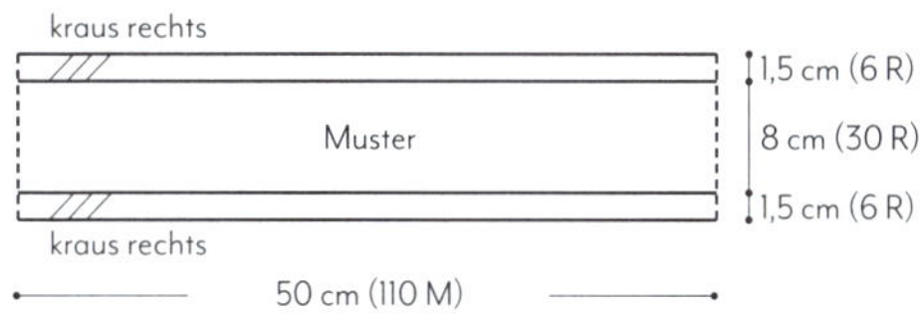

Strickdiagramm

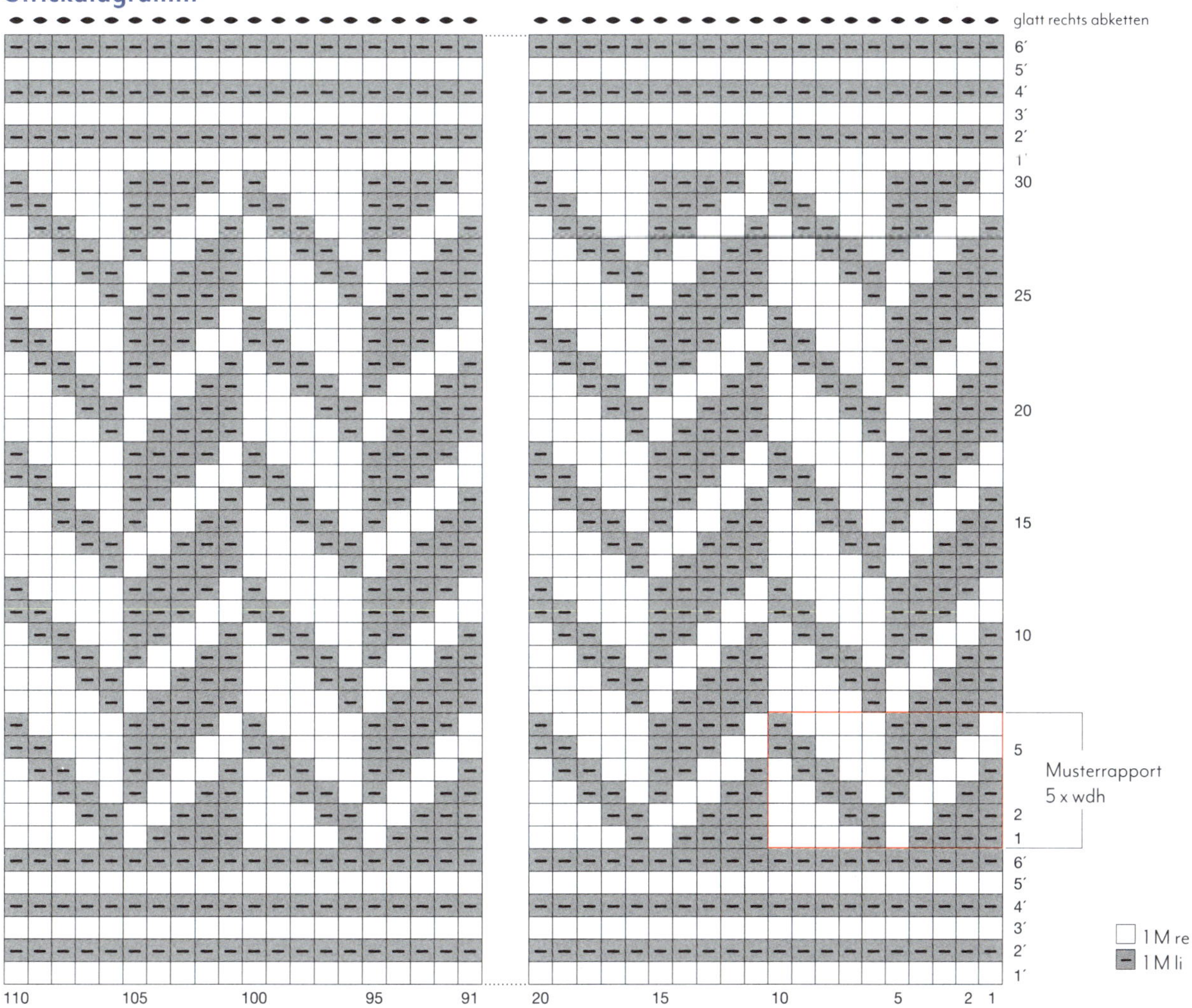

Handwärmer

Muster Nr. 18/S. 19 Foto S. 107

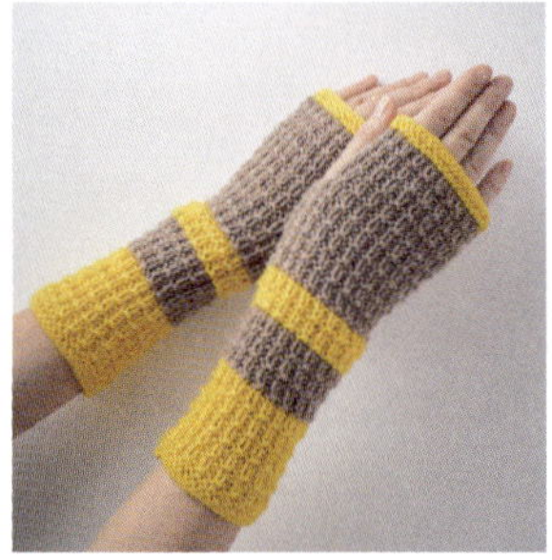

Garn: DARUMA Airy Wool Alpaca (80 % Merino, 20 % Baby Alpaca, 100 m/30 g), Farbe: braun (3) 20 g, kanariengelb (12) 15 g
Nadeln: Stricknadeln 3,5 mm, Stopfnadel
Maschenprobe: 21,5 M x 34,5 R im Muster = 10 x 10 cm
Maße: siehe Diagramm

Farbwechsel

Reihe	Farbe
1′–4′	12
39–76	3
33–38	12
21–32	3
1–20	12
1′–4′	12

Anleitung

1. Für den rechten Handwärmer 40 M anschlagen und zur Runde schließen. 84 R im Muster stricken (siehe Strickdiagramm), dabei die Farben abwechseln (siehe Tabelle). In R 61 für das Daumenloch 8 M abketten.

2. Glatt rechts abketten. Den linken Handwärmer ebenso arbeiten.

Strickdiagramm

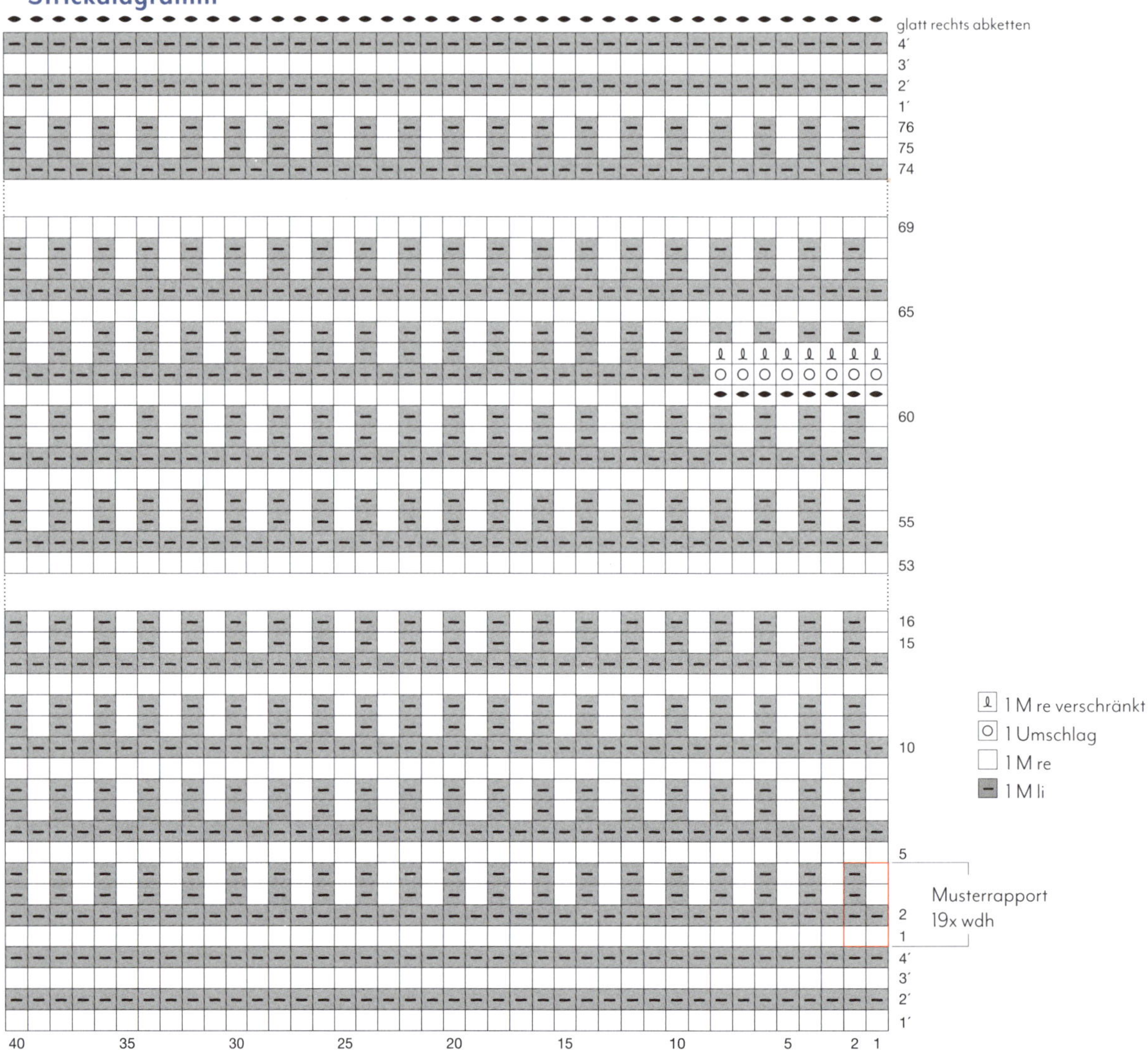

ℓ **1 M re verschränkt**

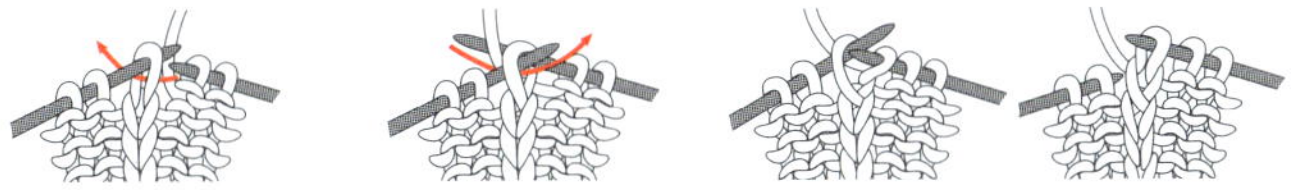

1 Mit der rechten Nadel von hinten rechts in die M einstechen.

2 Faden um die rechte Nadel legen und in Pfeilrichtung durchziehen.

3 Die abgestrickte Masche verdreht sich dabei.

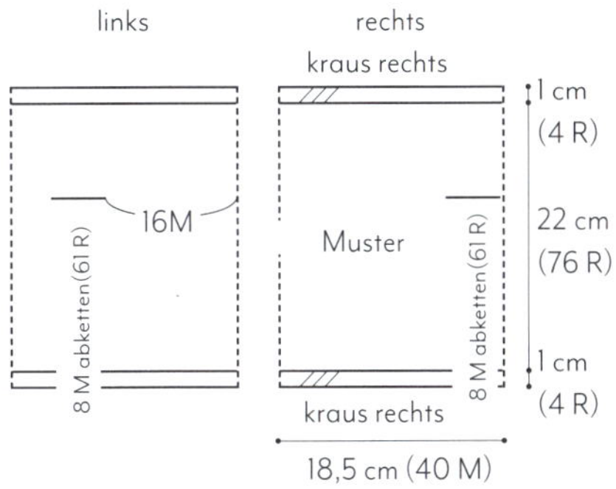

O **1 Umschlag**

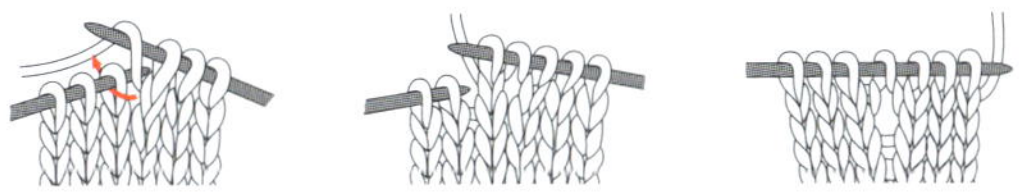

1 Den Faden von vorn nach hinten über die rechte Nadel legen.

2 Die nächste M abstricken.

3 In der nächsten R entsteht beim Abstricken des Umschlags ein Loch.

Falscher Patentloop

Muster Nr. 12/S. 15 Foto S. 109

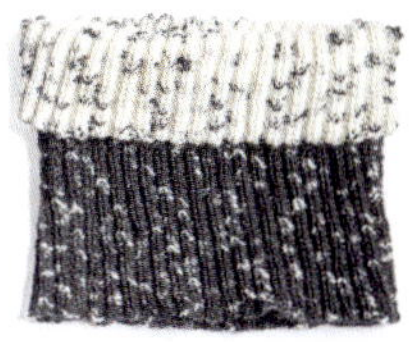

Garn: Garnmanufaktur Creativo (75 % Schurwolle superwash, 25 % Polyamid, 420 m/100 g), Farbe: Yin 100 g, Yang 100 g
Nadeln: 2,5 mm Rundstricknadel, 60 cm
Maschenprobe: 16 M x 24,5 R im Muster = 10 x 10 cm
Maße: ca. 25 cm x 25 cm

Anleitung

1. Mit der Farbe Yin 180 Maschen mit 2,5-mm-Nadel Nadel anschlagen und zur Runde schließen.
2. Im Muster bis zur Hälfte (ca. 12 cm) des Loops stricken.
3. Dann zur Farbe Yang wechseln, und die 2. Hälfte des Loops stricken.
4. Alle Maschen locker abketten.

Strickdiagramm

Alle Maschen lose abketten

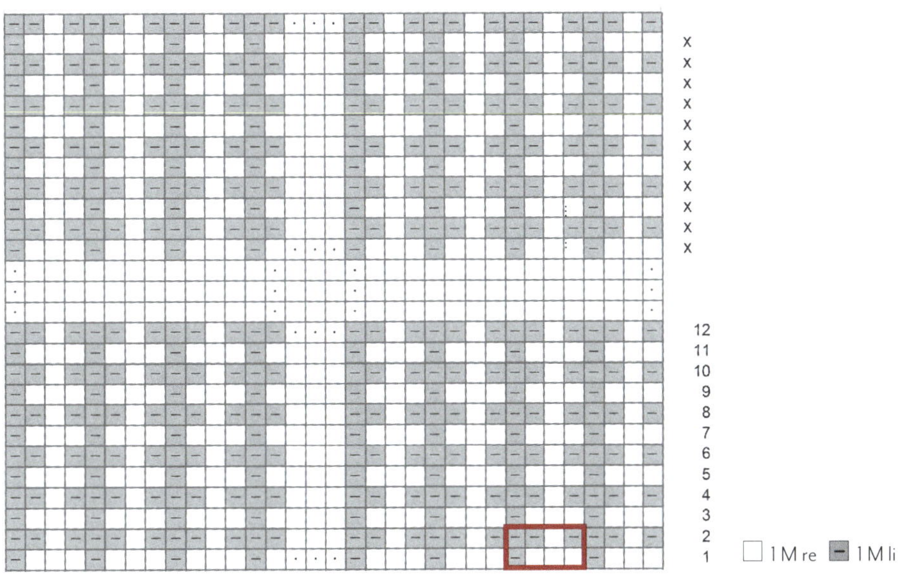

180 M

Decke

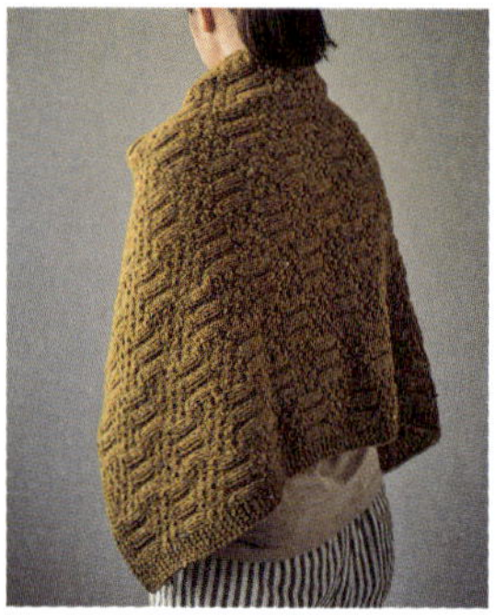

Muster Nr. 111/S. 94
Foto S. 108

Garn: DARUMA Classic Tweed (100 % Wolle, 55 m/40 g)
Farbe: Senf (8) 360 g
Nadeln: Stricknadeln 5,5 mm, Stopfnadel
Maschenprobe: 16 M x 24 R im Muster = 10 x 10 cm
Maße: siehe Diagramm

Anleitung

1. 100 M anschlagen und 224 R im Muster stricken (siehe Strickdiagramm).

2. Glatt rechts abketten.

V 1 M abheben

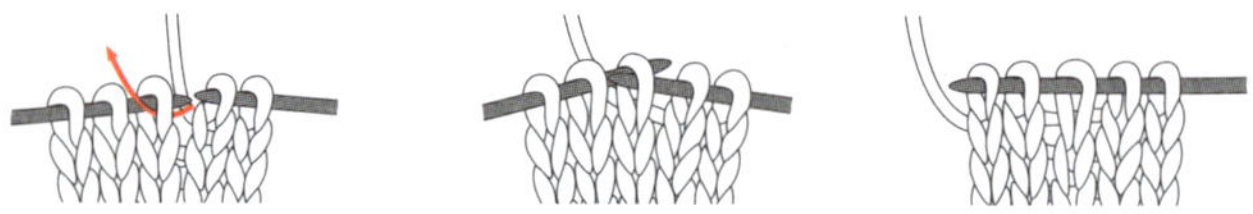

1 Faden hinter die Arbeit legen, rechte Nadel in Pfeilrichtung in die M auf der linken Nadel stechen.

2 Die M auf die rechte Nadel heben, ohne sie abzustricken.

3 Die nächste M normal abstricken.

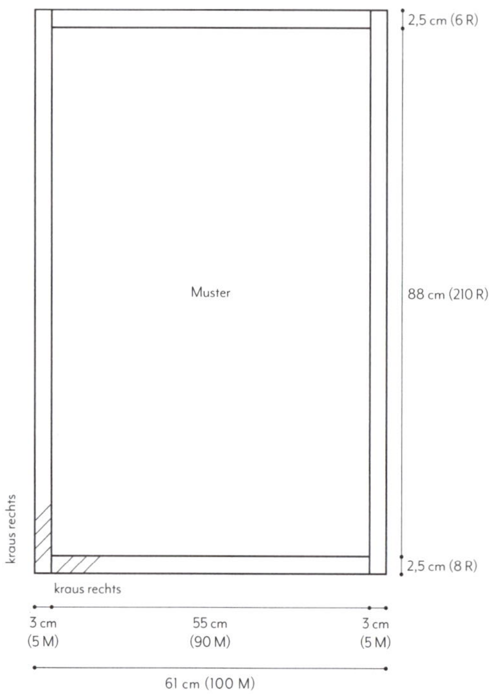

Strickdiagramm

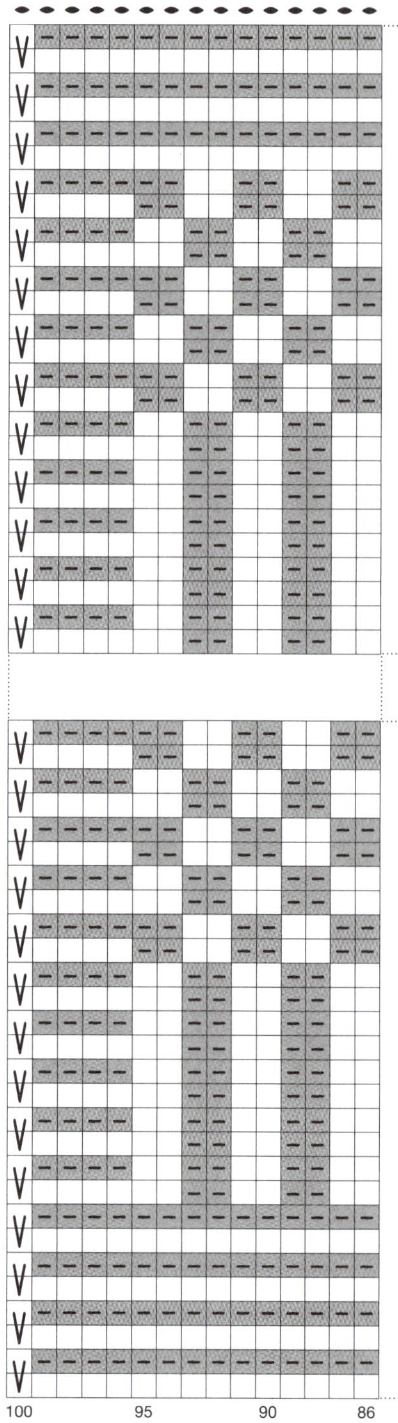

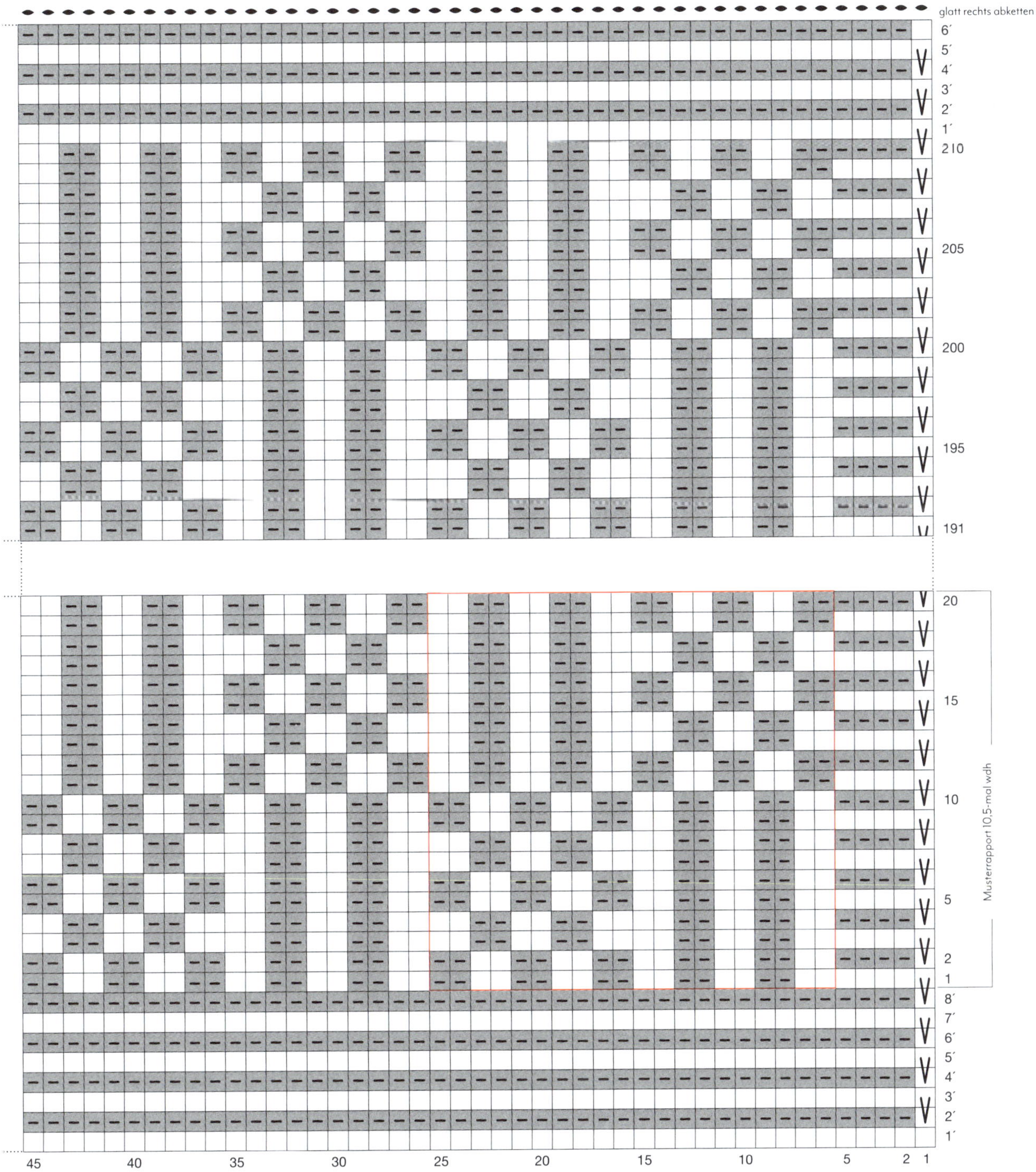

1 M re 1 M li 1 M abheben

Snood

Muster Nr. 73/S. 60 Foto S. 110

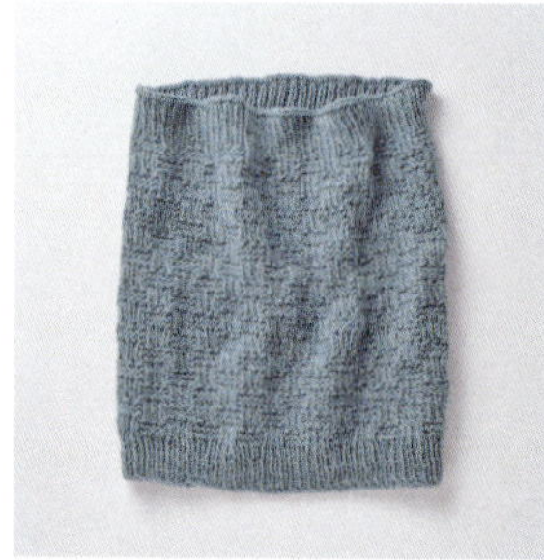

Garn: DARUMA Merino DK (100 % Merino, 40 g/88 m),
Farbe: wasserblau (8), 120 g
Nadeln: Stricknadeln 4 mm, Stopfnadel
Maschenprobe: 21 M x 31 R im Muster = 10 x 10 cm
Maße: siehe S. 126

Anleitung

1. 140 M anschlagen und zur Runde schließen. 101 R im Muster stricken (siehe Strickdiagramm).

2. Glatt rechts abketten.

Strickdiagramm

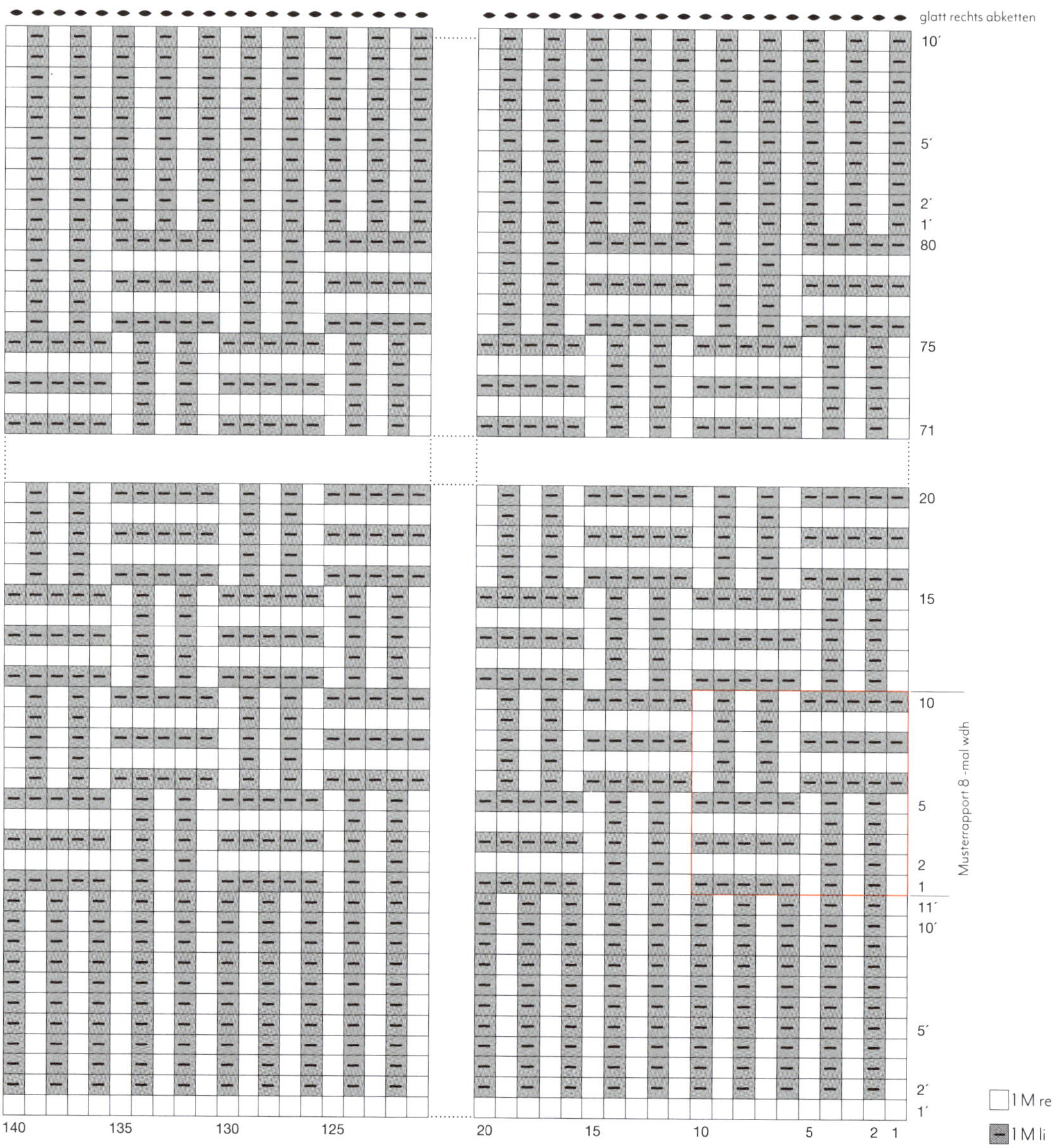

Fortsetzung Diagramme auf S. 126

Poncho

Muster Nr. 81/S. 67 Foto S. 112

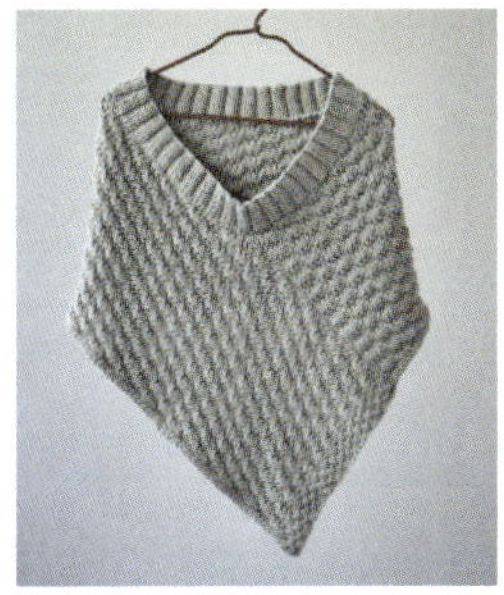

Garn: DARUMA Merino Worsted (100 % Merino, 65 m/40 g) hellgrau (302), 200 g
Nadeln: Stricknadeln 5 mm, Stopfnadel
Maschenprobe: 17,5 M x 24 R im Muster = 10 x 10 cm
Maße: siehe S. 126

Anleitung

1. 50 M anschlagen. 8 R in Muster A, dann 264 R in Muster B stricken (siehe Strickdiagramm). Glatt rechts abketten.

2. Die Abkettkante an die ersten 74 R nähen (siehe Diagramm A auf S. 126).

3. Am Halsausschnitt 52 M aufnehmen, zur Runde schließen und 11 R im doppelten Rippenmuster stricken (siehe Diagramm B auf S. 126.)

4. Glatt rechts abketten.

Strickdiagramm

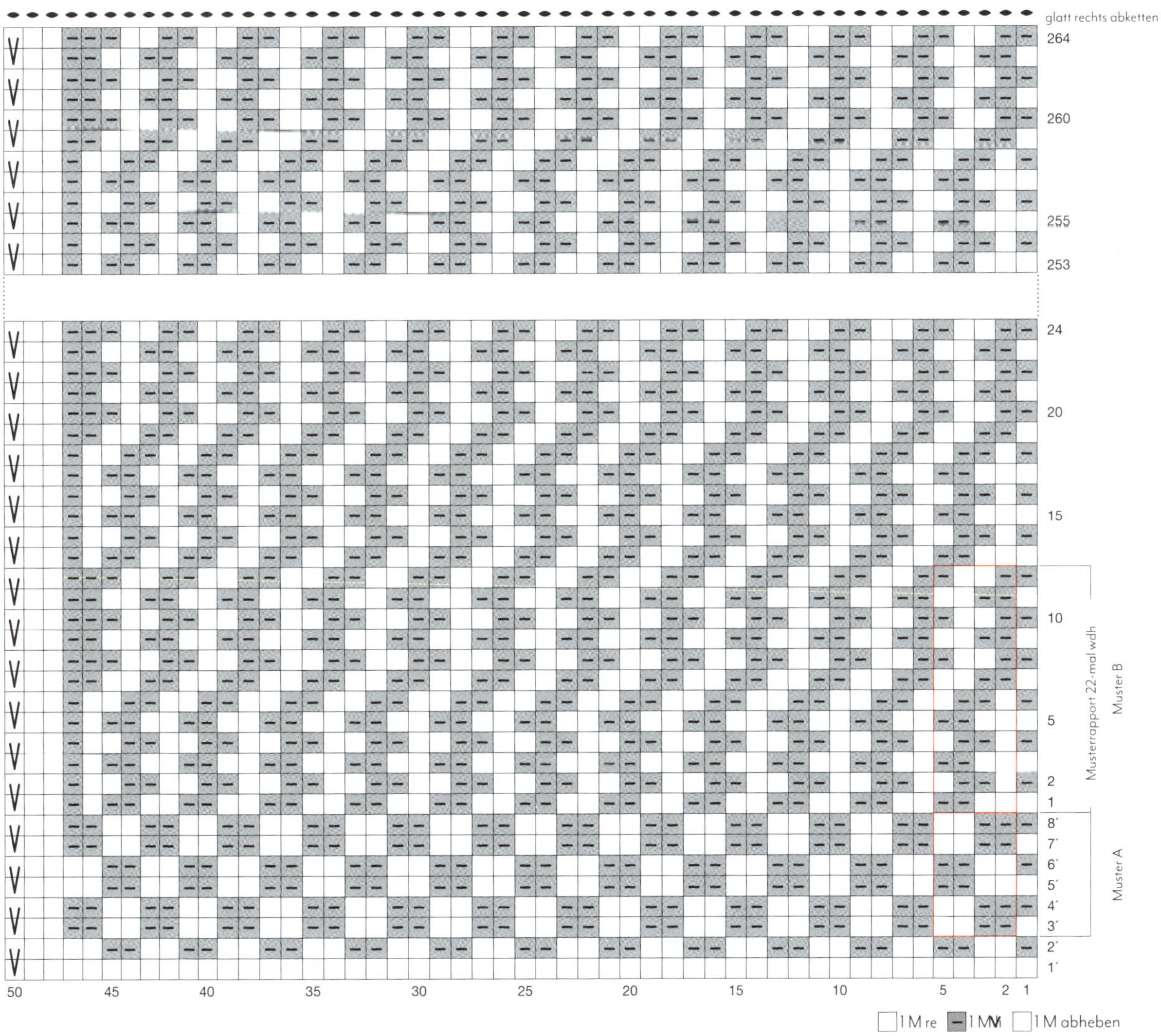

Fortsetzung Diagramme auf S. 126

(Poncho)

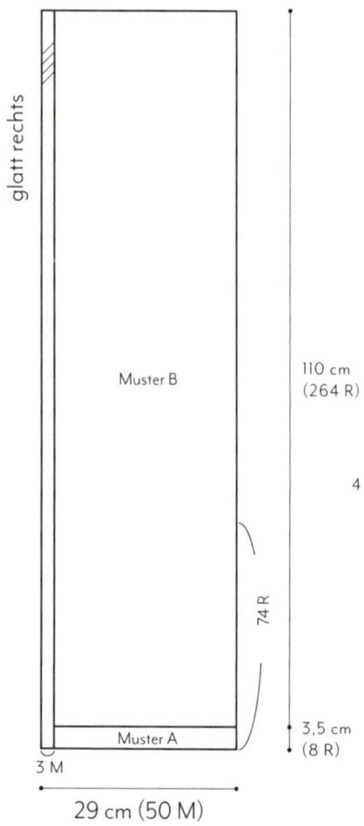

(Snood)

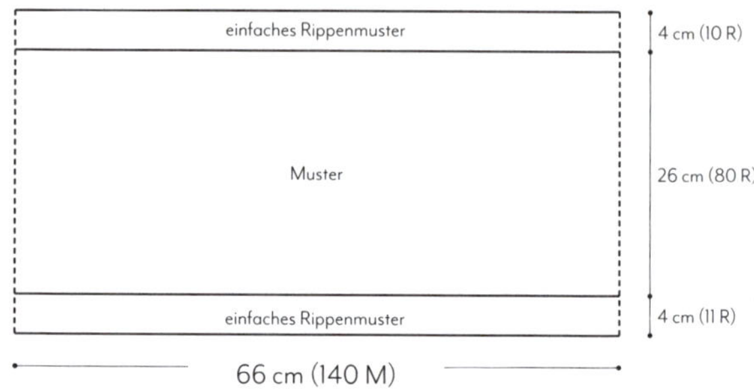

Diagramm A

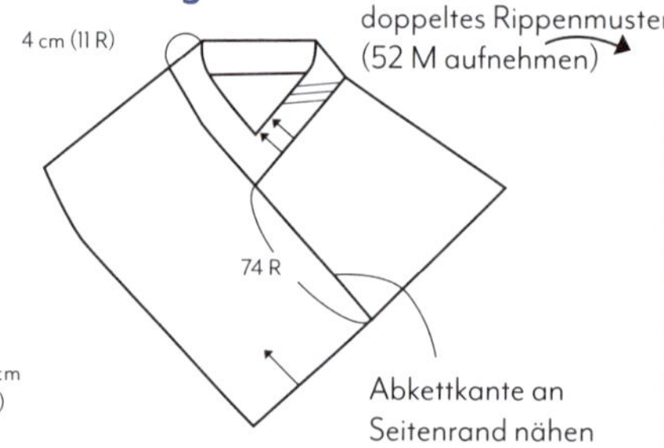

Diagramm B

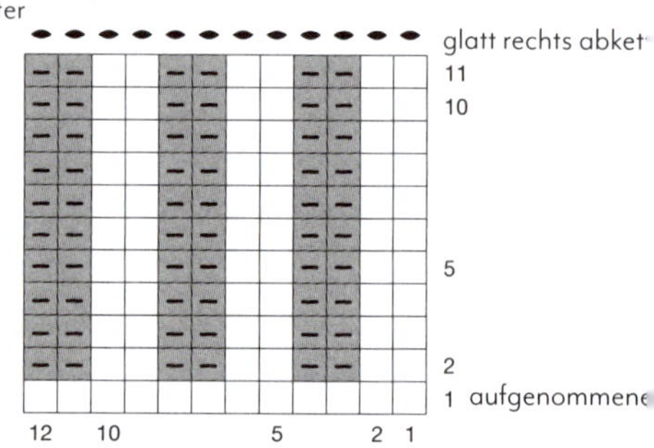

Rechts-Links-Schal

Muster Nr. 17, 18, 51, 70/ S. 18, 19, 44, 58

Foto S. 114

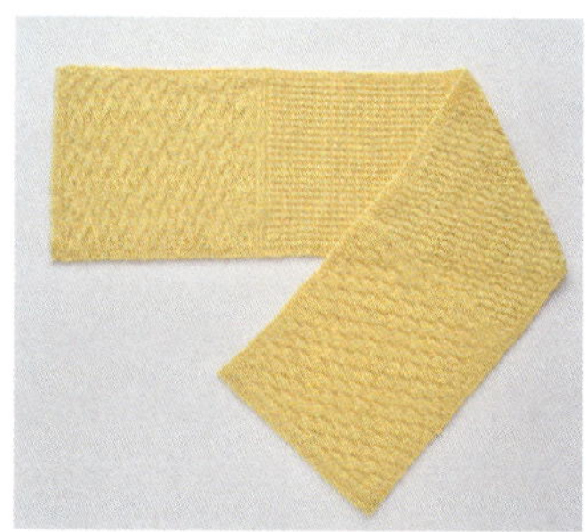

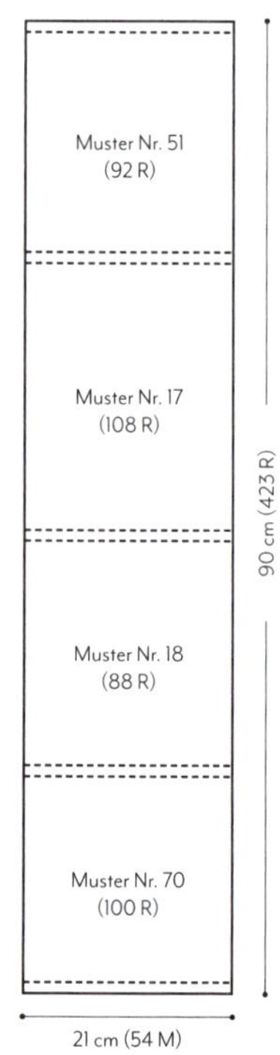

Garn: Yanagiyarn Sachi (60 % Wolle, 40 % Seide, 180 m/50 g),
Farbe: hellgelb (4), 100 g
Nadeln: Stricknadeln 3 mm, Stopfnadel
Maschenprobe: 26 M x 45 R im Muster = 10 x 10 cm
Maße: siehe Diagramm

Anleitung

1. 54 M anschlagen und 423 R im Muster stricken (siehe Strickdiagramm).
2. Glatt rechts abketten.

Strickdiagramm

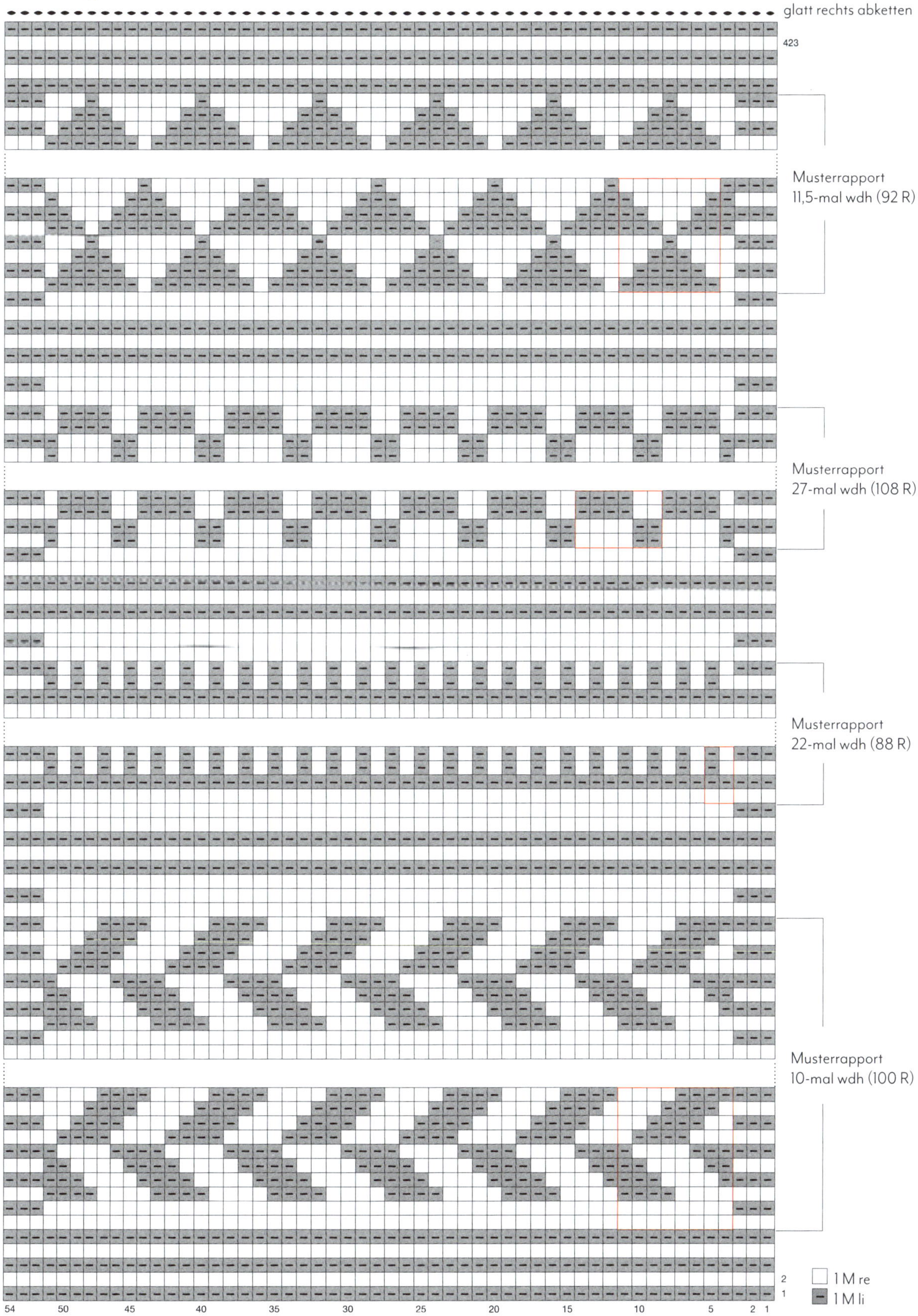

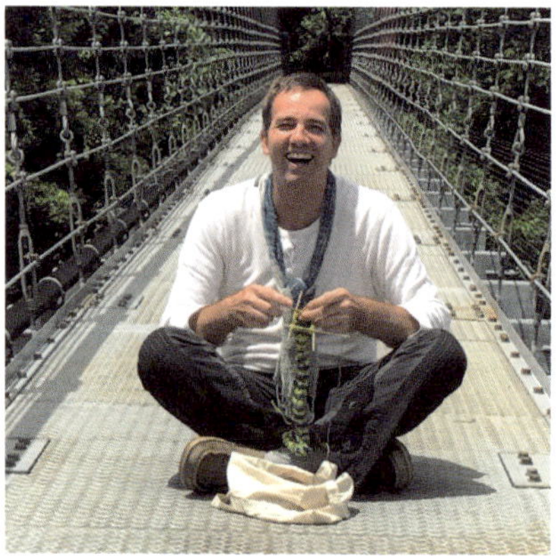

Bernd Kestler

Der gebürtige Deutsche brachte sich mit zehn Jahren das Stricken selbst bei. Seit 1998 lebt der Strickdesigner in Japan und gibt seitdem landesweit Kurse als Stricklehrer. Zusätzlich engagiert er sich in sozialen Strickprojekten; so rief er 2011 die Initiative »Knit for Japan« ins Leben, die Strickdecken in die vom Erdbeben in Ostjapan betroffenen Gebiete schickte. Auch wenn er mit seinem geliebten Motorrad unterwegs ist, hat er immer sein Strickzeug dabei. Seine Bücher »Spiralsocken«, »Japanische Handschuhe stricken«, »Japanische Mützen stricken« und »Rechte Masche, Linke Masche« erschienen auf Deutsch im Stiebner Verlag.

http://berndkestler.com

Materialien zur Verfügung gestellt von:

Garnmanufaktur
www.garnmanufaktur.com

Hamanaka Ltd.
http://www.hamanaka.co.jp

Yanagiya Co.
www.rakuten.co.jp/yanagiya/

Yokota Gesellschaft, DARUMA
http://www.daruma-ito.co.jp/ 3

Liebe Leser:innen,
wir freuen uns, dass wir Sie mit diesem Buch inspirieren und Teil Ihrer kreativen Reise sein dürfen. Noch mehr Inspiration, originelle Ideen und besondere Themen finden Sie auf unserer Verlagsseite www.stiebner.com.

Lassen Sie uns zusammen kreativ werden!
Wir sind immer offen für Ihre Anregungen, Wünsche und Kritik – schreiben Sie uns gerne unter verlag@stiebner.com.
Da geteilte Freude bekanntlich doppelte Freude ist: Zeigen Sie uns Ihre kreativen Ideen und fertigen Projekte auf Social Media! Markieren Sie uns mit @stiebnerverlag oder nutzen Sie die folgenden Hashtags: #BerndKestlerMustersammlung #StiebnerKreativ

Erstmals erschienen unter dem Titel »BERND KESTLER NO OMOTE-AMI TO URAAMI DAKE NO MOYOAMI 120« by Bernd Kestler

Original Japanese edition published by NIHONBUNGEISHA Co., Ltd.
Diese deutsche Ausgabe wird veröffentlicht in Absprache mit NIHON-BUNGEISHA Co., Ltd. in Zusammenarbeit mit Tuttle-Mori Agency, Inc., Tokyo

2. Auflage 2025

Lothstraße 4, 80335 München | E-Mail: verlag@stiebner.com
Text: Bernd Kestler
Fotografie: Michimasa Shimane, S. 104, 109, 118, 121 Susann Jaeger
Übersetzung aus dem Japanischen: Susanne Schmidt-Wussow

Cover: Danai Afrati
Layout: Takuro Kuroba
Projektleitung und Lektorat: Stefanie Klapetek, Stiebner Verlag
Druck: Balto print, Litauen

MIX
Papier | Fördert gute Waldnutzung
FSC® C107574

ISBN 978-3-8307-2149-9

Bibliografische Information der Deutschen Nationalbibliothek:
Die Deutsche Nationalbibliothek verzeichnet diese Publikation in der Deutschen Nationalbibliografie; detaillierte bibliografische Daten sind im Internet über http://dnb.dnb.de abrufbar.

Die Anleitungen in diesem Buch wurden von den Autor/innen und den Mitarbeiterinnen des Verlags sorgfältig geprüft. Eine Garantie wird jedoch nicht übernommen. Autor/innen und Verlag können für eventuell auftretende Schäden nicht haftbar gemacht werden.
Wir produzieren unsere Bücher mit großer Sorgfalt und Genauigkeit. Trotzdem lässt es sich nicht ausschließen, dass uns in Einzelfällen Fehler passieren. Auf unserer Webseite finden sich bei dem jeweiligen Titel eventuelle Korrekturen (Errata). Sollten Sie in diesem Buch einen Fehler finden, so bitten wir um einen Hinweis an verlag@stiebner.com. Für solche Hinweise sind wir sehr dankbar, denn sie helfen uns, besser zu werden.

www.stiebner.com